軍記物語講座　第三巻

松尾葦江　編

平和の世は来るか

太平記

花鳥社

まえがき

小秋元 段

鎌倉末・南北朝期の四十年の歴史を四十巻にわたって記す『太平記』は、「名作」と呼ぶより、「大作」と呼ぶにふさわしい。

『太平記』が「大作」である所以は、単に長期に及ぶ戦乱を記しつづけたことにあるだけではない。「序」の政道論に代表される硬質な思想で物語を叙述する姿勢や、漢籍や仏典の該博な知識をもって眼前の事象を説明する態度にも求められるだろう。だが、裏を返すと、構成の緻密さは全巻を覆っているとはいいがたく、思想も後半になると希薄化してゆく。長々と披瀝される故事にいたっては、通読を妨げる要素と見なされることもある。

そういった作品だからこそ、『太平記』研究では、「『太平記』とはいかなる作品か」を究明することが強く意識されてきた。どの作品の研究にも当てはまる普遍的な問題意識が、『太平記』研究の場合、より切実な課題として存在してきたことは、確認しておいてよいだろう。

今から一世紀ほど前、尾上八郎氏は著名な「三部構成説」（校注日本文学大系『太平記』国民図書、一九二五年）を唱えたが、これは長大な作品をとらえるための指標としてうち立てられたものだ。戦後の『太平記』研究の始点となった永積安明氏の論（続日本古典読本『太平記』日本評論社、一九四八年）も、「三部構成説」にもとづきながら、『太平記』

の構想とその破綻を説いた。永積氏は『太平記』の不統一と失敗の原因は、宮方から武家方へという作者の立場の転換にあるとするとともに、武家方の立場でもなおとらえきることのできない、現実世界の厳しさにあったとした。その後の『太平記』研究では、三部構成説と複雑な成立背景を前提に構想や思想が繰り返し論じられた。これはとりもなおさず、「『太平記』とはいかなる作品か」を究明するための主要な営為であったといえるだろう。例えば、長谷川端氏は『太平記』の政道観を批判的に論じ、佐々木道誉をはじめとする多彩な武将に関する人物論を展開し(『太平記の研究』汲古書院、一九八二年)、中西達治氏は第三部の叙述を足利体制にとっての「鑑戒的歴史」ととらえる論を発表した(『太平記論序説』桜楓社、一九八五年)。これらはその系譜に位置する代表的な成果としてあげられる。

その一方で、戦後の『太平記』研究を別の側面から支えたのが、諸本・出典・享受史に関わる実証的な研究である。鈴木登美恵氏は今日の諸本分類の基礎となる「四分類法」を提起し(『玄玖本太平記(五)』解題、勉誠社、一九七五年)、増田欣氏は引用される漢籍の本文の性質を論じ(『『太平記』の比較文学的研究』角川書店、一九七六年)、加美宏氏は室町期における『太平記』享受の実態を明らかにした(『太平記享受史論考』桜楓社、一九八五年)。これらの成果は『太平記』をより精緻にとらえるうえで、また、中世の文学環境への理解を深めるうえで、多大な貢献を果たした。

こうした『太平記』の研究動向は、一九九〇年代後半を境に転換を迎えたように思われる。一九九八年と二〇〇〇年には汲古書院より軍記文学研究叢書『太平記の成立』『太平記の世界』が刊行された。この二冊に収められた論文の内訳は、研究史、成立、作者、漢籍・学問、他作品との比較(以上前者)、主題論・構想論、歴史観・政道観、人物像、伝本、享受史(以上後者)と幅広い。つまり、主要な方法にもとづく研究が一応は網羅されているといえる。だが、その後の二十年の動向を見てみると、構想論、人物論を柱とした作品研究の成果として目立ったものが減少しているように思われる。人物論はすでに説き尽くされたという感もあるが、構想論が減っている背景には、限られた資料に立脚した成立・作者論のもとでは、これ以上、作品の構想を語ることは難しいという認識があるのではないだろうか。これは成立・作者論と構想論が緊密に結びついてきた『太平記』研究特有の状況である。逆に、諸本・出典・享受史研究に関しては著しい進展が認められる。その背景には、実証性を重視する文学研究の傾向の強まり、各種データベースの整備、文化史方面への研究領域の拡大といった事情があるのだろう。その結果、つぎつぎと新しいことがわかってきたのは確かである。

本書に収載された各論考は、こうした動向にもとづく最新の研究成果である。諸本の面では、長坂成行氏がこれまでの成果を集約し、和田琢磨氏がその問題点を指摘する。出典のうち漢籍の面では、森田貴之氏・山田尚子氏が、近年急速に解明の進む『太平記』と宋元代の学芸との関係をさらに深く論じる。和歌・連歌の面では、北村昌幸氏が表現研究の一環として漢籍的詞章と和歌的詞章の交錯を論じ、伊藤伸江氏・君嶋亜紀氏が和歌・連歌をめぐる文学的背景に光をあてる。享受史の面では、小助川元太氏が『壒嚢鈔』における『太平記』利用の実相を分析し、今井正之助氏が『太平記』の合戦記事を『太平記秘伝理尽鈔』がいかに解釈したかを論じる（それは『太平記』が地方の合戦を描くにあたり、不可避的に孕んだ限界をも照射する）。また、黒石陽子氏は『仮名手本忠臣蔵』以前の浄瑠璃における『太平記』の多彩な解釈を紹介し、井上泰至氏は『太平記』の近世的解釈が近代国家の成立に与えた影響を論じる。さらに、本書の特色は吉田永弘氏・呉座勇一氏の論考を収めたところにもある。吉田氏は神田本『太平記』に現れた語法を論じており、本論考を契機に『太平記』の日本語学的な研究が進むことが期待される。呉座氏は『太平記』における後醍醐天皇像の虚構を指摘し、『太平記』の叙述に縛られない倒幕戦史の解明の必要性を説く。こちらも、史学と文学の新たな協業の端緒となることが望まれる。

これらの各論考には、諸本・出典・享受史といった既存の用語で概括できない広がりがあり、右は限られた字数のなかでの、足早な紹介にとどまる。また、すでにお気づきのとおり、本書には『太平記』の主題・構想・思想等を扱った論考が収められていない。それは前述したような研究動向を端的に反映するのだが、だからといって、こうした現状が是認されてよいはずはあるまい。現在の多様な角度からの研究は、『太平記』の新たな側面を明らかにしつつある。これを受け、今後、再び主題や構想などの面から『太平記』をとらえ直す動きも出てくるだろう。その期待から、本書では大森北義氏に構想論の執筆を依頼していた。だが、その筆を執ろうとした矢先、大森氏は体調を崩され、長期の入院を余儀なくされた。大森氏は主著『『太平記』の構想と方法』（明治書院、一九八八年）上梓後も、一貫して『太平記』の構想を論じてこられた。過去の多くの研究が、『太平記』の主題・構想を作品の政治的立場と関わらせて論究する傾向にあったなか、大森氏は純粋に『太平記』の形象の質を問う姿勢をとられた。近年も「『太平記』始発部の歴史叙述と合戦記―正中の変―」（『古典遺産』第六十三号、二〇一四年）、「『太平記』巻十一の主題と第一部世界について」（同第六十八号、二〇一九年）を発表し、第一部の主題と構想を論じておられる。今回は後醍醐天皇の叙述を分析することを通じて、第一部の歴史叙述の特質を明らかにする論を準備されていた。本書にそれを収録することは叶わなかったが、幸いにも現在、大森氏は恢復の途上にあり、論文の構想に関するメモをお寄せくださった。構想論は本書に不可欠の視点であることから、大森氏に懇請し、ここにそのメモを引用することにご理解をいただいた。以下はその全文である。

一、『太平記』が「今に至るまで四十余年」あるいは「三十余年」とするその始発の年号は「元弘」であると論じた平田俊春説（『吉野時代の研究』山一書房、一九四三年）を検討した鈴木登美恵は、「太平記構想論序説―巻一の考察―」（『国文』第十二号、一九五九年）で、〝事件史的には正中の変〟であり、それも、〝元弘の変に引きつけられた正中の変〟であると説いた。天皇後醍醐が自ら行動を起こして挫折したのが元弘の変であったことに鑑みても、「元弘」とみなすことにはそれなりの意味はあるのだが、『太平記』が敢えて正中の変から物語世界を始めたことには、相応の理由があったとかんがえなければならない。

その理由は何であろうか。

『太平記』が、天皇後醍醐による討幕陰謀の企図が六波羅探題方に露顕し、事前に弾圧された正中の変と、その後の挙兵行動でも失敗して挫折した元弘の変とを近接した連続性のある一連の事件として描いたことには、討幕行動に邁進する天皇の姿を、〝覇道に直進するバサラな天皇〟として、そのバサラぶりを暴露的に描くことに躊躇しない作者の姿勢をみることができる。それは、歴史上の天皇後醍醐が、宮中で「無礼講」という破天荒な「密談」を催し、「中宮の御産」にこと寄せて宮中で討幕の祈禱を行い、また、「南都北嶺に行幸」して兵力動員の準備をし、資朝・俊基ら近臣に国内事情を探らせて討幕の準備を進める一方、討幕挙兵に反対する中原章房を暗殺して反対派を粛清したことを描くだけではない。正中の変勃発前に、堂々と史実を虚構して、中宮禧子への天皇の愛が「君恩葉よりも薄かりしかば」と述べ、中宮付きの女房三位局を寵愛したとして、『白氏文集』や『遊仙窟』の先蹤をとりこみながら、「傾城傾国の乱」が起きるとまで描くその描写法に、天皇のバサラぶりを強調しようとする叙法が見えるのである。中宮禧子への情愛について描いた「立后の事」は、従来虚構性のみが論じられてきたが、その虚構の背後にある文学的意図が重要であり、後醍醐が討幕という自身の願いを実現するには〝世を乱すこと〟(傾世)と、〝自身の権力を危うくすること〟(傾国)さえ辞さない〝バサラな天皇〟であった側面を直截的に描き出す『太平記』の叙法に注目しなければならない。

二、その叙法は、「斉桓覇《は》を行ひ、楚人弓を遺《わす》れしに叡慮少しき似たる」と作者自身が指摘する歴史叙述の原理的視点に戻る。すなわち、「上には君ノ徳に違ひ」、あるいは、〝草創は一天を并《あは》すと雖も、守文《しゅぶん》は三載《さんさい》を越えざるなり〟ということの具体例であり、『太平記』は、正中の変から始まる事件描写にそうした歴史叙述の原理をとりこみ、〝天皇の覇道の始発時〟と位置づけ、それら正中・元弘の変を〝天皇失権への過程〟として描こうとした、とみなければならない。

三、正中・元弘の変の描き方では、討幕の執念を一貫して追求しようとする天皇が描かれるが、それに対応する幕府北条氏との関係では、攻守の関係が入れかわる場面が設定されている。それは、巻二の「長崎新左衛門尉意見事」で、それ以後、事件展開は攻守が入れかわり、天皇方が幕府北条氏の積極的な攻撃策を受ける立場にたたされて、元弘の変が起き、〝天皇の出京〟（笠置潜幸）へと展開する仕組みになっている。この攻守の転換の仕組みは、〝武家側の大逆〟を押し出す役割をもつ。

四、天皇の〝笠置潜幸〟は天皇方の敗北となり、〝天皇被囚〟、〝天皇（先帝）遠島〟へとつづく天皇の失権過程であるが、それを武家側の積極的な攻撃策がもたらす〝武家側の大逆〟として描く一方、先帝後醍醐については、〝再度京に帰還して復権を志向する天皇〟として描く。

正中の変で天皇の覇道（討幕への執念）を描いた『太平記』は、つづく元弘の変で幕府北条氏の積極的攻撃策とともに、〝武家の大逆〟と〝先帝の復権志向〟を描いて、物語の新たな展開軸を示すことになる。

五、問題は、〝自ら覇道を行って失権し、遠島処分を受けた天皇〟が、何ゆえに、〝再度帰京を果たして復権を願う〟存在として形象しうるのか、ということにある。

『太平記』第一部世界における歴史叙述上の原理にかかわるこの大問題を、『太平記』は、鎌倉末期の歴史帰結、すなわち、幕府北条氏が滅んで、天皇が復権する事態を展望し、その事態を切り拓く楠木正成の活躍を位置づけることで解決しようとしている。

正成は、天皇方が敗北に向かう笠置合戦の途中に、天皇の〝夢〟で呼び出され、後醍醐の心願である〈幕府討滅〉と、〈後醍醐の復権〉という二大事業について質され、〈幕府は大逆を侵すゆえに滅びること〉、また、〈「正成一人未だ生て有と被二聞召一候はば、聖運遂に可レ被レ開と被二思食一候へ」〉と応えた。

六、私は前稿（「『太平記』巻十一の主題と第一部世界について」『古典遺産』第六十八号、二〇一九年三月）で、『太平記』第一部世界の主題は〈幕府滅亡の確認〉と〈先帝後醍醐の復権の確認〉にあることを論じ、その二つが主題であることの徴標は楠木正成の存在に示されていることを述べたが、第一部世界への正成の登場は、正中の変を受ける元弘の変の中で、このような経緯をたどって、歴史叙述の原理を背負って位置づけられているのである。

図らずも、後醍醐天皇をめぐる叙述の虚構性を説く呉座氏の論点を、より具体的に考察する論を大森氏は予定されていたことがわかる。加えて、大森氏は療養先からの電話を通じ、「元弘の内乱の合戦記の描き方は、後醍醐の倒幕の論理とは異なる豊かさがある。そこをとりあげないと本当の『太平記』論にはならない」と、筆者に力説された。この点も今後の研究にとって、重要な着眼点になるだろう。大森氏の論が一日も早く成稿されることを祈りたい。

最後に、『太平記』に初めて触れる読者にテキストの案内をしたい。

現在、『太平記』には主要な校注書として、岩波文庫（兵藤裕己氏校注、二〇一四〜一六年、全六巻）、新編日本古典文学全集（長谷川端氏校注・訳、一九九四〜九八年、全四巻）、日本古典文学大系（後藤丹治氏・釜田喜三郎氏・岡見正雄氏校注、一九六〇〜六二年、全三巻）、新潮日本古典集成（山下宏明氏校注、一九七七〜八八年、全五巻）所収のものがある。岩波文庫は西源院本、新編日本古典文学全集は天正本、日本古典文学大系・新潮日本古典集成は流布本（江戸期に出版された本）を底本とする。

『太平記』の諸本は、甲類・乙類・丙類・丁類の四系統に分類される。西源院本は古態をとどめる甲類に、天正本は改編の著しい丙類に、流布本は甲類より新しい乙類に分類される。それぞれの伝本の位置づけを知って、各書に当たることが望ましい。

ただし、西源院本は甲類本のなかでも独自の記事が目立つ伝本である。『太平記』の古態の本文を考察するには、神田本（活字本として国書刊行会より一九〇七年に刊行された本があるが、天正本系統の補入箇所の明示がなされていないため、汲古書院刊の影印本を併読する必要がある）、神宮徴古館本（和泉書院刊。活字本。巻十・十五・二十三・二十四は欠巻のため、同系統の松井本による）、玄玖本（勉誠社刊。影印本）なども見るとよい。

なお、これら諸本の詳細については、本書所収の長坂成行氏の論考を参照されたい。

目次

平和の世は来るか——太平記

忠義の行方
——楠木の「刀」——

井上泰至

一　「復古」国民国家のイデオロギーの象徴

湊川懐古　　　　　　　　　明治天皇御製

あだ波をふせぎし人をみなと川神となりてぞ世をまもるらむ

明治元年、新政府は、後で詳しく見る尾張藩主徳川慶勝の建白などを受けて、兵庫の湊川に楠木正成を祀る神社を作ることを決定する。歌碑は今日も境内にある。

明治「維新」と日本では一般に呼びならわすが、日本の近代の一ページを記すこの一大変革は、英語ではMeiji Restoration、すなわち「(王政) 復古」と訳される方が一般的で、Meiji Revolution とはあまり訳されない。例えば、高校教科書『世界史B』(東京書籍、二〇一二年版) の英訳版である、本村凌次ほか編の『英語で読む高校世界史 Japanese high school textbook of the WORLD HISTORY』(講談社、二〇一七) でも、Restoration が採用されている。

内向きの日本史の見方からすれば、封建的「江戸」を捨てて、欧米化・近代化に一気に進んだ明治は、「御一新」ではあったかも知れないが、欧米の政治制度とその歴史から見れば、日本のこのケースに、Revolution の訳語を当てるのは、かなりの無理筋である。明治の政治的変革は、英国の名誉革命でも、ましてやフランス革命やロシア革命でもあろうはずがない。日本の場合、共和制を取らないのは当然のこと、帝国憲法の発布まで立憲君主制ですらなかった。天皇の権限の大きさ、その歴史的由来から見ても、これはナポレオン没落後、フランス革命で断頭台の露と消えたルイ十六世の弟十八世によって開始された立憲君主制、すなわちフランス復古王政あたりを意識しながら、Restoration の名前を冠するくらいが落ち着きどころなのである。

世界史や政治思想研究の世界では常識になっていると思うが、遅れてきた近代国家ほど、過去の民族の、歴史や栄光をシンボリックに使って国民統合を果たすことが多い。分裂国家だったドイツの「藩」の一つにすぎないプロシャを核に、明治三年に成立したドイツ帝国は、神聖ローマ帝国をモデルとしていた面があるし、明治維新の七年前、サルジニア王が核となって統一を果たしたイタリア王国も、かつてあったローマ帝国の核心部を意識していた面がある。ほぼ同時期に国民国家をなした日独伊については、「復古」の視点がいずれも重要な鍵となっているのである。

日本の場合、王政復古のモデルは、建武の新政に求められたわけだから、『太平記』はそのような、明治新政府の「復古」の側面を支える文化的資源としての役割を担うようになった。この問題は、明治末年の南北朝正閏問題や、昭和十年代の「楠公精神」顕彰運動[*1]など、日本の悪しきナショナリズムに少なからず寄与したとして、戦後裁断されてきたことにつながる。そうした今日的評価は、「戦後」を経た現在の日本として当然のことではあるが、そこで止まっていては、「近代化」と「復古」という一見相対立する二要素が、正面から対立することなく、むしろ相補って近代国家の形成に寄与した面があるのは何故か、という本質的な問いに対して、答えは出せないのである。

もう少し本書の課題に沿って、問題を絞るなら、なぜ楠木正成を祀る湊川神社の創建は、新政府の重要な政教政策となり得るのかと言い換えてもよい。理論的に言えば、明治天皇自身の宗教的・政治的権威を強固なものにするためならば、むしろ記紀神話を核とした天皇家の神秘的宗教的正当性や、後鳥羽院や後醍醐天皇のような幕府に対抗し、天皇親政を図った歴史的先例の評価に注力すべきである。

しかし、実際は、それらよりも、楠木正成や豊臣秀吉といった、「草莽」の出自から「勤皇」を行ったとされる歴史上の「英雄」に焦点が当たるのは、いったいどういう事情によるのか。そこには、『太平記』とそこから派生してくる「物語」の、集団の心理に作用する機制が、可視化されない形で介在していたと見るべきであり、秀吉については、既にいくつかの発言を私はしてきているので、*2 楠木正成とその関連の物語に絞って、本稿の課題としたい。

二　なぜ『太平記』は江戸時代の〈歴史〉の典範なのか?

学校教育の制度もマスメディアもない江戸時代、人々の歴史認識を醸成したのは、通俗歴史読み物である軍記・軍書と時代物浄瑠璃である。そこに、文学と歴史の厳密な境界などあるはずはなく、むしろそこは混然一体として〈歴史〉が感得されていたというのが実態ではなかったか。そして、この通俗歴史読み物と時代物浄瑠璃の双方に共有される重要な世界観をもたらしたものの一つに『太平記』がある。こういう小説史の外縁と演劇史に分かれてしまって等閑視されている問題を掘り起こすには、シンポジウムでの対話が有効である。

平成二十六年六月、「近松の会」という近世演劇研究者の集まりに呼ばれて、演劇の「時代」設定について論議をしたことがある。私の報告の要点は以下の三つ。

①江戸期に生成・出版された軍記・軍書の沿革では、『〇〇太平記』と呼ばれる作品群が、出版物のジャンルが整ってくる一六七〇年頃から定着し始める。

②こうして『太平記』が〈歴史の文体〉の典範としての位置を獲得してくると、書物としての体裁や文体といった〈様式〉から、主題とそれにみあった説話と語り口という〈内容〉に至るまで、近世軍書・軍記という〈歴史読み物〉は、『太平記』に支配されていくことになる。また、『太平記』の亜流作品が構築した人間関係は、演劇では主にお家騒動の「世界」に流入していく。

③近世軍記・軍書は一七二〇年ごろ、出版統制令もあって新作が影をひそめるが、それまでに出されたものが、『和漢軍書要覧』（一七七〇年刊）のようなカタログによって整理される頃、演劇では、時代設定たる「世界」とその出典たる軍記・軍書もほぼ確定してゆく。

対する演劇側からは、内山美樹子さんが、浄瑠璃の「世界」で最も有力なネタは、『平家物語』『太閤記』『難波戦記』の三点であって、『太平記』は主役の位置にはない、という報告をなさった。翻って、私の報告は、近世出来の軍記・軍書、しかも刊行されたものから、演劇の時代設定との関係を考えたため、中世出来の『平家物語』と近世出来ではあるが、実録写本として流通した、秀吉伝説の集成たる『太閤真顕記』や、大坂の陣を扱う、やはり写本の実録『難波戦記』が取り落とされた格好となったわけである。

内山さんの報告を聞いての最初の感想は、やはり浄瑠璃は、大坂出来の物だということであった。西国を舞台に多くの伝承を残す、平家の公達・武将・女性たち。それに秀吉。さらには豊臣家の最後の光芒を飾る真田幸村。なるほど、その素材に共通するのは西海を統括する水都大坂の場所性がまず考えられる。しかし、落ち着いて考えてみれば、楠木正成は河内で奮闘、兵庫で死んでいるのだから、彼もまた講釈の世界では上方の人気者である。大坂というトポスの観点からだけで、内山さんの提示された知見とのズレに関する疑問は一向に解消しない。

では、出典が語り物であるか否かで考えてみてはどうか。浄瑠璃という音曲付きの語り物は、語りの芸のテキストと親和性が高い。『平家物語』は言うに及ばず、『太閤記』とそこから派生する秀吉の伝承、あるいは『難波戦記』は、講釈というオーラルな芸能の世界で語られ増幅してきた。それに比べて『太平記』は、もう少しハイブロウな書物であって、漢籍に準じる訓読体を多く使い、内容も軍略や政道までを論じる。だから、浄瑠璃のような、より大衆的なジャンルとは縁が薄い、という見方である。

この見方は、半ば正しい。が、それで全てを説明できたと思うなら、それは違う。『太平記』という書物には、そういうハイブロウな側面もないわけではない。確かに、徳川光圀は、自身設立した水戸史局で、『太平記』の善本を収集・書写して、その校訂結果を、『参考太平記』(一六九一年刊)として出版している。版元の京都小川多左衛門は、水戸の文化事業を世に広める機能を持ち合わせていた。

しかし、ひとたび『太平記』の江戸期における受容に目を向ければ、そうした経世の書・史書といった硬質な側面だけでは覆いきれないことが、すぐに知れる。江戸時代、『太平記』は講釈の世界では、最も重要なテキストであった。なかでも楠木正成は最大のヒーローであったのだ。『太平記』と並んで、江戸時代よく読まれた『太平記評判理尽鈔』と、そのおびただしい関係書は、軍略・政道の関心からの読書だけではなく、多くの異伝を生成し、娯楽作品の素材を豊富に提供していったのである。

今日の文学研究者がよく陥る過ちだが、文学は文学の本に、道徳・政治・歴史はそれぞれ別のジャンルに、という住み分けの考え方は、この分野に関する限り、落とし穴となる。端的に言って、『太平記』およびその支配下にある、近世軍記・軍書の主流は、政治・道徳・歴史・娯楽のすべてを兼ね備えた、雑多と言えば雑多な、便利と言えば便利な書物であり、そういう二面性を持っている。

その末裔として、司馬遼太郎の小説を想起すればわかりやすい。彼の小説は、娯楽でもあるが、歴史としても読まれ、政治や経営の教訓をそこから得ようとする向きもある。その雑種性ゆえに、司馬を嫌う人は、研究者や純文学の徒に多いが、彼が亡くなった直後、文藝春秋社が追悼企画を出した折、同世代の作家連とともに、読者を代表して歴代の有力政治家や経済人が文章を寄せていることが、善くも悪くも、司馬という作家の本質を見事に浮き上がらせているのではないか?

好き嫌いは別にして、そういう読み物の源流として、江戸の『太平記』とその派生書へは焦点を当てないといけない。二項対立のナイーブな見方は、たちまち「単純素朴で幼稚」という誹《そし》りを免れないのが、こういう「雑種の魅力」を抱える文芸の持つ問題系なのである。我々は、この際、往々にして文学研究者が陥りがちな、誤った「認識の枠組み」を捨ててかからないといけない。

演劇の問題に戻れば、『太平記』は、自身とその派生書や、話芸も含めた受容を通して、内山さんが指摘した三つの書物のように、たとえ直接的ではなくとも、物語を可視化されない形で構成するプログラムに注目するなら、それら三書より深い、本質的なレベルで、司馬と同様、社会を経営する階層から、そうでないレベルの読者・観客までを抱えこむ、懐《ふところ》の深さを持って、甚大な影響を与えてきた、と見ることも可能なのである。大きな見取り図の仮説を提示する段階はこれくらいにして、『太平記』に「世界」を取材した『仮名手本忠臣蔵』をサンプルに考えてみよう。

三　転生する「存念」――塩谷判官・楠木正成・赤穂義士――

国治《おさま》てよき武士の、忠も武勇も隠るるに、たとへば星の昼見へず、夜は乱れてあらはるる。ためしをここに仮名書きの太平の代の、まつりごと、ころは暦応元年二月下旬、足利将軍尊氏公、新田義貞を討ち滅し、京都に御所を構へ、徳風四方にあまねく、万民草のごとくにて、なびき、したがふ御威勢　（『仮名手本忠臣蔵』大序）

「仮名手本」の「いろは」から、「忠臣」四十七士が想起され、さらには、立ち並ぶ「蔵」を「いろは」で数えたことから、「忠臣」の数々が集まるイメージの外題を持つ、この芝居の冒頭は、徳川家がその子孫を称した、源氏の正系と作中でも語られる新田義貞を、足利尊氏が討ちとった後の「太平」の、『太平記』の時代であることから語りだされる。

『太平記』は戦乱を描いた書物ではないかといった、生真面目な問いは一旦措いて、こうした遊戯的な連想は、現実の武家の事件を扱うことを禁じた江戸時代の情報統制下で発達した表現法なのであって、観客はこの連想を楽しみながら、現実の赤穂事件への想いを逞しくしたことであろうことに留意すべきである。よく言われるように、塩谷判官からは名産の「塩」を通して浅野内匠頭を、高師直からは「高家」だった吉良上野介を連想できる。

十一段に及ぶ長編のこの芝居の最初に位置する「大序」では、兄尊氏の代参として足利直義が鎌「倉」鶴ヶ岡八幡宮に参詣、その饗応の華やかな場で、主要登場人物が紹介されていく。直義には鶴ヶ岡代参のほかに、尊氏からの使命として、義貞着用の「星」兜を探しだし、これを鶴ヶ岡八幡宮の宝「蔵」に納める役目があった。その兜は後醍醐天皇から下賜されたものであったが、義貞が敗死の折、「四十七」もの兜が散らばって、どれが義貞の兜なのか判らず、ひとまずそれらを集め、唐櫃にまとめて入れていた。この中から義貞の兜を探し出すというのが、ドラマのとりあえずの命題なのだが、ここに赤穂義士を連想させる「四十七」が当てこまれるのには、意図があった。

先の引用中ゴシックで示した通り、忠義の武士は、昼の「星」同様、太平には目立たず、夜になって明らかになると、「星」に喩えられていた。翻って兜がその形を成すのは、鋲の頭たる「星」によるのであって、兜を武家の代に喩えれば、「星」＝「忠臣」はその要となる。この連想から、数ある「星」の中でも、大石内「蔵」助を当て込んだ、主役たる大「星」由良之助が連想されていくことで、「忠臣蔵」の物語の構造が観客に提示されていくことになるのである。

ちなみに以下は私の踏み込んだ解釈のようだが、「蔵」は「暗し」を、「星」は「鎌倉山」を連想させたのではないかと考える。さらに言えば、外題の「蔵」は大石内「蔵」助をも利かせたことなるのではないかとうがってみている。少なくとも、古典和歌の常套として、以下のような例を挙げれば、そのような大胆な解釈も許されていいのではないか。

五月闇倉橋山の郭公おぼつかなくも鳴き渡るかな　藤原実方（『拾遺和歌集』）

我ひとり鎌倉山を越え行けば星月夜こそうれしかりけれ　常陸（『永久百首』）

なお、『仮名手本忠臣蔵』三段目の冒頭でも、直義参詣に従う礼装の大名一行の晴がましさを、「大名小名美麗を餝《かざ》る公装束。鎌倉山の星月夜と袖を烈《つらぬ》る」と、鎌倉の「星月夜」に喩えている。この浄瑠璃の初演は、赤穂義士の「四十七」回忌に当たり、十一段目の判官への焼香の場といい、そう考えてみると、この遊戯的な「いろは」から「四十七」士への連想も、意外に重い意味を持っていた、とこの際考えられてしかるべきである。

さて、その大星に今わの際の存念を塩谷が語る四段目で、『太平記』の問題は、本作の「忠義」の核心に関わることが透けてみえる。

ア、御親切かたじけなし、刃傷に及びしより、かくあらんとはかねての覚悟。恨むらくは館にて、加古川本蔵に抱き留められ、師直を討ち洩し、無念、骨髄に通つて忘れがたし、**湊川にて楠木正成、最期の一念によつて生を引くと言ひしごとく、生き替り、死に替り、鬱憤を晴さんと……**

赤穂義士の仇討の動機は、楠木正成が『太平記』で、七たび生まれて敵を討つと言い残して自害したその「存念」

に準えられるものだった。近世の『太平記』講釈でもその主役は楠木であって、湊川における今生最期の言葉は、浄瑠璃の観客レベルにも想起できるものだったはずである。そこで、この「刀」はその「存念」の象徴として、多くの登場人物を配するこの大作ドラマを統御する機能を持つことになる。

まず、塩谷の「鬱憤」を象徴するものとして、由良之助への遺言とともに、「九寸五分」の刀は、塩谷の喉笛を掻き切った血により焦点化される。

定めて子細聞《きい》たであろ、ヱ、無念。口惜いわやい、委細、承知つかまつる、この期におよび、申上ぐる言葉もなし、たゞ御最期の尋常を、願はしう存じまする、ォ、言ふにやおよぶと、もろ手をかけ、ぐつくと引き回し、苦しき息をほつとつき、由良之助、この九寸五分は汝へ形見、わが欝憤を晴させよと、切先にて笛はね切り、血刀投げ出し、うつぶせに、どうどまろび、息絶ゆれば。

従って、十一段目で師直にとどめを刺すのも、この主君の残した「存念」の籠った刀であった。それだけではない。浪士たちの辛苦を経た一念もまた、この刀に憑依することとなる。それは、浪士の苦難を劇中で体験した観客の心理的参加を伴う「愁嘆場」をなす小道具でもあった。

由良之助が初太刀にて、四十余人が声々に、浮木にあへる盲亀はこれ、三千年の優曇華の、花を見たりや、うれしやと、踊り上がり、飛び上がり、形見の刀で首かき落し、よろこび勇んで舞ふもあり、妻を捨て、子に別れ、老いたる親を失ひしも、この首一つ見んためよ、今日はいかなる吉日ぞと、首を叩いつ食ひつきつ、一同にわつとうれし泣き、理過ぎて哀れなり。

さらに、主君への焼香の場では、大星に続いて、この討ち入りに無念にも参加できず命を散らした早野勘平の魂が加わることとなる。勘平の形見の財布の由来を今ここで詳しく述べる余裕はないが、この形見によって、勘平は、大星とともに高師直を主君の刀で打ち取るのに参加していたこととなる。

イヤまだほかに焼香のいたし人あり、そりや何者、誰人と、問へば大星懐中より碁盤縞の財布取り出し、これが忠臣二番目の焼香、早野勘平がなれの果、その身は不義の誤りから一味同心もかなはず、せめては石牌の連中にと、女房売つて金調へ、その金故に舅は討たれ、金は戻され、せんかたなく腹切つてあひ果てし、その時の勘平が心、さぞ無念にあらう、口惜からう。金戻したは由良之助が一生の誤り、ふびんな最期を遂げさしたと、片時忘れず、肌放さず、今宵夜討ちも財布と同道、平右衛門、そちがためには妹聟、焼香させよと投やれば……

切腹や犠牲死の心性は、今日最も理解しにくい。悲惨・苦衷・孤独を抱えた正義やプロテストに殉じる自死は、宗教のカリスマ化に近似する。その死が、悲惨の涙を誘う時、悲劇の主人公はレジェンドに転化する。ただし、サムライ精神によるそれは、万人に「愛」を説いた十字架上のものとは異なる。

自らを節制しつつ、目的達成のための「戦略」という「偽り」があろうとも、目的自体の純粋さにおいて「偽り」は「誠」に帰す。大星の一力での遊蕩の演技に代表される数々の「腹芸」は、そうした機微を孕んでいる。加うるに、目的達成の経過で、名もなき人々の自発的な犠牲を伴うことで、集団で行われる「義挙」は、その行動において凡百の言葉より、力を得、世を動かす。その精神に共感し、涙し、その行動に沿う人々の「心」がある限り、その行動は「義」の「誠」を得ることになる。*3 端的に言って、楠木の記憶は、そうした「義挙」にかたちを成す「先例」として、あるいは「触媒」として機能していたことになる。

その意味で、「大序」で、義士たちが、後醍醐天皇から贈られた「星」兜の「星」に喩えられていた意味は大きい。この浄瑠璃では、問題の兜が徳川家の祖先と称せられた源氏の正系新田義貞のものであったことで、体制と天皇との現実の関係はドラマに組み込まれている。しかし、塩谷判官と四十七士の心的紐帯が、楠木の「存念」に比定される、「霊」を介在させたものであったことは、十九世紀という「天皇の世紀」がやってくると、もっと別の文脈で読まれるようになってくるのである。

ただここで断っておかねばならないのは、この浄瑠璃は、犠牲死の趣向という宗教性の濃い、このジャンルの本質的な構造と、忠臣の糾合というパターンの二点において、浄瑠璃の典型でもあり、後者については前節で確認した、近世出来の『太平記』の亜流によって確立し、それを浄瑠璃が受けたものだったことである。

この点は、以前も書いたことなので、[*4]論旨を要約するにとどめておくが、例えば亜太平記の代表作のひとつ『前太平記』の構想を要約するなら、武家の棟梁たる清和源氏の勃興とその神話化、それに棟梁家の勃興から成熟、そして凋落へとサイクルを繰り返す循環史観の二点に集約することができる。以下こうしたサイクルのプログラムを箇条書きにすれば、①武家の棟梁の正当性（宗教的意味も含む）、②乱の予言、反乱者の登場、③棟梁と忠臣の活躍・忠臣の集合帰服、④棟梁の善政、⑤自壊（後継指名の失敗、骨肉の争い）の以上の五点である。この中で本稿の課題と関連して最も重要なのが、③である。清和源氏の源流である源頼光の物語は、後の近世演劇・小説への影響の観点からも非常に重要な存在である。即ち、大江山酒呑童子退治、羅生門鬼退治、土蜘蛛退治といった伝承世界を取り込みながら、その武勇を神話的に語ると同時に、箕田仕《みのたつこう》の子孫渡辺綱以外は累代の関係ではない頼光四天王ら忠臣の活躍と集合譚に彩られてゆくのである。この『前太平記』的世界の、馬琴史伝物読本への影響については、中国小説からの翻案・日本化の際の重要な物語の柱であることが既に説かれている。[*5]詳しい検討は機会を改めたいが、時代は異なっても、御家の不調に付けこむ悪人の跳梁と、主人公の義勇・忠節・知略による安定の回復という時代物浄瑠璃におけるパターンは、軍書の中にその芽があった。

そして、四十七士とそこに惜しくも漏れた「義士」の糾合の物語たる『仮名手本忠臣蔵』も、こうした近世出来の亜太平記の作品構造を受けた時代物浄瑠璃の一つのサンプルと言いうるのである。

四　「忠臣」から「尽忠報国の士」へ——幕末期の転移——

さて、忠義の士の犠牲死等を泣いて弔う構造の物語は、幕末、現実の政治変革の原動力となっていく。以下も旧稿で論じたので[*6]、その要約から始めたい。幕末、維新の志士たちの公的な慰霊祭が定期的に行われたのは最大の死者を出した長州藩であったが、他藩において行われた招魂祭も含め、多くは幕末に盛んになった楠公崇拝と直結しており、楠公の弔祭に合わせてまま行われた。

さかのぼれば、天保五年（一八三四）に書かれ、嘉永五年（一八五二）に刊行された会沢正志斎の『草偃和言《そうえんわげん》』は、新たに祭日を設け、広く庶民までが祀るべきとして、五月二十五日の楠木の忌日を挙げていた。会沢は、徳川光圀が建立し、朱舜水が銘文を撰した湊川の「嗚呼忠臣楠子之墓」を紹介しつつ、この祭日について「国家に忠をつくさん事を談論思慮して」教訓とすべき、という。こうした会沢の説く新たな儀礼の精神的背景は、靖国神社の「英霊」の語の典拠となった、以下に挙げる藤田東湖の「正気歌」と同根であった。

或は桜井の駅に伴ひ　遺訓何ぞ殷勤なる
或は天目山に殉《したが》ひ　幽囚君を忘れず
或は伏見城を守り　一身萬軍に當る
承平二百歳　斯の氣常に伸ぶるを獲る
然ども其の鬱屈するに當りては　四十七人を生ず
乃ち知る人亡すと雖も　英靈未だ嘗て泯《ほろ》びず（原漢文『東湖遺稿』巻五）

「英霊」とは本来、楠木正成と、その精神的末裔たる赤穂四十七士を明確に「触媒」として、イメージし、歌われていたのであった。

また、吉田松陰には、安政六年（一八五九）、大獄に連座して萩から江戸に捕縛され護送される際に詠んだ、「文天祥の正気歌の韻に和す」（『縛吾集』）があり、過去の忠義の臣に照らして、攘夷を実行すべき志を歌うのだが、やはりそこでは楠木と赤穂義士を引いている。先に松陰は、ペリー来航前年の嘉永五年、東北を宮部鼎蔵らと旅行中、『仮名手本忠臣蔵』を聞いて感泣していた。先に松陰は安政三年に「七生説」（『丙辰幽文稿』）を書き、楠公の精神の「理」は「初めよりいまだかつて死せざるなり」と説いて、三度湊川の楠公の墓を遥拝・落涙、朱舜水の碑文を読んでまた泣き、尊王攘夷の我が精神が、後人を奮起させ、七代後に志を果たせばよしと、楠と自らを重ねてその死生観にまで及んでいた。よって『縛吾集』の詠作は一時の思い付きではない。安政の大獄で獄死する前日に書き留めた有名な『留魂録』の末尾で、楠木が死に際して弟と誓った七生再生の言葉を引いて次のようにも詠んでいることから確認できる。

七たびも生《いき》かえり（ママ）つつ夷をぞ攘《はら》はんこころ吾忘れめや

楠木とその系譜を受ける赤穂義士は、幕末の危機意識の中、天皇への絶対的忠誠を核とした草莽崛起（名もなき者たちが、国家存亡の危機に際して、立ち上がる）という一種の革命思想の文化的資源として機能したのである。

安政の大獄以降、国事殉難者が増えるに従い、その慰霊祭がこの楠木忌日に営まれるようになる。会沢の影響を学問上強く受けた久留米の神官真木和泉は、吉田松陰亡きあとの、長州攘夷派の精神的支柱であったが、彼は「楠子論」で、数々の戦死者の先に国体を守り続けるという、矯激な思想を展開している。即ち、足利兄弟の逆心により、万世一系の偉業が失墜する危機に瀕した今、自身が先ず死に、続いて子孫・一門が残る者なきほどまで戦い続ければ、さしもの足利も、皇統の不変を悟るであろう。そこで日本本来の道が辛うじて護られる。それが楠木の志であった、というのである。

真木はやはり楠木崇拝でならした寺田屋事件の殉難者有馬新七ら八名の霊を慰めるべく、文久二年（一八六二）の楠公祭の日に大坂で招魂祭を行い、その後長州藩では楠公祭の日に国事殉難者の慰霊を行うことが定着してゆく。津和野・佐賀でも同様だったが、なかでも、大きな影響力を持ったのは尾張である。藩主徳川慶勝は水戸家出身で、藩内にあって楠公祭を営むにとどまらず、湊川神社の創建を再三朝廷に建白、主導的役割を果たす。以上のような幕末の動きを受けて、慶応四年（明治元年、一八六八）、京都東山に国事殉難者を招魂社に祀るに当たり、豊臣秀吉・楠木正成に次いでこれを祀るものとし（五月十日太政官布告）、墓所に接して招魂社を建てるその方法は楠公祭のそれに沿うものとされたのである。

「王政復古の大号令」には、天皇以外の身分をフラットにして、「尽忠報国の士」が、新たな国家を作っていくと宣言されているが、その重要な触媒として楠木正成と赤穂義士は機能したのである。武士身分の末端や周縁に居る者たちが、屍を乗り越えて、英傑・元勲となっていく。こうして、死を賭した忠義と勤皇という、欧米流の「公共」とは異なる情理が、「近代」国民国家の日本の、もうひとつの精神的支柱となっていったのである。

注

＊1　大日方純夫「南北朝正閏問題の時代背景」（『歴史評論』七四〇、二〇一一年）、谷田博幸『国家はいかに「楠木正成」を作ったのか』（河出書房新社、二〇一九年）

＊2　井上泰至「帝国史観と皇国史観の秀吉像―『絵本太閤記』の位置」（前田雅之ほか編『幕末明治　移行期の思想と文化』勉誠出版、二〇一六年）

＊3　こうした、忠臣蔵ものの構造が、新歌舞伎である真山青果の『元禄忠臣蔵』に至っても保持されていくことは、井上泰至「サムライの文学の伝統と近代―真山青果「大石最後の一日」」（星槎グループ監修、飯倉洋一・日置貴之・真山蘭里編『真山青果とは何者か?』文学通信、二〇一九年）で分析しておいた。

＊4　井上泰至「「いくさ」の時代のイメージ形成―源氏将軍史観と源氏神話―」（『文学』十六・二、二〇一五年三月）
＊5　濱田啓介『近世文学・伝達と様式に関する私見』（京都大学出版会、二〇一〇年）「14家臣捃拾譚」、井上泰至「鳩と白龍―『八犬伝』と源氏神話」（『近世刊行軍書論』笠間書院、二〇一四年）
＊6　井上泰至「軍神を生み出す回路―幕末の楠正成」（井上編『近世日本の歴史叙述と対外意識』勉誠出版、二〇一六年）

参考資料

井上泰至『近世刊行軍書論　教訓・娯楽・考証』（笠間書院、二〇一四年）
井上泰至編『近世日本の歴史叙述と対外意識』（勉誠出版、二〇一六年）
谷田博幸『国家はいかに「楠木正成」を作ったのか　非常時日本の楠公崇拝』（河出書房新社、二〇一九年）
兵藤裕己『太平記〈よみ〉の可能性　歴史という物語』（講談社学術文庫、二〇〇五年）

『太平記』諸本研究の軌跡と課題
――一九九〇年代以降を中心に――

長坂 成行

一 はじめに

零本も数えれば八〇本近くが確認される『太平記』の写本[*1]は、基本的に四〇巻であり、記事の有無や本文異同も『平家物語』の場合ほど大幅なものではない。とはいえ、長い期間の歴史事象を対象として、事件生起から比較的近い時点で執筆された現代史という特質は、この作品独特の本文異同の現象を生み出しており、研究もそれに即した方法で進行している。四半世紀ほど以前の軍記・語り物研究会の大会（於、新潟大学）において〝軍記物語諸本研究の現在〟というテーマでシンポジウムが行なわれた。ここでは、おおむねその際の報告[*2]で取り扱った以降、即ち一九九〇年代後半から近年に至るまでの諸本研究の軌跡を振り返る。論旨の誤解や恣意的な見解などを恐れるが、小稿の不備は諸氏の研究展望[*3]などで補正されたい。

諸本研究の嚆矢である『参考太平記』については、例外的に言及しておく。これに特化しての研究[*4]は少なく、例えば依拠した底本にしても「凡そ印本は世に行ること久し、故に今印本を以て本文と為す」（凡例第二項）とあるのみで、具体的にどの版本によるのかは特定されていない。凡例の個々（二三項目）についてや、校異のとり方、史料との比較考証についても具体例に即して、例えば『参考保元物語』においてなされたような次元[*5]での検証が必要である。『参考太平記』が校異の対象とした九本のうち、今出川家本[*6]・北条家本・金勝院本《きんしょういんぼん》の三本は、未だに所在が知れない。長く不明であった島津家本が、『島津家文書』（東京大学史料編纂所蔵）に含まれていた例[*7]や、江戸後期に肥前平戸藩松浦家の家世伝の編纂に金勝院本が利用されていたという報告[*8]もあり、所在未詳の伝本を探索する努力は継続されることが望ましい。

二　鈴木登美恵・長谷川端両氏の諸本研究

戦前の高木武氏・亀田純一郎氏や、戦後まもない高橋貞一氏の世代以降の『太平記』研究は、鈴木登美恵・長谷川端両氏に牽引されたといってよい。尚学図書の『太平記』（鑑賞日本の古典13）（一九八〇年）は、新しく玄玖本《げんきゅうぼん》を底本として、諸本への目配りも怠りなく作品解読をすすめるという、両氏の研究姿勢がよくあらわれて、地味ながら出色の古典鑑賞講座である。

鈴木登美恵氏は、当初『太平記』の書継《かきつぎ》や構想論を手がけ、尊経閣文庫の調査から諸本研究に入った。「太平記諸本の分類について—巻数及巻の分け方を基準として—」（『国文』一八号、一九六三年）は、副題の基準に従い諸本を甲乙丙丁の四類に分けるもので、今日まで最もよく行なわれている。『参考太平記』以来、亀田氏・高橋氏らの分類方法は、「巻二二の有無」と「巻二三・二四の記事順序」という、『太平記』全体からいえば一部分を分類の指標にしてきた。鈴木氏はこれを『太平記』全体に及ぼし巻数も基準に加えた点に、新見がある。鈴木案は『玄玖本太平記（五）』（勉誠社、一九七五年）所収の解題において、最も整備された形で示されるが、最終的には巻数・巻区分という外形的要素と本文詞章の実態とが相即するのか、という疑問に逢着する。これに対し稿者は旧稿において、天正本が突出して独自性の強い本文を持つ点に注目して、諸本を非天正本系（流布本系）と天正本系とに二大別した上で、さらに下位分類をする私案を提出してみたが、これは天正本を通読しての実感に基づいたもので、説得性を持たせるには今少し理論づけが必要であろう。

さて氏は六〇年代に、諸本研究における要論をいくつか発表する。（1）「太平記の本文改訂の過程―問題点巻二十七の考察―」（『国語と国文学』四一巻六号、一九六四年）、（2）「佐々木道誉をめぐる太平記の本文異同―天正本の類の増補改訂について―」（『軍記と語り物』二号、一九六四年）、（3）「太平記諸本の先後関係―永和本相当部分（巻三十二）の考察―」（『文学・語学』四〇号、一九六六年）、（4）「天正本太平記の考察」（『中世文学』一二号、一九六七年）などが代表的論文である。（1）（3）は本文異同の多い問題の巻の、諸本の先後関係を論じたもので、後掲のように議論が決着したとは言い難いが、（2）（4）は天正本の性格を論じてほぼ定説といってよい。「太平記の成立と本文流動に関する諸問題―兼良校合本太平記をめぐって―」（『軍記と語り物』七号、一九七〇年）は、江戸期の資料によって

鈴木登美恵氏の諸本分類案

甲類本	（巻二二を欠いて三九巻となっている四〇巻本）神田本・西源院本・玄玖本・神宮徴古館本・南都本など。
乙類本	（甲類本の巻二六・二七の両巻を三巻に分割した四〇巻本）毛利家本・前田家本・吉川家本・米沢本・梵舜本・流布本など。
丙類本	（甲類本の巻三二を二巻に分割し、巻三六・三七の両巻を一巻にまとめ、巻三五の中の「北野通夜物語事」を巻三八に特立している、四〇巻本）天正本・教運本（旧、義輝本）・野尻本など。
丁類本	（全体を四一巻または四二巻に分ける本）豪精本・京大本・釜田本など。

存否未詳の古写本を掘り起こすもので、尊経閣文庫での資料調査が生かされ、今日にも多くの問題を投げかける魅力的な論文[*9]である。「古態の『太平記』の考察―皇位継承記事をめぐって―」（『国文学』三六巻二号、一九九一年）は、天正本の独自記事に南朝に好意的な立場が窺え、その背後に現存本よりも直接的に南朝正統を認める古態本の存在を想定する。いわゆる増補記事を多く有する天正本にもかなりの古態性が残るとみる、近年の動向にも影響を与えた要論である。活字としては未発表の鈴木氏の仕事として、「洞院公定《とういんきんさだ》の血脈」（一九八五年四月稿）、「太平記諸本の背景」（一九九二年九月成稿、二〇〇二年八月補訂）、及び「徳川家・前田家、徳川家・近衛家・島津家」と題する系図をあげておきたい。折にふれて語られることはあったものの、氏自身によってこれらの系図をめぐり『太平記』成立の背景にある人脈や、諸本流伝の諸相が論じられる機会が失われたのは惜しまれる。

長谷川端氏の『太平記』研究は、同人誌『詩林《しりん》訴洄《そかい》』三〜八号（一九六一〜六六年）に掲載された人物論（佐々木道誉、高師直）や、一連の構想論に始まり、神田本の影印刊行の際の解題執筆[*10]の辺りから諸本研究に参入する。神田本については、巻二の阿新《くまわか》説話の本文異同に着目し、抒情性の高まりを志向する天正本、聴衆参加の戯曲的構成を目指す傾向の西源院本など、文芸性と結びつけての卓論があり、巻一四の本文異同については、佐々木氏・村上氏・赤松氏など特定の氏族との関係を指摘する。[*11]その後、氏は未紹介の伝本の発掘にも大きく寄与し、神宮徴古館本の翻刻（一九九四年）や、中京大学本（日置本）の影印公刊（一九九〇年）などはその代表的な仕事である。この他、吉川家本、益田兼治書写本、管見記・太平記断簡などの研究[*12]があるが、新編日本古典文学全集で天正本を底本に校注書を刊行した（小学館、一九九四年〜九八年）のは、特筆すべき成果である。論文集には収められていない「『太平記』の成立と守護大名」（『中世文学』二九号、一九八四年）は、成立と諸本との関わりを考える上で見逃せない論文である。

以上の鈴木・長谷川両氏の諸本研究は、高橋貞一氏のそれを質的に凌駕するものがあり、後進との間をつなぐ意味においても重要である。

三　伝本の紹介、および公刊

近年の諸本研究の展望に入る前に、旧著以後に紹介された要本、および比較的最近に公刊された伝本に言及しておく。

〇北畠文庫旧蔵本[*13]（個人蔵）

本書は一九七二年に『三都古典連合会創立二十周年記念 古典籍下見大入札会目録』に掲載された。当時は四〇冊存（巻二二を欠く四〇巻本、但し巻二二相当巻には院宣・牒状・願書・漢詩などが一括して収められていた由）であったが、稿者架蔵の際には巻一～一九、及び巻二八～四〇の三二冊存で、巻二〇～二七の八巻分を欠いていた。しかし倹飩箱《けんどんばこ》（明治一七年〈一八八四〉作成）に三二冊が、ほぼぴたりと収納されていて、八冊分がいつどこで散佚したのかは、大きな謎である。本文は概ね玄玖本系統（巻三は神宮徴古館本の本文に近い）で、慶長三年の識語があり「北畠／文庫」の方形朱印が捺される。明治の男爵北畠治房の旧蔵本である。なお小稿執筆の時点では、本書は稿者架蔵ではない。

以下は二〇〇〇年以降に公刊された本[*14]について、少しく説明を加える。

（1）西源院本〔影印〕（クレス出版、二〇〇五年）

東京大学史料編纂所蔵の、西源院本の影写本（大正八年影写）による。

（2）龍谷大学本〔影印〕（思文閣出版、二〇〇七年）

巻一二までの一二冊存（第一冊は全四〇巻分の目録と巻一）、天正本系統の一本だが細かくいえば野尻本・教運本に近く、天正本とはやや径庭がある。

（3）竹中本〔翻刻〕（未刊国文資料刊行会、二〇一〇年）

全一四巻の零本で、翻刻が巻三六までで中断していた。巻三七～四〇の翻刻と解説。本文は一系統では説明しきれず、巻一は吉川家本の巻区分に一致し、巻二六・二七の区分は甲類本に同じだが、巻二七の記事順序は乙類本に近く、雲景未来記事を持つ（総目録からの判断）。甲類本を基調にし、やや乙類本の方向へ踏み出した形か。本文の所々に出典名を示す注記が見られるのが特徴で、書写者の学的環境が窺える。

（4）京大本〔翻刻校訂〕（勉誠出版、二〇一一年）

丁類本の初めての翻刻。解説から摘記すると、合戦記事などに独自な記述があり、特に東国武士に関する信頼すべき情報があったかと推測される。各所に脱文とは認めがたい意図的な節略の跡がみえる。漢文訓読の部分に少しく不手際が目立つ。本書は平仮名多用の読みづらさを勘案して、振漢字を施し、欄上に短く粗筋を簡記する。

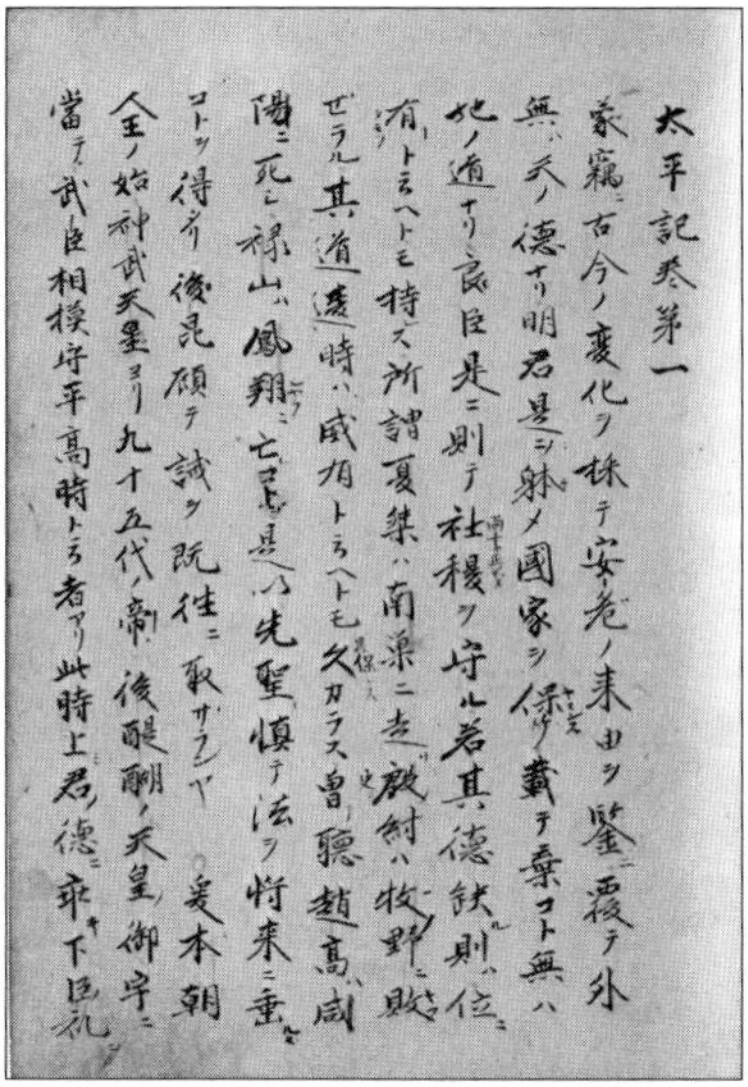

玄玖本太平記（前田育徳会尊経閣文庫編『玄玖本太平記（一）』勉誠社）

（5）玄玖本〔翻刻校訂〕（東京堂出版、二〇一三・一四年）

影印がある玄玖本だが、この翻刻で読み易くなった。片仮名交りの抵抗感を排除するため漢字平仮名交りに改めたほか、巻頭に梗概を、欄上にやや詳しい粗筋を載せる。現在巻一〇まで刊行。

（6）西源院本〔翻刻校訂〕（岩波書店、二〇一四～一六年）

岩波文庫で刊行され、『太平記』が古典として一般的市民権を得たといえようか。古態本全巻に初めて脚注が付され、漢字平仮名表記に改めている。西源院本を底本にした理由を、「相対的（総体的）に『太平記』古形・古態を保持している」、「応永年間（室町初期）に写され大永・天文年間（室町時代後期）に転写された『太平記』古写本である」（「解説4『太平記』の本文」）とする。

四　神田本・永和本の再検討

ここからは最近十数年の研究動向を、主に諸本の類別に従って展望する。神田本についての発言は平曲研究に実績を重ねる鈴木孝庸氏の、二重・三重の注記や引用符号についての論文[*15]以降途絶えていたが、二〇一四～一六年刊行の『『太平記』をとらえる』全三巻（笠間書院）に、複数の論文が集中的に掲載された。

（1）長坂成行「神田本『太平記』に関する基礎的問題」（第一巻）
（2）和田琢磨「神田本『太平記』本文考序説―巻二を中心に―」（第一巻）
（3）小秋元段「神田本『太平記』本文考―巻十六を中心に―」（第二巻）
（4）和田琢磨「室町時代における本文改訂の一方法―神田本『太平記』巻三十二を中心に―」（第二巻）
（5）小秋元段「神田本『太平記』の表記に関する覚書―片仮名・平仮名混用と濁点使用を中心に―」（第三巻）
（6）鈴木孝庸「［コラム］神田本太平記の引用符号」（第三巻）

紙数の都合で論証過程を省き紹介する。（1）は書誌的・形態的な諸問題を提示し、とくに二重・三重の符号を校合の痕跡と捉えるが、その目的が説明できず決定的な論拠に乏しい。（2）は仁和寺本（巻二存）を援用しつつ、原態神田本には梵舜本・吉川家本など後出形態とされる伝本の詞章と重なる部分があること、切継補入部分は天正本系のうち野尻本の本文に近いと指摘する。（4）は巻三二を対象に、異本注記や本文混合など書写のあり方を仔細に調査し、草稿本的な実態に迫る。論旨が明解なのは（3）（5）の小秋元氏論文である。（3）は神田本と玄玖本とでは前者が先行するが、神田本・天正本が共通する部分では、神田本に本文省略がみられ、同本のすべてが古態ではないとする。

神田本の専論ではないが、同氏「『太平記』巻二十七「雲景未来記事」の編入過程について」（第一巻）においても、標題章段を巻末に置く神田本の後出性をみる。（5）は神田本の片仮名平仮名混用表記の問題について、国語学的知見も踏まえ大量の文字調査の上で、片仮名平仮名のそれぞれの使用率が、巻の進行につれて変化することを統計的に確認する。片仮名表記で写し始めた書写者は、速筆性、効率性を優先して次第に平仮名表記に転じた。また巻二では文字左側にあった濁点が、途中から右肩に移行する現象も、濁点の打ち易さに起因するとみる。この二点を根拠に、神田本の表記は第三者を意識しない、私的な書写の産物であると結論づける。漠然といわれている「草稿本的」な性格を、具体的な証拠をあげて規定した画期的な論といえる。（6）は前掲論文[*15]を補訂発展させたもので、引用符号に絞りその様相、繁簡、対句認識の程度などを点検した上で、引用符号の記入は、本文書写のその時点での作業である、と神田本の書写態度の実態にせまる。

以上の神田本に関する諸論は、申し合わせて提出されたのではなく、各人の問題意識が偶々重なった産物である。それほどに神田本は複雑かつ多様な問題を内包する写本である。和田氏に「実際に存在する本の姿を明らかにする必要が先にある」、「原態を求める以前に現状を正確に把握すべきだ」（2）論文末尾）との発言があり、稿者も強く共感する。神田本の影印は半世紀以前の刊行であり、撮影印刷技術が格段に進歩した現在、改めて鮮明な複製本の公刊が望まれる。

永和三年（一三七七）二月以前の書写とされる永和本（巻三二相当零本）は、古態性を考察する上での指標として欠かせない。同本の流伝や写本の実態については、高乗勲《こうじょういさお》氏の許から国文学研究資料館へ移管された際の、長谷川端氏の講演[16]に詳しい。前掲の鈴木登美恵氏一九六六年論文以外、永和本に関する論文は少なかったが、近年専論が集中している。

（1）小秋元段「『太平記』生成期の本文改訂と永和本」（同『太平記・梅松論の研究』汲古書院、二〇〇五年）

（2）今井正之助「永和本『太平記』の復権」（『国学院雑誌』一一四巻一一号、二〇一三年）

（3）今井正之助「永和本『太平記』考」（『日本文化論叢』二二号、二〇一四年）

（4）兵藤裕己「[コラム]『太平記』の古態性について」（『『太平記』をとらえる　第一巻』笠間書院、二〇一四年）

（1）は神宮徴古館本と比較して、永和本は本文改訂に伴ういくつかの矛盾があるとして、神宮徴古館本の先行を説く。これに対し（2）は、（1）で提示された個々の徴証について逆の見解を唱える。永和本にみられる「単純な齟齬と内容的優良性との混在は、未整備な段階の本文ゆえの現象」と捉え、「日につく不審点は早い段階で補正され」て永和本系（宝徳本・書陵部本等）の形が生れ、整序された本文をもとに改変されたのが神宮徴古館本であるとする。本文の先後関係の論は、兵藤氏（4）がいうように、立場によって別の解釈が可能であり判断は難しいが、『太平記』成立の応安七年（一三七四）から僅か四年後に、永和本に先行する複数の本文が存在し、それらの合成によって永和本が形成されたか否かは、慎重に考えるべき論点である。前掲長谷川氏講演（及び同資料）が紹介するように、永和本は単独で存在するのではなく、鶯とウソの寓話や、裏面の穐夜長《あきのよのなが》物語や酢《す》日記など、様々な文献から抜き書きされた「雑抄」と呼ぶべきもの[17]である。（3）は「雑抄」としての書物の具体相を考究した論で、その末尾で「永和本は希有な資料である。あらためて多角的な検討が必要であろう」と提言するが、これはそのまま、前述の神田本にもあてはまる。

本章の最後に、兵藤裕己氏の岩波文庫解説（前掲、二〇一五年）に言及したい。氏は玄玖本、神田本、永和本を対象に最近の論を点検しつつ、西源院本に全体的な古態性を認め、室町期の本文として読むのに相応しい伝本であるとする。西源院本の佐々木道誉の形象や、流布本の本文（語句）の改変の様にも及び、氏の諸本に対する見方がよく窺える。

五　乙類本研究の進展

乙類本系統諸本について、及び古活字本研究は、いずれも小秋元段氏の精力的な仕事によって、大きく進んだ。前出『太平記・梅松論の研究』には、米沢本・毛利家本・益田兼治書写本・梵舜本に関する諸論が収められ、他に松浦史料博物館本の紹介*18もある。これら諸本は、古態性をとどめながら、後出性の強い本文をも併存させるという、複雑な混合形態をとる場合がほとんどで、明解な結論を得難い面もあってか、他の類に比べて研究が手薄であった。

乙類本の有力な一本と目される今川家本（陽明文庫本）にも重要な論文が備わった。森田貴之「今川家本『太平記』の性格と補配本文―戦国期『太平記』書写の一例―」（日下力監修『いくさと物語の中世』汲古書院、二〇一五年）は、同本の外形的特徴に注目し、現状の写本が形成された過程を追究する。巻二〇・二一の記事が一部重複するという特異な現象、また巻二九・三五の記事の部分的欠落について、異なる系統の伝本の補配によるものとする。さらに内題上に「余本ニハ」として墨書される巻数に関する注記を精査し、復元できる余本の巻区分を推定する。そして今川家本が参照した余本は、今は知られていない伝本であると結論づける。今川家本の多くの巻に奥書が備わり、さらに筆跡の識別が可能であるという、好条件を有効に活用し、諸本の巻構成の輻輳する実態を根気よく解きほぐすことによって、補配の過程を推考した労作である。取り合わせ本が多い『太平記』写本を考察する上で、念頭に置くべき視点といえよう。

古活字本生成の過程が明らかにされたのも大きな進展で、小秋元段『太平記と古活字版の時代』（新典社、二〇〇六年、増補版二〇一八年）に詳しい。梵舜本をもとに慶長七年刊本が作成されたことを、本文の比較検討だけでなく、刊行者五十川了庵《いかわりょうあん》との人的関係も含めて究明し、『太平記』開版の背景には角倉家《すみのくらけ》の協力があったことも突き止める。慶長七年刊から八年刊に進む過程で、西源院本系・神宮徴古館本系・南都本系統など複数の本文が増補改訂に用いられた実態を示し、了庵の『太平記』本文に対する整備集成の意識を探る。右著書によって『太平記』古活字本生成の問題はほぼ決着をみたといってよいし、同書の刊行は近年の古活字版研究の隆盛の大きな原動力ともなった。

六　天正本の増補記事をめぐって

丙類本は増補を含めて独自の記事を持つゆえに、論ずべき課題が多く、複数の論文が目についた。

（1）生駒孝臣「天正本『太平記』蒲生野合戦にみえる渡辺党」（同『中世畿内武士団と公武政権』戎光祥出版、二〇一四年、初出は二〇〇六年）

（2）森田貴之「天正本『太平記』増補方法小考―巻四「呉越戦の事」増補漢詩について」（『京都大学国文学論叢』二二号、二〇〇九年）

（3）大坪亮介「［コラム］『太平記』と仁和寺―天正本系の一増補記事から―」（『『太平記』をとらえる　第二巻』笠間書院、二〇一五年）

（4）大坪亮介「天正本『太平記』の増補―真言関係記事を例に―」（関西軍記物語研究会編『軍記物語の窓　第五集』和泉書院、二〇一七年）

（5）李章姫「天正本『太平記』巻二十六「大稲妻天狗未来記事」の視点」（『軍記と語り物』五二号、二〇一六年）

（6）李章姫「天正本『太平記』巻二十七「諸卿意見被下綸旨事」における漢楚合戦記事をめぐって」（『日本文学誌要』九五号、二〇一七年）

（7）大坪亮介「天正本『太平記』巻四「呉越戦事」の増補傾向―姑蘇城・姑蘇台と西施の記事を端緒として―」（『文学史研究』五八号、二〇一八年）

（1）は史学畑の論で、巻二九の蒲生野合戦の渡辺党の記述は、家の記録が主従関係のある佐々木氏に提供され、それが天正本の独自記事になったと推測する。（2）は天正本のみに見られる独自の詩句の引用は『禅林句集』『句双紙』の類に拠るとし、増補過程にある『句双紙』類を、室町中期の天正本増補者も披見していて、それによる増補作業があったかと推測する。（7）も同説話の、副題についての記述が『朗詠注』や『胡《こ》曽《そう》詠《えい》史《し》詩《し》』旧注に近いことを指摘しつつ、禅林で享受された文献からの影響を想定するに及び、森田氏（2）論文と接点を持つ。[*19]

（3）は巻二で処刑された日野俊基の郎党後藤助光が、高野山に上り「一心院」に籠居したとある記事に注目、新編全集の注を廃しこれを高野山の一心院と認定し、同院と関連の深い仁和寺周辺が天正本改編に関与したと想定する。（4）はこれを発展させ、東大寺東南院の聖尋や、日野僧正頼意に係わる北野通夜物語の増補記事に及び、天正本の増補に真言関係の影響をみる。増補改訂の場の問題はともかく、微細な記述の読解に注釈を試みる手法は、独自記事の多い天正本には有効である。天正本巻五の巻頭「光厳院即位事」「正慶大嘗会事」には長大な増補記事があり（新編全集で九頁余）、儀式に係る逸話や不祥事など、未勘の記事が少なくない。注釈的考察や依拠資料の探索は大きな課題である。（5）は標題の章段を丁寧に読み解き、西源院本と天正本の当代批評の論理の相違を分析し、従来、批判性が後退しているといわれる天正本（鈴木登美恵氏前掲一九六七年論文）だが、政道の善悪という観点からの批評性は保持されていると評価する。（6）は他本に比べて簡略になっている中国故事も、諸卿僉議の場面の文脈などと併せ捉えると、単なる省略ではなく、独自の批判性を意識した構想があると説く。増補ならぬ節略の意図を探るという捉え方は新鮮である。

七　その他の研究——結びにかえて——

各類にわたる諸本の研究をみてきたが、丁類本については低調で、わずかに稿者が『銘肝《めいかん》腑《ふ》集鈔《しゅうしょう》』、『太平記聞書』、『西村随筆』所引天文古写本、『興福寺年代記』所引記事、『異本太平記抜書』など、いずれも丁類本系本文に係る資料を概観した[20]にとどまる。丁類本のうち豪精本（龍門文庫蔵）については、複数の研究者による調査が進みつつあり、近い将来成果の公表が期待される。

諸本全般を扱い、近年の動向を象徴する論も注意される。和田琢磨「巻二十一「塩冶判官讒死事」の変相」（同『太平記』の生成と表現世界』第二部第一章、新典社、二〇一五年）は、当該章段の複雑な本文異同を仔細にたどり、諸本は塩冶高貞一家の悲劇の語り方に趣向を凝らす志向を示すが、その一方で高師直を批判する物語としての方向は維持しており、そこに政治的外圧などによる人物形象の改変の跡は認められないとする。小秋元段「歴史叙述と本文改編」（佐伯真一編『中世の軍記物語と歴史叙述』（中世文学と隣接諸学4）、竹林舎、二〇一一年）は諸本に立ち向かう氏の最近の姿勢をよく表した論で、『太平記』は成立直後に、統一的な視点による改訂が加えられたものとする。巻四・三六・三八に関する既出論文[21]では、古態をとどめるとされる甲類本諸本の中に後出の要素があり、後出の系統とされる乙類本等に、逆に古態性が残ると主張する。小秋元氏は成立に近い時期において、和田氏は室町中期の流伝享受の過程における、いずれも政治的外圧や氏族に関する改訂要求などによるものではない、本文改訂がどのように行われたのかを問う論であり、今後の諸本研究の一つの方向を示唆するものである。

最後に、受容作品の本文研究の側から、『太平記』諸本の傾向をも照射する試みに言及したい。金木利憲氏は『太平記』諸本が受容した『白氏文集』の本文系統を特定する。[22] その中で、西源院本の「楊貴妃事」のみが刊本系『白氏文集』に依拠する（他の個所は旧鈔本系と刊本系とが並存）という特殊性に着目し、この現象は西源院本の成立の場と関わるのではあるまいか、と問題提起する。典拠論は、依拠作品の認定で事足れりとはいえず、具体的な依拠本文（本）の特定という次元までが要請される、近時の動向に叶う論である。

小稿のために諸氏の論文を再読して痛感するのは、神田本・永和本・天正本を問わず、諸本研究はますます細密化しているが、一方で旧来定説かとみなされてきたことがらも、多くの部分で冷静な再検討が迫られる時期にさしかかりつつある、ということである。

注

＊1　諸本の概要については、以下の諸編を参照されたい。
小秋元段「国文学研究資料館蔵『太平記』および関連マイクロ資料書誌解題稿」（『調査研究報告』二六号、二〇〇六年）、小秋元段「国文学研究資料館蔵資料を利用した諸本研究のあり方と課題―『太平記』を例として―」（『調査研究報告』二七号、二〇〇七年）、長坂成行『伝存太平記写本総覧』（和泉書院、二〇〇八年。以下「旧著」と称す）

＊2　長坂成行「『太平記』諸本研究の現在」（『軍記と語り物』三三号、一九九七年。以下「旧稿」と称す）

＊3　近年の『太平記』研究展望として二点をあげておく。森田貴之（『軍記と語り物』四八号、二〇一二年）、和田琢磨（『『太平記』生成と表現世界』所収、新典社、二〇一五年）

＊4　但野正弘『水戸史学の各論的研究』（慧文社、二〇〇六年）所収「太平記・参考太平記・大日本史」など。

＊5　原水民樹『『保元物語』系統・伝本考』（和泉書院、二〇一五年）所収「『参考保元物語』」

＊6　京都大学附属図書館蔵菊亭文庫本（巻一三〜一八の六冊存）は、今治市河野記念館蔵九冊本、および国学院大学図書館蔵岡田真旧蔵本（二三冊存）と、本来は一具であったと推察できる。『参考太平記』所引の校異を検すると、今出川家本は菊亭文庫本に該当する蓋然性が高い。

＊7　長坂成行「島津家本『太平記』の出現—『太平記抜書』の類、薩州本との関係を中心に—」（長谷川端編『論集太平記の時代』新典社、二〇〇四年）

＊8　鈴木彰「平戸松浦家にとっての「剣巻」—松浦党安倍宗任末裔説をめぐって—」（『古典遺産』六一号、二〇一二年）

＊9　前田綱紀との関連で付記する。吉岡眞之「前田綱紀収集「秘閣群籍」の目録について」（吉岡眞之・小川剛生編『禁裏本と古典学』所収、塙書房、二〇〇九年）によれば、「秘閣群籍」残闕の記録に、「太平記　一条兼冬公御筆　十二冊」とある由で、過去の記録ではあるが、未紹介の写本らしく注意される。

＊10　久曾神昇・長谷川端編『神田本太平記 下巻』（汲古書院、一九七二年）

＊11　長谷川端『太平記の研究』（汲古書院、一九八一年）所収。

＊12　長谷川端『太平記 創造と成長』（三弥井書店、二〇〇三年）所収。

＊13　長坂成行「北畠文庫旧蔵本『太平記』管見」（『太平記』国際研究集会編『『太平記』をとらえる 第三巻』（笠間書院、二〇一六年）

＊14　一九九七年に刊行された、西端幸雄・志甫由紀恵編『土井本太平記本文及び語彙索引』（勉誠社）の底本である土井本に関連して補記する。韓国国立中央図書館所蔵の『保元物語・平治物語』（各三巻三冊）は、装訂・形態や添付の極め書（伝西洞院時慶筆）などから、土井本『太平記』と一具をなすものと推察される。『日韓の書誌学と古典籍』〔アジア遊学184〕（勉誠出版、二〇一五年）所収「第Ⅱ部　韓国国立中央図書館所蔵の日本古典籍—善本解題【中世散文】11保元物語・平治物語」（小林健二稿）参照。

＊15　鈴木孝庸「神田本太平記の符号に関するおぼえがき」（同『平曲と平家物語』所収、知泉書館、二〇〇七年、初出は一九八二年）

＊16　長谷川端「永和本『太平記』をめぐって」（国文学研究資料館編『田安徳川家蔵書と高乗勲文庫 二つの典籍コレクション』〔古典講読シリーズ9〕（臨川書店、二〇〇二年）

＊17　天理図書館蔵『銘肝腑集鈔』も「太平記序、公家方異名、名所尽並序詞、阿伽之事、源氏付合、飛梅申詞」など複数の文献で構成され、雑抄ともいえる性格をもつ点では類似する。

＊18　小秋元段「松浦史料博物館所蔵『太平記』覚書」（武久堅監修『中世軍記の展望台』和泉書院、二〇〇六年）

＊19 和田琢磨「『大館《おおだち》持房《もちふさ》行状《ぎょうじょう》』に見る五山僧の『太平記』受容—『太平記』を利用した家伝の作成—」（『季刊 悠久』一五一号、二〇一七年）は、室町幕府周辺で活動した禅僧景徐《けいじょ》周麟《しゅうりん》（大館持房の子）が、大館家の伝記を記録した『大館持房行状』の中で利用した『太平記』は、天正本系統であったとし、禅林社会での同系統本の享受を確認する。

＊20 長坂成行「『太平記』丁類本写本に関わる資料について—付、立命館大学図書館蔵『太平記校異』紹介—」（『奈良大学紀要』四一号、二〇一三年）

＊21 小秋元段「『太平記』巻三十六、細川清氏失脚記事の再検討」（『日本文学誌要』六九号、二〇〇四年、『太平記・梅松論の研究』再録）、同「『太平記』巻四古態本文考」（『国語と国文学』八五巻一一号、二〇〇八年）、同「『太平記』の古態性をめぐる一考察—巻三十八を中心に—」（『中世文学』五三号、二〇〇八年）

＊22 金木利憲『太平記における白氏文集受容』（新典社、二〇一八年）

参考資料

長谷川端『太平記 創造と成長』（三弥井書店、二〇〇三年）
小秋元段『太平記・梅松論の研究』（汲古書院、二〇〇五年）
長坂成行『伝存太平記写本総覧』（和泉書院、二〇〇八年）
兵藤裕己『太平記（四）』〈岩波文庫〉（岩波書店、二〇一五年）
小秋元段『増補 太平記と古活字版の時代』（新典社、二〇一八年）

『太平記』と武家
――天正本と佐々木京極氏の関係を中心に――

和田 琢磨

一　はじめに

室町幕府や守護大名といった武家は『太平記』の生成や展開にどれほどの影響力を持っていたのか。このような問題意識を持って、筆者は『太平記』の生成について考えてきた。*1 引き続き本論では、『太平記』の諸本展開に対する武家権力者の影響力の問題について考察する。具体的には、『太平記』諸本中もっとも特異な本文を有する天正本『太平記』(以下、天正本)の本文改訂に対する、佐々木導誉を中心とした佐々木京極氏関係者の影響力について検討を加えることで、『太平記』と武家の関係の一側面について考えてみたい。

以下、『太平記』の生成と武家権力の関係を整理することから始め、天正本の研究史批判から見えてくる問題点を明らかにしていく。その上で、本文の分析を通して、天正本は佐々木京極氏関係者の手によって改訂されたであろうとする有力な説を批判し、『太平記』と武家の関係についての私見を述べることにしたい。

二　『太平記』の生成と武家権力

現存形態（四十巻本）『太平記』は、応安五・六年（一三七二・三）頃にはほぼ成立していたと推定されている。[*2] だが、そこに至るまでの生成過程については不明な点が多い。それは、『太平記』にも登場する守護大名今川了俊が著した、『難太平記』しか具体的な内容を伝える資料がないためである。『難太平記』がなければ『太平記』の生成・作者の問題のほとんどは分からないのである。その記事（「太平記ニ多《ヲホキ》レ謬《アヤマリ》事」）を見てみよう。

六波羅戦の時大将名越うたれしかば、今一方の大将足利殿、先皇に降参せられけりと太平記に書たり、かへす〴〵無念の事也、此記の作者は、宮方深重の者にて無案内にて押て如此《かくのごとく》書たるにや、是又尾籠のいたり也、尤切出さるべきをや、すべて此太平記事あやまりも空ごともおほきにや、

昔等持寺にて、北《（法カ）》勝寺の恵珍上人、此記を先三十よ巻持参し給ひて、錦小路殿の御めにかけられしを、玄恵法印によませられしに、おほくそらごとゞも誤《（衍カ）》も有しかば、仰《おほせ》に云、是は且見及中にも以外《もつてのほか》ちがひめおほし、追而書入・切出すべき事等有、其程不可有外聞《ぐわいぶんあるべからざる》之由仰有し後、中絶也、

近代重て書続《つ》げり、次《つい》でに入筆ども多《おほく》所望してかゝせければ、人の高名数をしらず云《（と脱カ）》り、さるから、随分高名の人々も只勢ぞろへ計《ばかり》に書入たるもあり、一向略したるも有にや、今は御代重行《かさなりゆき》て、此三四十年以来の事だにも無跡形事ども任雅意《がいにまかせ》て申めれば、哀〳〵其代の老者共在世に、此記の御用捨あれかしと存《ぞんずる》也、

私に三段落に分けた。第一段落では、六波羅探題攻撃の際に、名越高家が討死したので足利尊氏が後醍醐天皇に降参したというのは誤りで、そのように記している『太平記』作者を「宮方深重」と皮肉を込めて批判している。

第二段落では、『太平記』の生成過程について語っている。傍線を付したように、直接体験過去の「き」が使わ

れているから了俊が実見した内容が記されていることが分かる。それによると、法勝寺の恵鎮上人が、足利尊氏の弟直義（錦小路殿）のいる等持寺に『太平記』原本を持参した。すると直義はその内容を玄恵法印にチェックさせ、誤りや嘘が多いことを知った。そのため、改訂を命じたが、その作業は中断してしまったというのである。

第三段落には「中絶」後に『太平記』が書き継がれたことが記されている。ただし、ここでは波線を付したように間接体験過去の「けり」が用いられ、「云り」とされているから、伝聞・噂を基に書かれていることが分かる。つまり、直義の管理下から離れて以降の、現存形態に至るまでの書き継ぎの情報は、伝聞情報によっているわけである。[*3]その噂も踏まえ、『太平記』の内容に不審を抱いていた了俊は、二重傍線を付したように将軍による改訂を望んでいるのである。この他の場面でも、『難太平記』には将軍が『太平記』の改訂を行ったという事実は記されておらず、他資料にもその様な記録はない。人々が作者に求め、『太平記』に記事を書き入れさせたという当時の噂からしても、「中絶」後の『太平記』は、直義の許で管理されていた時の如きものと一般には認識されていなかった可能性が高い。『難太平記』には、あくまでも足利将軍による改訂があってほしいという了俊の願望しか語られていないのである。『太平記』を室町幕府の「正史」のような書とする説には明確な論拠は存在しないのだ。[*4]

もちろん、右の『難太平記』の記事が出鱈目ばかりを伝えているわけではない。たとえば、『太平記』が書き継ぎを経て現存形態になったという内容は、現存『太平記』本文の分析結果からも事実だろうと考えられているのだ。[*5]また、人々による圧力や書き入れ要求があったという証言を支持する向きも強い。ただし、この圧力や要求は現存形態『太平記』の原形が成立した後になされたものであり、『難太平記』に記された書き継ぎ段階のものとはされていない。現存本文中から書き継ぎ段階の記事を判別することは不可能であるから当然のことではある。

圧力・書き入れ要求があったと考える論拠は二つに整理できる。一つは、先に取り上げた人々の噂や了俊の『太平記』改訂願望記事である。もう一つは、現存『太平記』諸本間に認められる守護大名に関する記事の増減の存在である。『難太平記』が伝えるような武家権力の圧力や要求が反映されたからこそ、諸本が生じたと考えられているのである。この視点は現在の諸本論の中心的な位置を占めているといってよい。[*6]

前者の論拠に対する考えは、すでに述べたことがあるので繰り返さない。後者については、特定の人物や家から入手した資料に基づき本文の一部が作り替えられたこともあった可能性は否定しないが、圧力・要求が一伝本の誕生の要因になったとまでは考えていない。現存する『太平記』伝本中に、守護大名や特定の人物・家に焦点を当てた、全体にわたって改訂が施された改作本がないからである。

しかし、この様に考えた際に問題となるのが天正本の存在である。たとえば、今川氏が了俊以来戦国時代の氏親に至るまで、『太平記』の改訂を希望していたと考えておられた加美宏氏は、『難太平記』や『宣胤卿記』に言及した上で次のように述べられている。[*7]

……足利方の守護大名・武士たちの『太平記』に対する書き入れ・増補改訂の要求が、室町期ばかりでなく戦国期に至るまで根強く続いていたことを物語っており、例えば佐々木氏の功績・事績を大幅に増補した天正本のような異本があらわれてくる背景の一端を示しているといえよう。

つまり、天正本は、守護大名の書き入れ要求がもっとも強く反映された伝本であると考えられているのである。さらには、天正本は佐々木京極氏あるいはその関係者によって改訂された伝本であるという指摘もなされているのだ。そうだとすれば、天正本は佐々木京極氏の理想の『太平記』、守護大名達が求めた『太平記』の姿を具現化した伝本ということになろう。だが、天正本をその様な伝本と理解してよいのだろうか。この問題を考えるために、天正本の位置付けから確認していくことにしよう。

三　天正本と佐々木京極氏の関係

天正本は『太平記』諸本中もっとも特異な本文内容を有する「最要本」[*8]の一つで、新編日本古典文学全集『太平記』の底本にもなっている。本文の成立は比較的古いと考えられ[*9]、室町時代の公家・武家・禅林社会に広く流布していたことが分かっている。[*10]そのため、これまでにもしばしば注目され、多くの専論が発表されてきた。この天正本研究の基礎を築かれたのが鈴木登美恵氏で、現在も氏の成果に大きく拠って研究が進められている。特に「佐々木道誉をめぐる太平記の本文異同—天正本の類の増補改訂の立場について—」(『軍記と語り物』二、一九六四年)と「天正本太平記の考察」(『中世文学』十二、一九六七年)が研究の方向性を決めた論考であると考えられるので、以下、本論と深く関わる前者を中心に見ていくことにしたい。前者の内容をまとめると次のようになる。

①巻二十九「八重山蒲生《やあひやまがまふ》野《の》合戦の事」に、天正本独自の合戦記事がある。そこでは、佐々木導誉(京極氏)と佐々木定詮(六角氏)に対して、『太平記』では「武士の中では、北条・新田・足利の三氏、及び、その一族の者に限って」使用されている敬語が用いられている。また、導誉を「肯定し賞讃する立場」から描いており、このような「天正本の類の増補改訂者が、道誉又は道誉の一族に関係する人物であることを窺はせる」。

②巻十三「眉間尺《みけんじやく》釬鏌剣《かんばくつるぎ》の事」にも天正本独自の記事があり、導誉の宇治川先陣の様子が詳細に語られている。①と同様に導誉に対して敬語が用いられていることからも、天正本編者が「道誉の功名を賞揚するために取り入れた記事であると認めることが出来る」。

③巻二「石清水幷びに南都北嶺行幸の事」および巻四「先帝隠岐国へ遷幸の事」「隠州府嶋《こふのしま》皇居の事」の天正本増補記事は『増鏡』に依拠する。この『増鏡』に基づく増補改訂には二段階あったと考えられ、第二の段階に

おいて「前後の記事を照応させ、道誉の行動を特に強調する」ようになったと考えられる。

また、詳細な検討はされていないが、次の④〜⑦の諸点も重要な異同箇所として注目されると指摘されている。

④巻十四「矢矧鷺坂《やはぎさぎさか》手越河原《てごしがはら》闘ひの事」において、多くの諸本にはある、手越合戦で導誉が一時新田方に降参したという記事が天正本にない点。これは、導誉の「不名誉な行動を記すことを避け」たためと考えられる。

⑤巻十七「義貞京都軍の事」に、他本にはある、「山門合戦の際に道誉が強引な手法で近江国の支配権（守護職）を握ってしまったいきさつ」を語った詳細な記事を欠いている点。

⑥巻十九「上杉桃井上下長途に於いて合戦の事」において、他本では語り手の批評中に認められる嚢沙背水の陣の故事を、天正本では導誉が語っている点。

⑦巻二十九「南方の官軍京攻め幷びに再び勅使具忠《ともただ》入洛のこと付けたり頼春《よりはる》討死の事」で、将軍義詮が近江に落ちる際に、導誉が小舟を探し出して、無事に湖を渡すことが出来たという記事が天正本にのみ存在している点。

鈴木氏は、このように天正本の特徴を挙げられた上で、「道誉関係の記事の中には、諸本間の異同の殆ど無い例も多い」と断りつつ、「天正本の類全体を通して考へる時、やはり、他本に比較して、道誉の姿が著しく、理想化され美化されてゐることは、否定出来ない」とされた。そして、「最終的な段階に於いては、道誉を理想化しその行動を賞讃的に描く立場からの、前後の記述に重複や矛盾の無いやうに心を配った加筆修正が、全巻に亘って施されたと見ることが出来」るから、「道誉の記事の改訂の最終的な仕上げは、恐らく、道誉の家、即ち佐々木京極家に何らかの関はりのある人物によってなされたのではないかと思はれる」と結ばれた。

この鈴木氏の指摘、すなわち、佐々木京極氏関係者が天正本を編纂したという指摘が現在に至るまで影響を与え続けているのであるが、批判もある。たとえば、長坂成行氏は次のように述べておられる。

このように見て来ると天正本の成立背景は自ずと限定され得るように思われる。天正本に佐々木道誉関係の手が加わっているという指摘は動かし難い。しかし佐々木家の力のみでは合戦記事を中心とする佐々木道誉関係の記事の改訂は可能であっても、見て来たような史実に接近した天正本の成立はあり得なかったであろう。[*11]

また、巻二十九「八重山蒲生野合戦の事」を検討された大森北義氏も次のように指摘されている。

この合戦記は、道誉・定詮が中心人物として設定され、称揚する叙述もあることから、佐々木氏という一氏族の立場との関わりが指摘されてきたものであるが、この天正本の本文異同の範囲は一氏族の個人を称揚するという立場をこえて、合戦記全体に及んでおり、しかも一定の方法意識に支えられた合戦記として、構造的な達成をみせているものである。[*12]

すなわち、両氏ともに佐々木氏関係者の関与だけでは天正本のような独自記事は生まれなかったはずだと指摘されているのである。ただし、長坂氏も、別論で「天正本にも功名書き入れ要求という「家」の問題が絡んでおり、佐々木京極家がその改訂に何らかの形で関与しているということはあろう」[*13]と述べられ、新編日本古典文学全集『太平記』① 月報8』(一九九四年)所収の「天正本『太平記』の特質」において「人物形象における好意的筆致を理由に佐々木道誉周辺が改訂者に想定されている」と紹介されているように、佐々木京極氏関係者が天正本の成立に深く関与していたという考えは、半ば通説化しているといえるのである。

しかし筆者は、この有力説を支持することはできない。節を改め、その根底にある鈴木氏の論を検証してみよう。

四　鈴木登美惠氏の説を見直す

鈴木氏は、天正本における佐々木導誉像の特徴を論ぜられた際に、次のようなことも述べておられる。一部、先の引用と重複するが、少し丁寧に引用しておこう。

もちろん、道誉関係の記事の中には、諸本間の異同の殆ど無い例も多い。例へば、「太平記に於ける道誉」といふ時に必ず取り上げられる、巻二十一の妙法院御所の焼打事件や巻三十九の大原野花会のことなどは、天正本の類に於いても、他本と殆ど同じ形で記されてゐる。しかしながら、天正本の類全体を通して考へる時、やはり、他本に比較して、道誉の姿が著しく、理想化されてゐることは、否定出来ないのである。

鈴木氏は、天正本にも他本と同様に佐々木導誉を批判的に描いている場面があることを認めながらも、天正本全体を見渡せば道誉像が理想化されていると考えられると説かれている。それ故、前節で紹介したような結論が導かれたのである。だが、鈴木氏のこの発言には問題がある。なぜならば、鈴木氏が右に紹介されている巻二十一の叙述を見ると、天正本は「他本と殆ど同じ形で記されて」いないからである。改変されて導誉批判が強調された文脈が形成されているのだ。「蛮夷僭上《ばんいせんしやう》無礼の事」の末から「道誉妙法院を炒《や》く事」にかけての記事を引用しよう。

……公家の人々いつしか冠《かぶり》も習はぬ折烏帽子《をりえぼし》を著《き》て、使ひ馴《な》れぬ坂東声を仕《つか》ひ給へども、さすがその姿生《なま》びれて、武家の人には效《なら》ひ玉はず。額付《ひたひつき》の跡以ての外下がりたれば、公家にも就《つ》かず、武家にも似ず、珍しき物笑ひの種となりしかば、ただ邯鄲《かんたん》に歩《ほ》を失ふ人に異ならずとて、A情けありける人は皆偸《ひそ》かに袖をしぼりける。卿相雲客はかくの如く窮困《きゆうこん》し給ひたれば、武家大名はいよいよ奢侈《しやし》にして、耳を驚かし目を側《そば》だつ事ども多かりける中にも、人皆舌を翻《ひるがへ》ししは、佐々木佐渡判官入道道誉が振舞なり。

「道誉妙法院を炒《や》く事」

頃比《このごろ》時を得て栄耀《えいえう》肩を双《なら》ぶる物なし。その手の物どもは、ばさら・風流《ふりう》を事として、遊宴の興を尽くしけるが、当季賞翫《しやうぐわん》なればとて、東山《ひがしやま》・西郊《にしのをか》の鷹狩して、晩に及んで帰りけるが、妙法院の御所の前を通るとて、跡に下がれる下人ども、南庭の紅葉の枝をぞ折りたりける。（中略）御弟子の若宮は、何心もなく常の御所に御座《おは》しけるが、兵火《ひやうくわ》に驚かせ給ひて、度方《とはう》を失ひ惘然《ばうぜん》として御座《ござ》ありけるを、道誉が嫡子源三判官《げんざうはうぐわん》秀綱《ひでつな》走り懸かつて、是非なく指し殺し奉る。Bあさましきかな、宮などの止事《やんごと》なき御事をかやうにさたしぬれば、冥加の程も恐ろしく、不思議なりし事どもなり。

傍線部A・Bは天正本独自記事である。たとえば、傍線部Aの前後の記事の一部を神宮徴古館本で確認すると、

……只都鄙に歩《アユミ》をうしなふ人のごとし（章立「佐渡判官入道流罪事」）近来《コノ》殊に時を得て、栄耀人の目を驚《し》ける佐々木佐渡判官入道々誉一族若党共、例の風躰《バサラ》に風流をつくして、東山西郊《セイカウ》の鷹狩して帰けるが、……

となっており、傍線部Aがないことが分かる。天正本以外の本も導誉一族の傍若無人な振る舞いを語っているのは確かなのだが、天正本は傍線部を有することで、武家の奢りを強調し、その最たる存在として導誉を位置付け批判しているのである。佐々木京極氏関係者が天正本の「最終的な仕上げ」をしていたならば、このような改訂がなされるはずはなかろう。また、先に紹介した鈴木氏のもう一つの論文「天正本太平記の考察」で、天正本が政道批判記事を切り捨てたり簡略な形に書き改めたりしている例として引用されている巻三十三「武家富貴の事」においても、導誉の存在が加えられ、批判すべき存在の中心に位置付けられているのだ。その部分を見てみよう。

……武家の族《やから》は富貴日頃に百倍して、身には錦繍《きんしう》をまとひ、食には八珍を尽くせり。前代相模守の天下を成敗せし時、諸国の守護大犯三箇条の検断の外は綺《いろ》ふことなかりしに、今は大小の事ただ守護の計らひにて、一国の成敗雅意《がい》に任すれば、地頭・御家人を郎従《らうじゆう》の如くに召し仕《つか》ひ、寺社・本所の所領を兵粮料所《れうしよ》とて押へて管領す。その権威ただ古《いにしへ》の六波羅・九州探題の如し。

また都には、佐々木佐渡判官入道道与を始めとして、在京の大名衆《しゆう》を結んで茶会を始め、日々寄り合ひ、活《くわつ》計《けい》を尽くすに、異国・本朝の重宝を集め、百座の粧《よそほ》ひをして、皆曲彔《きよくろく》の上に豹・虎の皮をしき、思ひ思ひに段子《どんす》・金襴《きんらん》を裁《た》ちて、（中略）されば、その費《つひえ》幾千万と云ふ事を知らず。

ここでは権勢に誇る守護大名を批判している。その代表として只一人佐々木導誉の名前だけが具体的に挙げられ

ているのだ。傍線部分、他本では「又都には国々《の》大名幷に執事・侍所・頭人・評定衆・奉行・寄人以下の公《く》人共、泉（衆カ）をむすんで茶事を為けるに」（神宮徴古館本巻三十三「当時公家武家分野事」）となっており、天正本が導誉の名を加えていることが分かる。鈴木氏も述べられているように、ここは天正本が記事を省略している箇所である。それにもかかわらず、批判すべき対象の代表として導誉の存在が加えられているのである。やはり、鈴木氏の指摘は見直されるべきであろう。それでは、導誉を称揚している記事をどのように位置付ければよいのだろうか。

五　守護大名からの圧力・要求はあったのか

鈴木氏が佐々木京極氏の関与を主張された論拠の一つに、巻十三「眉間尺釬鏌剣の事」、巻二十九「八重山蒲生野合戦の事」の天正本独自記事において、導誉に（後者では佐々木六角定詮にも）敬語が用いられているというものがあった。だが、敬語の使用の有無が天正本と佐々木氏とを結びつける論拠になっているとは考えられない。天正本独自記事の中には導誉に対して敬語が用いられていない場面も多くあるし、他の守護大名に対しても敬語が用いられている例が散見されるからである。以下、大森北義氏も取り上げられた、巻二十九「八重山蒲生野合戦の事」を通してこの点について確認していこう。

ここには、天正本のみが有する長文の合戦記事がある。八重山合戦と蒲生野合戦の様子を、将軍方に付いた佐々木京極氏と直義方に付いた佐々木六角氏の対立を中心に語っているのだ。その概要は次の通りである。

a　六角定詮が挙兵し直義方の籠もる八重山の陣に加わる。

b　熊谷直高の手引きで将軍方の佐々木導誉らが八重山を攻める。狼狽した直義方を見た導誉は、「他勢を交へず」一気に攻撃を仕掛け、敵の主力秋山光政を討ち取った。秋山を討たれた直義方は皆死を覚悟したが、六角定詮の奮戦により八重山の陣から脱出することに成功した。

c　細川清氏ら武将が負傷したので将軍方も退却した。だが、それを追わず直義軍も越前に退いた。直義方で唯一桃井直常だけは再度戦おうと考えていたが、彼も味方の勧めに従い北国に引き退いた。そのため、将軍方は八重山に陣を取ることができた。六角定詮も無念に思いながらも大勢の敵を払い除けながら佐々木へ帰った。

d　そうしたところ、近江の国甲賀郡で高山・儀俄らが挙兵した。これにより、直義方は息を吹き返し、鏡山に陣を取ったので、六角定詮も合流した。この様子が八重山に伝えられたので、将軍は導誉父子を派遣した。

e　導誉軍と六角定詮軍が激突し、定詮軍は導誉息高秀の勢を破った。舟岡山の上からその様子を窺っていた導誉らは、敗軍を追いかける六角定詮には目もくれずに、定詮の後に続く儀俄・高山らを攻め、追い散らした。

f　それを知った六角定詮は高秀を追うのをやめ、導誉らを攻めて敗走させた。これに力を得た直義軍が再び集結し攻撃してきたので、導誉方の武士は多く討ち取られ、導誉父子も窮地に追い込まれてしまった。この危機を一度は乗り越え、老練な武将導誉は騒がずに逃げ延びていったが、定詮に再び追いかけられ切腹を考えるまでの事態となった。だが、家来の奮戦により導誉は甲賀庄に無事に落ちることができた。

g　観音寺城に籠もっていた将軍方の武士達が八重山の陣に逃げていったので、六角定詮の案内により、直義軍は観音寺城に陣を構えることができた。

h　このままでは危険だと考えた導誉は、わずかの小勢で兵を挙げ愛智川原に陣取り、八重山の将軍に援軍を求めた。将軍は「一戦の功空しく、兵敗北の災ひに逢ふと云へども、老将恙《つつがな》く囲みを出づる事、天なほ武運を守るにあり」と感嘆し、仁木義長を援軍に差し向けた。

i　また戦が起こると思われたが、細川顕氏・畠山国清の勧めに応じた直義は兄尊氏と和睦してしまった。鈴木氏や大森氏も指摘されているように、導誉を称揚する叙述も確かにある（b・e・f・h）。だがその一方で、六角定詮の活躍も同様に目立っていることが分かる（b・e・f・g）。直義方の窮地を救い、導誉を追い詰めたのは定詮なのである。これだけ見ると、確かに佐々木一族からの情報が利用されたという考えもできよう。だが、c～dにかけての次の場面を読むと、そのような見方には慎重にならざるを得ないのだ。読んでみよう。

　桃井右馬守直常ばかりこそ、今一度快《こころよ》き軍《いくさ》して、先日の恥を雪《すす》がんと忿《いか》つて、小江森《をのえのもり》・八重浜《やあひはま》に磐《ひか》へて三日まで逗留《とうりう》せられけれ。その手の物ども面々に、「ただ御帰り候へ」と申しける間、力なくこれも北国へ落ちたまひしかば、将軍は入り替つて、八重山に陣をぞ取り玉ひける。佐々木五郎左衛門尉は由《よし》なき方の負けをして、安からず思ひながら、我が国を棄《す》てて何《いづ》くへか落つべきとて、大敵の中を懸け破り懸け破り、九月九日佐々木へうち帰り**玉ひ**けり。この時当国の凶徒高山《たかやま》伊予守《いよのかみ》・儀俄《ぎが》播磨守《はりまのかみ》、甲賀郡《かふかぐん》に起りしかば、……

ゴシック体にしたように六角定詮（佐々木五郎左衛門尉）にも敬語が使われている。しかしながら、その定詮が属する直義方を「凶徒」（傍線部）と言い表している点を見逃してはなるまい。六角氏側から提出された資料ならば、直義方を「凶徒」とは表現しないはずである。天正本の記事は六角氏側からの視点で書かれたままの資料とは考えられないのである。では、佐々木京極氏から提出されたか、改変されたかした可能性があるかというと、それも考えにくい。六角定詮や桃井直常に敬意（二重傍線部）が払われているからである。後のiの場面においても、細川や畠山には敬語が用いられていないにもかかわらず、桃井には「桃井播磨守直常一人憤り玉ひしかば」となっている。つまり、少なくとも天正本のこの章段では、桃井にも佐々木と同様に敬意が払われていると言えるのだ。もちろん、導誉に対しても「社前にてすでに腹を切らんとし玉ひけるを」（fの場面）と敬語が用いられている。

このように、佐々木氏のみならず、「凶徒」側の武将にまで敬意を払っているのが天正本なのである。天正本独自記事を見渡すと、管見の限りでも、渋川氏[*14]（巻十三「相模二郎謀反の事」）・今川氏（巻十三「眉間尺釬鏌剣の事」）・上杉氏と斯波氏（巻十九「義詮鎌倉を退く事」）・山名氏（巻二十五「山名時氏住吉合戦の事」）・土岐氏（巻二十七「土岐周靖《しうさい》房《ぼう》謀叛の事」）・畠山氏（巻三十二「東寺合戦の事」）にも敬語が用いられているし、逆に導誉に対して敬語が用いられていない部分も散見されるのである。いや、むしろ、独自記事において導誉に敬語が使われている場面の方が少ないようだ。導誉に対して敬語が用いられているのは鈴木氏が指摘された先の二例のみで、その他の、巻四「先帝隠岐国へ遷幸の事」・巻十七「金崎の城攻める事」・巻二十五「山名時氏住吉合戦の事」・巻二十九「南方の官軍京攻め并びに再び勅使具忠入洛の事付けたり頼春討死の事」等の導誉に関する増補・改変がなされた記事には認められないのである。したがって、やはり、敬語の使用例は佐々木京極氏と天正本とを結びつける確たる論拠にはならないのである。

以上の如き佐々木京極氏と天正本との関係は、足利将軍や他の守護大名についても言えることである。独自記事において称揚され、敬語が用いられている武将であっても、他の場面では批判が強められていたり他本の批判記事や不名誉な内容がそのまま残されていたりする部分がある。つまり、武家権力者に対する天正本の本文改訂の姿勢には一貫性が認められないのである。仮に天正本が武家権力者の圧力・要求に基づいた改訂がなされた伝本であったならば、同一の人物や家に関わる独自記事には一定の指向性が求められても良いと思うのであるが、それが認められないのである。

それはなぜだろうか。この問題を考える際に、長坂成行氏の「天正本の合戦記事ではかなり多くの氏族について記事の増補がみられる」[*15]という指摘は重要である。詳細は省くが、合戦場面以外にも様々な武将の増補・改訂記事があるし、語り手による賞賛が加えられている部分もある。こういった多様な武将の独自記事を持つ天正本の現状を鑑みた時、天正本編者の許には様々な資料が集まっていて、それを利用したから独特な伝本が誕生したという推定が成り立つのではなかろうか。圧力や要求の結果ではなく、多様な資料を利用した結果、『太平記』中随一の異本が生まれたと考えるのだ。こう考えれば、守護大名関係の記事のみならず、他の独自記事についても説明できるのである。圧力・要求があったか否かの問題は、天正本の現状を整理した後に改めて検証すべき事柄であろう。

六　おわりに

以上、天正本と佐々木京極氏の関係は再考すべきであるという考えを述べてきた。このことは、すなわち、将軍や守護大名といった特定の権力者の影響下で成ったと判ぜられる『太平記』は現存しないということを意味する。本論の最後に推定した天正本が誕生した環境は、小秋元段氏[*16]が推定された永和本のそれと通ずる点がある。そもそも、足利将軍による指示や、守護大名の圧力・要求により『太平記』本文が改訂され、それが諸本の展開に繋がったという推定は『難太平記』の影響の下で作られた仮説であった。では、仮に『難太平記』がなかったら、『太平記』の生成と展開はどのように考えられるのであろうか。『難太平記』の呪縛から解き放たれた状態で虚心に本文を見ていけば、これまで気づくことが出来なかった新たな『太平記』の姿が見えてくるのではなかろうか。

付記

本論はJSPS KAKENHI Grant Number JP18K00331とJSPS KAKENHI Grant Number JP19K00306の成果の一部である。

引用本文

天正本は新編日本古典文学全集を、神宮徴古館本は和泉書院刊本を、『難太平記』は内閣文庫蔵紙焼き写真（章段名は架蔵の校正本のそれを記した）を用いた。なお、通行字体に改め句読点・濁点を付した他、一部ルビを省略した。

注

＊1　和田『『太平記』生成と表現世界』（新典社、二〇一五年）「序論」および第一部第一章・「十四世紀守護大名の軍記観」（鈴木彰・三澤裕子編『いくさと物語の中世』汲古書院、二〇一五年）・「今川了俊と『太平記』」（『太平記』国際研究集会編『『太平記』をとらえる』三、笠間書院、二〇一六年）・「今川氏親の『太平記』観」（目黒将史氏編『資料学の現在』笠間書院、二〇一七年）参照。

＊2　以下の本節の内容の詳細については、注＊1拙著参照。

＊3　北村昌幸「今川了俊の語り―体験と伝聞と―」（『日本文藝研究』六十六―二、二〇一五年）および注＊1「十四世紀守護大名の軍記観」・「今川了俊と『太平記』」参照。

＊4　兵藤裕己校注『太平記（一）』（岩波書店、二〇一四年）の解説「『太平記』の成立」でも、「正史（または正史に準ずるもの）」説が掲げられている。だが、本論でも引用している『難太平記』の記事と『難太平記』巻末部分とを結びつけて論じられている点などに、いささか無理があるように思われる。巻末部分は、応永の乱に関わって義満批判を展開している部分と結びつけて解釈すべきだからである（注＊1拙著第一章参照）。

＊5　鈴木登美恵「太平記の書き継ぎについて」（『文学・語学』十四、一九五九年）・増田欣「『太平記』の成立に関する諸問題」（『『太平記』の比較文学的研究』角川書店、一九七六年）等参照。

＊6　井上良信「太平記と梅松論」（『史学研究』十、一九五二年）・釜田喜三郎「『太平記』の本質」（『日本国民文学全集月報』十六、一九五六年）・鈴木登美恵「古態の太平記の性格―本文改訂の面からの考察」（『軍記と語り物』九、一九七二年）・長坂成行「天正本太平記の性格」（『奈良大学紀要』七、一九七八年）・加美宏「『太平記』と守護大名」（長谷川端氏編『太平記の成立』汲古書院、一九九八年）・長谷川端「『太平記』諸本と細川氏」（長谷川端編『太平記の世界』汲古書院、二〇〇〇年）等参照。

＊7　注＊6論文参照。ただし、筆者は注＊1「今川氏親の『太平記』観」でこの説に一部異を唱えている。

＊8　長坂成行『伝存太平記写本総覧』（和泉書院、二〇〇八年）七十四ページ。

＊9　小秋元段「南都本『太平記』本文考―天正本系本文との関係を中心に―」（『駒木原国文』九、一九九八年）

＊10　長坂成行「天正本『太平記』の成立―和歌的表現をめぐって―」（注＊6『太平記の世界』）・和田「『大館持房行状』

に見る五山僧の『太平記』受容—『太平記』を利用した家伝の作成—」（『季刊悠久』一五一、二〇一七年）参照。

＊11 「天正本太平記成立試論」（『国語と国文学』六二四、一九七六年）

＊12 「天正本太平記の一性格」（伊地知鐵男編『中世文学 資料と論考』笠間書院、一九七八年）

＊13 注＊6論文参照。

＊14 すでに長坂氏が、注＊11論文の中の注（10）において渋川氏のこの記事に言及し、天正本には「佐々木氏以外の家との関わりを示す独自記事は少なくない」という重要な指摘をされている。

＊15 注＊10論文参照。

＊16 「『太平記』成立期の本文改訂と永和本」（『太平記・梅松論の研究』汲古書院、二〇〇五年）

参考資料

加美宏『太平記享受史論考』（桜楓社、一九八五年）
森茂暁『佐々木導誉』（吉川弘文館、一九九四年）
『太平記』国際研究集会編『『太平記』をとらえる一〜三』（笠間書院、二〇一四〜二〇一六年）

『太平記』における禅的要素、序説

小秋元 段

一　はじめに

近年の『太平記』研究における大きな成果といえば、『太平記』と宋元代の文学・文化との関わりが解明されたことがあげられる。この領域の研究は森田貴之氏・張静宇氏によって主導され、森田氏は詩文の面から、[*1]張氏は芸能・伝承の面から、[*2]『太平記』が同時代の中国文学・文化を受容していることを指摘した。

早く、増田欣氏は『太平記』に引用された『史記』や『白氏文集』、経書の類を網羅的に調査し、その所引本文が旧鈔本の系統、博士家の訓法に近いことを明らかにした。[*3]これを受け、『太平記』の漢籍受容に対する姿勢は守旧的なものであったとの見方が定着した。勿論、基本的な姿勢は増田氏の指摘するとおりであるが、一方で、それには収まらない志向が存在することも指摘されている。柳瀬喜代志氏は『三体詩』『古文真宝』『詩人玉屑』など、宋元代に成立し、中世日本で流行した詩集・詩話からの影響を重視すべきことを説いている。[*4]森田氏・張氏の研究はこうした視点をさらに広げ、『太平記』が最新の日中交流の影響を受けるかたちで成立したことを見通したものだ。

鎌倉期から南北朝期にかけての日中交流、特に学問上の交流は、禅宗の渡来僧、留学僧によって担われた。後述するように、森田氏も張氏も『太平記』の成立には、五山僧の関与があったことを想定している。確かに、中国の新情報を知悉していたのは五山僧であったから、彼らを『太平記』の成立圏に含める考えには共感することができる。しかし、『太平記』では禅宗に関わる記事の比重は大きいとはいえない。よって、本稿では、『太平記』と禅をめぐる研究史を振り返ったうえで、作品内の禅的要素を再確認し、両者の距離を検討したい。

二　研究史を振り返る

『太平記』のなかで禅に関わる記事はそれほど多くはないのだが、両者を親和的なものとする見方は早くより存在した。だが、水原一氏が「『太平記』と「禅」については深い関連が言われているけれども、研究問題としてこれを扱った例は稀少である」というように[*5]、両者の関係を正面から取り扱った論考は乏しい。

『太平記』と禅が深く関連するとの指摘は戦前よりあった。例えば、豊田八十代氏『国文学に現れたる仏教思想の研究』には「禅と太平記」と題する一章が設けられている。そのなかで豊田氏は、後醍醐天皇とその臣下たちが、いかに禅の修養を深めていたかを『太平記』を通じて指摘し、『太平記』が禅僧か、禅的修養の深い人によって、後醍醐天皇をめぐる人々への同情をもって著されたと説いている[*6]。また、高木武氏も『日本文学大辞典』「太平記」の項で、「禅宗の思想が本書に著しくあらはれてゐるところから見ると、作者は禅僧であつたのかも知れぬ」との一文を記している[*7]。ちなみに、高木氏は『太平記と武士道』のなかで、「禅の影響」と題する一章を設け、禅の教義が武士道の発達に影響を与えたことを、『太平記』の記事を事例に説いている[*8]。

『太平記』中に登場する人物の潔さを禅の側から説明するこうした論調が、国家主義的な背景のもとでなされた国文学研究の所産であることはいうまでもない。[*9] だが、戦後にいたっても、『太平記』の成立に禅僧が関わったとする見解が正面から検証されることはなかった。例えば、永積安明氏は続日本古典読本『太平記』において、高木氏が作者を禅僧と想定したことに対し、複雑な過程を経て成立した四十巻本『太平記』の不統一な姿を「少しずつ言いあてようとしたもの」として一定の理解を示した。[*10] 結局のところ、『太平記』と禅をめぐる実証的な考察は、先述した水原氏の論を待たねばならなかったのである。

水原氏は巻十六の桜井の別れの場面で、楠正成の遺訓のなかに引かれる獅子と子獅子の比喩をとりあげ、これが『無門関』の提唱（祖師の簡潔な教えを学僧に向けて講義したもの）に由来することを指摘した（後述）。これは従来出典未詳であった故事の典拠を明らかにした点で重要であるだけでなく、『太平記』の表現に禅の言説に依拠するものがあることを実証した点でも意義あるものであった。

この前後の時期の研究では、増田欣氏が、『太平記』が巻三十八で宋元合戦を、巻三十九で蒙古襲来をとりあげることに注目し、作者が国際情勢に一定の関心を払っていることを指摘している。『太平記』には中国江南地方の情報が主に取り入れられ、そこに作者の情報入手経路の反映、即ち五山との関わりがあると見たのである。[*11] また、八木聖弥氏は、安国寺・利生塔や天龍寺を創建し、元弘以来の戦没者を慰霊する幕府の宗教政策と『太平記』の編纂目的は一致するとし、また、夢窓疎石の『夢中問答集』と『太平記』には思想的共通性が見られるとして、『太平記』は夢窓の影響下、彼を強く意識するなかで成立したと説いている。[*12] さらに、山藤夏郎氏は、『洞院公定日記』に「太平記作者」として名の見える小嶋法師について、これを禅刹瑞巌寺のある美濃小島ゆかりの僧ではないかと推論している。そのなかで山藤氏は、『太平記』が必ずしも禅の思想の本質に触れているわけではないとしつつも、小嶋法師のごとき学僧が、禅林に蓄えられた漢籍に学び、作品の成立に関与した可能性があると述べている。[*13]

これら増田氏・八木氏・山藤氏の論考は、『太平記』の成立・作者と禅宗の関係を状況的側面から説くにとどまっている。[*14] その点で、先述した森田氏・張氏の論は、本文に即して五山僧の関与を指摘するところに大きな意義がある。森田氏は巻三十九に引用された「日本狂奴乱浙東……」詩をとりあげ、その出典が『太平記』と同時代の元・迺賢の『金臺集』所収のものであることを明らかにした。また、同じ巻に引用される司馬光の詩が、宋代詩話の解釈と同じ理解をもって、『太平記』でも引用されていることを指摘した。これらのことから、『太平記』の成立には五山僧の知識が関与している可能性があることを説いたのである。一方、張氏は巻三十八の宋元合戦の記事中の「刲股納書」のモチーフや、巻三十九の呂洞賓が万将軍に膏薬を授ける話のモチーフが、いずれも宋元代に流行した口承文芸に存することを指摘した。また、張氏は両記事中の語彙にも宋元代特有の文化の反映があるとして、『太平記』の成立に五山僧の文化圏が関わることを論じたのである。

以上が『太平記』と禅の関係をめぐる論の来歴である。ほかにも、原田正俊氏・田中徳定氏にも論考がある。原田氏の論は、南北朝期における禅宗の擡頭と諸宗の抗争を『太平記』に窺い、[*15] 田中氏の論は鎌倉武士の禅の素養を『太平記』に窺うものである。[*16] また、個別伝本と禅との関わりについても考察が進められている。天正本をめぐり、森田氏は『句双紙』との関わりを論じ、[*17] 大坪亮介氏は禅林で重用された『事文類聚』『方輿勝覧』『韻府群玉』との関わりを想定した。[*18] 金木利憲氏は、西源院本巻三十七「楊貴妃事」が宋版系の『白氏文集』に依拠していることを指摘し、西源院本の増補改訂に禅林における『文集』受容の影響があることを示唆している。[*19]

三　禅に由来する句の引用

『太平記』は禅が広まる時期に成立した作品にふさわしく、禅に由来する故事や句を受容している。巻十二「文観僧正事解脱上人事」には、「大梅常和尚、剛《しひ》知《て》テ二世人《ノ》住《ル》処《ヲ》一、更移《テ》二茅舎《ヲ》一、入《ル》二深山《ニ》一、卜《シテ》二山居《ニ》一、風味詠《ヲ》、已ニ梅子熟シテ印可ヲ得給リ」[20]と、唐代の禅僧大梅法常が馬祖道一より印可を得た故事（『景徳伝灯録』巻七、『五灯会元』巻三、『苕渓漁隠叢話《ちょうけいぎょいんそうわ》』後集巻三十七）が載る。巻十三「藤房卿遁世事」には、万里小路藤房が岩蔵の庵室に、「白頭望ミ断ッ万ノ重山……」という「黄檗ノ大儀渡ヲ題スル古キ頌」（中峰明本の偈。『貞和類聚祖苑聯芳集』巻三）を残したとする記事がある。また、巻三十九にも、「来ルニ無クレ所レ来、去ルニ無シレ所レ去、桂枝頭辺ニ活路通ズ」という「本中峰和尚之送行之偈」（典拠未詳）が引用されている。いずれも名僧の故事、偈の引用である。

一方、『太平記』には禅との関わりは明示されないものの、禅の世界で好んで用いられた句を所々に見いだすことができる。

巻一「昌黎文集談義事」には、韓愈の左遷を韓湘が予期する説話が収められる。すでに増田欣氏は、この故事が『詩人玉屑』巻二十によった公算が高いことを指摘している。[21]この故事の末尾には、「誠ナル哉、癡人之面前ニ不レト説カレ夢ヲ云事ヲ」との警句が引用されている。増田氏はこの句も『詩人玉屑』巻七・巻十三に用例のあることを指摘しており、柳瀬喜代志氏もこの句が『漁隠叢話』『詩話総亀』にも見えることから、『太平記』は詩話の常套語を襲用したと説く。[22]ただし、『太平記鈔』や日本古典文学大系『太平記』は、『無門関』を典拠にあげている。[23]角川文庫『太平記』は詩話書『冷斎夜話』に加え、『無門関』『続谷響集』の用例をあげ、「宋代の諺であったと見え」るとする。[24]実際、この句は語録や公案集などにも散見される。例えば、大慧宗杲《だいえそうこう》『大慧普覚禅師語録』巻一に、

上堂。僧問。万機休罷独坐大方。猶是向下事。如何是向上事。師云。癡人面前不レ得レ説レ夢。

とあるほか、『従容録』『無門関』『虚堂和尚語録』『仏光国師語録』にも用例を拾うことができる。宋元代の詩話に見られることや、当時の諺として考えることができることも勿論だが、この句が禅林でしばしば用いられていた事実も無視することはできない。

類似の例に「死セル孔明生ル仲達ヲ走ラシム」がある。この句は巻五「玉木庄司宮欲奉討事付野長瀬六郎宮御迎

参事幷天神霊顕事」に単独で引用されるほか、巻二十「斎藤七郎入道々猷占義貞夢事付孔明仲達事」にも引かれている。[*25] 元来、『蜀志』諸葛亮伝所引『漢晋春秋』や『晋書』宣帝紀に、「死諸葛走生仲達」として見えている。史書その他での引用も多いが、蘭渓道隆『大覚禅師語録』、規庵祖円『南院国師語録』、虎関師錬『済北集』など、渡来僧や日本の禅僧の語録や書にも引用が目立つ。特に、漢籍がおしなべて「死諸葛〜」とするところ、『大覚禅師語録』巻上の例は「死諸孔明〜」としていて『太平記』に近い。禅籍に用例の多いことをもって、これらに『太平記』の典拠を求めることには慎重であるべきだが、この句が伝統的な漢籍世界によったと考えるだけでなく、禅林における関心を背景に引用されたと考える余地もあるのではないか。

巻十六、桜井の別れにおける正成の遺訓、「獅子ハ子ヲ産テ三日ヲ経ル時、万仞石壁ヨリ母是ヲ投レバ、其レ獅子ノ子ノ機分アレバ、教ヘザルニ中ヨリ身翻シテ飛揚リ、死スル事ヲ得ズト云リ」については、先述のとおり、水原一氏が『無門関』の提唱によることを指摘している。[*26]『無門関』第十五則「洞山三頓」の頌に「獅子教レ児迷子訣　擬レ前跳躑早翻身」とあるのがその源だが、『太平記』とは少し距離がある。水原氏は数多く作られた『無門関』の提唱のなかに、『太平記』の趣旨や表現と重なるものを複数指摘している。この事例は、『太平記』の典拠を探究するにあたり、主要な禅籍だけでなく、禅林における解釈・講義の類まで視野に入れる必要があることを如実に示している。

巻二十四「正成為天狗乞剣事」には「一翳在レ眼ニ空花乱墜ス」との句がある。『太平記鈔』は「禅録乎」とし、諸注釈書は『景徳伝灯録』巻十の用例を掲げる。この句は『註華厳経題法界観門頌』巻上に「有色為二迷盲一　一翳在レ眼。空花乱墜。此頌以二青黄之相一。非レ是二真空之理一」とあるのが古く、以下、『金陵清涼院文益禅師語録』『大慧普覚禅師語録』『古林和尚語録』『夢窓国師語録』（「千華乱墜」とする）『塩山抜隊和尚語録』『徹翁和尚語録』等に用例が見られる。『正法眼蔵』などにも引かれており、禅の世界では繰り返し用いられた句と見られる。

『太平記』も後半に入ると、「龍ノ水ヲ得テ、虎ノ山ニ靠《ウソムキ》シガ如」（巻三十一「荒坂山合戦事并土岐悪五郎討死事同細川人々被夜打事」）と、その類句として、「龍之水ヲ得テ、雲上ニアガル」（巻三十「殷紂王事并太公望事」）、「龍ノ天に翔《ッ》て雲ヲ起し、虎ノ山に靠《よりかかツ》て風ヲ生《ス》が如し」（神田本巻三十二「神南合戦事」）、「龍之水ヲ得タルガ如ク、虎之風ニ向ヘルニ似タリ」（巻三十四「龍山寺軍事」）が繰り返し用いられる。この句の源は『周易』巻一乾卦の「雲従レ龍、風従レ虎」にある。だが、『碧巌録』第八則「翠巌夏末示衆」に「如二龍得一レ水、似二虎靠一レ山」とあるのをはじめ、語録の類にもおびただしく引用されている。『太平記』以後の文献ではあるが、『句双紙』「八言」にも収載されていて、禅の基本的な語句であったことが知られる。*27

巻三十九「大内介降参事」には、

百里奚ハ虞之君ヲ棄テ秦之穆公ニ仕へ、管夷吾者桓公ニ下テ公子糾ト共ニ死セザリシハ如何ニトゾ思給ラン、夫モ誠ニ似タル事ハ似タレ共、是ナル事ハ是ナラズ、

との一説がある。傍線部の句は一見、典拠のない表現に見えるが、『碧巌録』に「似則也似、是則不レ是」（第一則「武帝問達磨事」）、「似則似、是則未レ是」（第十則「睦州問僧甚処」）とあり、禅語であることがわかる。『碧巌録』に多数の例があるほか、『聖一国師語録』『大覚禅師語録』『南院国師語録』『永源寂室和尚語録』『大燈国師語録』など、渡来僧、日本の禅僧の語録にも用例が認められる。このように、『太平記』では禅林の言語をさりげなく用いることもあるのだ。なお、『花鏡』「知習道事」に用いられるのも、禅の影響であろう。

以上、『太平記』に用いられる禅由来の句について瞥見した。これらのなかにはすでに諸注釈書に指摘されるものもあるが、改めて考えてみると、『太平記』作者は禅林における言説にある程度親しんでいたものと思える。筆者に多くの見落としがあるに違いないこと、語のレベルまでを検討対象にすれば、さらに多くの事例が掬えるだろうことも考慮に入れれば、その親炙の度はさらに高いものであったといえるのではなかろうか。ただし、この現象

が五山僧の関与によるものなのかは、次節において考えてみたい。

四　『太平記』作者と禅宗との距離

いうまでもなく、『太平記』には少なからぬ禅僧が登場する。また、禅に関わる儀礼が記されるところも、時代相を反映している。足利政権の保護・統制のもと、急速に影響力を増しつつあった禅宗の様子は、端的に作品に投影されているといえよう。本節では『太平記』に描かれた禅と関わる事績をとりあげ、作者の禅に対する姿勢や距離を確認する。紙幅も限られているため、ここでは天龍寺の落慶供養、高麗人の来朝、南禅寺・三井寺の確執の三つの出来事をとりあげる。

（一）天龍寺の落慶供養

天龍寺は後醍醐天皇の菩提を弔うため、夢窓疎石を開山に足利尊氏・直義が建立した寺院である。康永四年（一三四五）に造営が成り、八月二十九日に落慶供養が行われた。当初は勅願寺として、光厳上皇の臨幸を仰いで行う予定であったが、延暦寺の激しい反発に遭い、朝廷・幕府はこれを撤回することとなった。その結果、二十九日の供養には尊氏兄弟のみが参列し、上皇の臨幸は翌日に行われた。このときの叡山による強硬な訴えは、康永嗷訴と呼ばれる。*28

『太平記』は巻二十五に「天龍寺事」との章段を設け、この出来事を描く。その展開はつぎのとおりである。

①天龍寺創建の経緯とその壮観。

②供養に光厳上皇が臨幸するとの報に山門大衆反発し、大講堂で僉議。

③山門の奏状。
④公卿僉議（a）坊城経顕、禅宗を擁護。
⑤公卿僉議（b）日野資明、禅宗を批判。
⑥公卿僉議（c）三条坊門通冬、宗論を提案。宗論をめぐる故事を語る。
⑦公卿僉議（d）二条良基、武家へ判断を委ねるべきことを説く。
⑧武家の強硬な姿勢により、山門の要求、退けられる。
⑨山門、南都へ牒状を送り、協力を要請。
⑩朝廷、山門の訴えに伏す。
⑪天龍寺供養。

康永嗷訴をめぐっては、山門の僉議文・奏状・牒状を集成した『山門訴申』『康永四年山門申状』が存在し、十束順子氏が『太平記』との比較研究を行っている。[*29] 十束氏も指摘するとおり、『太平記』の少なからぬ記事は、実在の僉議文・奏状・牒状を引用、または加工したものである。まず、②の大衆僉議の内容は、主に「康永四年七月廿日山門衆徒院参申詞」の冒頭部分によっている。③の奏状は、「康永七年七月日延暦寺大衆奏状」をほぼそのまま引用したものである。⑨の牒状は、「康永四年八月日延暦寺牒状」と前半三分の一程度が同文である。さらに、⑤の日野資明が禅宗を批判する台詞の一部には、②に用いられた「康永四年七月廿日山門衆徒院参申詞」が活用されている。『太平記』では既存の資料を引用したため、引用箇所においてそれまでの記事で叙述されていない事柄も言及されていて、読者は唐突の感を抱くことになる（軍記にこうした現象はままある）。それだけ、『太平記』は資料への依存の度を高めているということだろう。

以上の資料はすべて『山門訴申』に収められている。恐らく、康永嗷訴をめぐっては関連する文書の類を集成し、成書する営みが複数あって、『太平記』の作者はそうした文献を利用したのだろう。康永嗷訴を描くにあたり、山門の資料を入手して活用する作者の態度は、少なくとも禅宗に肩入れする者がとるものとは思えない。そもそも①の記事では、「或人」が尊氏兄弟に向かって、後醍醐の菩提を弔い、国土の災いを除くために天龍寺の創建を勧めたことを、「愚ニシテ道ヲ知ル人ナカリシカバ、天下之罪ヲ身ニ帰シテ、己ヲ責ル心無リケルニヤ」と批判している。同じく①で天龍寺の壮観を記すのも、⑤で禅宗の奢侈を批判するための伏線だろう。

しかし、だからといって、『太平記』が山門擁護の立場にあるわけではない。②では、大衆の憤激に対して、「アハヤ天魔之障碍出来リヌルトゾ見エシ」と述べている。次章段「大仏供養事」末尾では、山門の嗷訴により落慶供養に光厳上皇の臨幸が撤回されたことに対して、「何様真俗共ニ驕慢之心アルニ依テ、天魔波旬之伺フ処ニ有ニヤト、人皆是ヲ怪シミケルガ」と述べ、衆徒の驕慢を批判している。禅の側にも山門の側にも立たない、中立的な立場をとるのが『太平記』の特徴である。

（二）高麗人の来朝

巻三十九「高麗人来朝事」には、貞治五年（一三六六）、元朝皇帝の勅宣を受けた高麗国王の使節が、倭寇の禁制を求めて来朝する記事がある。一行は天龍寺に留められ、長老春屋妙葩《しゅんおくみょうは》を通じて牒状を進奏した。『太平記』では以下、牒状の全文が掲出される。そして、これを受けた朝廷は、「賊船之異国ヲ犯奪事ハ、皆四国九州之海賊共ガ成処ナレバ、自㆓帝都㆒加《ルニ》㆓厳刑《ヲ》㆒無㆑処トテ、不㆑送《ラレ》㆓返牒《ヲバ》㆒、只来献之報酬トテ、鞍置馬十疋、鎧二両、白太刀三振、御綾十段、綵絹百段、扇三百本、国々ノ奉送使《ヲ》副テ高麗ヘゾ送着ラレケル」との対応をとったことを記す。

この出来事をめぐっては、夙に中村栄孝氏*30が、そして近年も張東翼氏*31・藤田明良氏*32・石井正敏氏*33ほかが考察を加えている。中村氏・藤田氏は流動する東アジア情勢のなか、高麗の恭愍王《コンミンワン》が友好国を増やし、国情を安定化させる目的で使節を派遣したと背景を論じる。そして、中村氏は幕府にとってその対応は朝廷から外交権を接収する端緒になったと説き、藤田氏は日本と高麗の禅林のネットワークが両国の外交努力に大きく貢献したと指摘している。そのような観点から見ると、この記事は禅林と深く関わる出来事を描いたものだと理解することができる。事態をどれだけ的確に把握できているかが、『太平記』と五山の距離を測るときの指標となろう。

まず、『太平記』に引用されている牒状は、『報恩院文書』にも収められている。中村氏は所収文書を、〔A〕高麗使に対する元の征東行中書省の箚付《さっぷ》（命令書）、〔B〕日本に宛てた征東行中書省の咨《し》（国書）、〔C〕使者の名簿、〔D〕礼物の品目・員数を記したもの、〔E〕高麗使の出雲から入京するまでの日程の記録、の五点に区分し、〔C〕以下を日本側の聴き取りにより作成された存問記の類とした。このうち、〔A〕の文書をめぐっては議論が多く、張氏はこれを高麗使が日本の官府に対して出した箚付で、征東行中書省の命令により派遣された理由と、日本の答書を得て帰国できるよう願う文書であるとした。一方、石井氏は検討をさらに進め、この文書を征東行中書省が咨文の発給と使者の選任を命じ、使者にこれを交付した二段階の内容から成る箚付であるとした。

『太平記』が牒状として引用するのは〔A〕の文書と一致する。だが、国と国との間で交わされた牒状に相当するのは〔B〕の咨であるから、正しくは〔B〕を引用するべきであった。〔A〕と〔B〕は多くを同文とするため、その違いを判別しにくいのではあるが、〔A〕は末尾を「右箚付差去　万戸　金乙貴　千戸　金龍等准之」とし、箚付であることを示している。『太平記』もこのとおり引用しているのだが、もし外交文書に見識のある者が引用したのであるならば、これが牒状に当たらないことに気づいただろう。石井氏も『太平記』の姿勢を「その性格を十分に理解しないまま、内容が共通するので、一方を引用したものであろう」と評する。高麗使は天龍寺に滞在し、牒状も春屋の取り次ぐところであった。『太平記』の成立に春屋、あるいは外交に精通した五山僧が関与していたならば、こうした誤りは起こらなかったのではないか。『後愚昧記』貞治六年三月二十四日条は、「蒙古幷高麗使」

が上洛して天龍寺に入ったことを記し、さらに「牒状案流布之由聞レ之、仍乞ニ取按察一写留了」と記している。『太平記』の作者も、このように巷間に流布した牒状を得て、文書に対する十分な知識のないまま、〔A〕を牒状と認識して引用したのであろう。

また、『太平記』では倭寇の禁圧は不可能だとして、返牒しなかったと記している。確かに、朝廷は高麗の牒状を無礼として、返牒しないことを決定した。だが、『鹿王院文書』所収（貞治六年）六月七日付足利義詮御内書等に記され、諸氏も詳述するように、このとき幕府は春屋に僧録を名乗らせて返書を送らせ、相応の対応を図っている。『太平記』の叙述はこの間の事情をすべて省略しており、作者と五山に関係があったのなら、このときの春屋の活躍をなぜ記さないのかという疑問が生じる。「高麗人来朝事」を見るかぎり、作者は五山にとっては事情に疎い局外者のように思われる。

（三）南禅寺・三井寺の確執

貞治六年（一三六七）六月、南禅寺の新関において三井寺の稚児が殺され（『師守記』同月十八日条によれば、鎧を剥ぎ取られ）、その報復として、三井寺の衆徒が南禅寺の僧たちを殺傷するという事件が起こった。さらに三井寺は山門・南都に牒送して嗷訴に及ぼうとし、朝廷に奏状を奉った。だが、事態は膠着し、進展を見ないまま収束に向かった。『太平記』ではこの事件を巻四十「南禅寺与三井寺霍執事」で記す。つぎの「最勝八講会及闘諍事」とともに、宗教界の違乱を描き、足利義詮の死を予兆する役割を担う記事となっている。

ところが、翌応安元年（一三六八）、事態は思わぬ方向へ発展する。前年の九月に南禅寺の長老定山祖禅は、禅の優位を説き、八宗を貶める「続正法論」を著した。その内容を知った山門は、応安元年閏六月、南禅寺の破却と春屋・定山の処罰を朝廷・幕府へ訴えたのである。八月には嗷訴が行われ、その結果、十一月に定山は配流され、翌年七月に南禅寺山門は破却された。これを応安嗷訴といい、山門の要求に屈した細川頼之は、春屋に丹波雲門寺に隠退されるという痛手を蒙った。

この事件が注目されるのは、南禅寺と三井寺の確執がいわば第一部となっていて、つづく応安嗷訴が第二部をなし、両者が一連の事件としてとらえられるためである。しかし、『太平記』では第一部のみ描き、第二部は描かない。先行研究はそこに意味を見いだそうとしている。

まず、森田貴之氏は、『太平記』では南禅寺と三井寺の確執事件は中立的に描かれているとし、これが応安嗷訴に発展する端緒となった事件としては描かれず、義詮の逝去を導く記事としてのみ位置づけられているところに作為があるとした。そして、康永嗷訴時・応安嗷訴時には山門側から「禅宗亡国論」が喧伝されていたにもかかわらず、巻三十八「太元軍事」が、元代の禅宗を支配し、皇帝の師でもあった西蕃帝師の活躍を描き、これを細川頼之に準《なぞら》えることをとりあげ、『太平記』の立場が幕府・五山の側にあることを指摘した。これらを踏まえ、森田氏は『太平記』は幕府の最終的な監修のもと、五山僧の協力を得て成立したとの見解を表明したのである。[*34] 森田氏の見解に従うなら、『太平記』が応安嗷訴に触れないのは、この事件が山門のみならず、五山にとっても不祥事であったからだということになる。

一方、佐々木雷太氏は正反対の見方を示している。佐々木氏は、『太平記』のような作品が成立する原動力は、社会的な大事件・大変革に触発され、それに対する思索や主張を行う欲求にあるとの考えから、この応安嗷訴事件こそ作品成立の原動力であったと見る。そして、『太平記』が応安嗷訴を描かないのは、あえてその直前で筆を擱《さしお》くことにより、来たるべき大事件で幕府が失態を演じたことを嘲弄し罵倒する意図があったためだとした。佐々木氏は『太平記』成立の原動力に、禅宗を庇護する幕府に対して反駁する、延暦寺の影を見いだそうとしたのである。[*35]

両氏の説は、出来事が叙述されなかった理由を成立論の側から問うという、魅力的なものである。だが、巻四十は義詮の死と義満・頼之の時代の到来という貞治六年の事績を描く巻だから、応安嗷訴に触れないのには、編年上の理由を第一にあげるのが穏当ではないか。南禅寺と三井寺の確執事件が応安嗷訴事件の発端となったのは確かだが、前者を独立した事件としてとらえ、描くことも十分に可能であった。だから、『太平記』が南禅寺と三井寺の確執を中立の立場から淡々と記すという森田氏の評はふさわしいといえる。だが、そこにそれ以上のものがあっただろうか。また、佐々木氏は応安嗷訴を描かないところに、山門側の辛辣な姿勢が含まれているとしている。この記事はあくまでも義詮の死につながる、貞治六年の不穏な状況を示すことに本義があることを考えると、そこまでの深い読みができるかも疑問である。

本文を読むかぎり、『太平記』は南禅寺と三井寺の確執に対し、どちらの側にも立っていないと考えるのが自然である。本稿の趣旨からすれば、禅宗を擁護しないところにこそ、作者と五山との距離が測れるとすべきではないだろうか。

以上、禅と関わる三つの出来事をとりあげた。『太平記』は禅宗に好意的な姿勢を示すことはなく、宗教界の新旧対立にも中立的である。また、これらの出来事を叙述するにあたり、五山からの情報提供が積極的になされた形跡も窺えない。こうした点は、『太平記』の成立に五山がどのように関与したかを考えるあたり、一つの示唆を与えてくれるのではなかろうか。

五　むすび

南北朝期は禅宗が社会に急速に浸透し、その影響力を増す時期であった。幕府と五山は深い関係で結ばれていたから、『太平記』の作者圏にも身近な存在であった。

『太平記』は禅の世界に由来する説話や漢詩文、その他言説について、一定の受容を行っている。『太平記』が宋元代の文学・文化を吸収しているという、森田貴之氏・張静宇氏の指摘は重く受けとめるべきである。作者は新渡の漢籍や情報に触れうる環境にあり、本稿で指摘したように、禅林で交わされた言語にも敏感で、それを自らの知囊に蓄えるような人物であった。

一方で、『太平記』は五山と関わる事件をとりあげるが、五山を擁護する姿勢は見せていない。また、五山からの積極的な情報提供があった節も認められない。このことから窺うと、『太平記』の記述に対して五山による介入があったとは想像しにくい。だとすれば、『太平記』の成立における五山の関与の実態とは、五山の側からの積極的な関与というよりも、作者の側からのアプローチにあったとするのが穏当ではあるまいか。そのような関係性のもと、『太平記』における禅的な要素は成り立っているものと思われる。

注

＊1 森田貴之「『太平記』と元詩―成立環境の一隅―」（『国語国文』二〇〇七年二月号）、「『太平記』の漢詩利用法―司馬光の漢詩から―」（『国語国文』二〇一〇年三月号）。なお、森田氏の最新の見解については本書所収の森田氏論考を参照されたい。

＊2 張静宇「『太平記』巻三十八「大元軍事」と宋元文化」（『『太平記』をとらえる』第二巻、笠間書院、二〇一五年）、「『太平記』と呂洞賓の物語」（『軍記と語り物』第五十二号、二〇一六年）

＊3 増田欣『『太平記』の比較文学的研究』（角川書店、一九七六年）

＊4 柳瀬喜代志『日中古典文学論考』第二部第四節「中世新流行の詩集・詩話を典拠とする『太平記』の表現」（汲古書院、一九九九年。初出、和漢比較文学叢書『軍記と漢文学』、汲古書院、一九九三年）。こうした視点は、増田欣氏

注＊3前掲書第二章第一節「『太平記』に摂取された漢詩文の概観」でも示されている。

＊5 水原一「獅子児跳躑―太平記解釈の一端として―」（『駒澤国文』第三十三号、一九九六年）

＊6 豊田八十代『国文学に現れたる仏教思想の研究』（大岡山書店、一九三二年）

＊7 藤村作編『日本文学大辞典』第二巻「太平記」（新潮社、一九三三年）

＊8 高木武、日本精神叢書『太平記と武士道』（教学局、一九三八年）。ただし、高木氏は「太平記考」（佐佐木博士還暦記念会編『日本文学論纂』明治書院、一九三七年）では、『太平記』の作者と目せられる小嶋法師を、南朝方で叡山に関係をもつ人物であったかとしている。

＊9 こうした動きとは一線を画すものとして、釜田喜三郎氏の論がある。氏は『太平記』中の挿話が、山伏・律僧・禅僧などの見聞として叙述されていることに注目する。そして、これらの挿話がこうした宗教者によって作り、語られたことを説き、それが古態本から流布本へ展開するなかで、見聞者が禅僧に集約される傾向にあることを指摘し、『太平記』の大成者に禅僧を想定している（『太平記―民族文芸の論―』所収「『太平記』の作者―叙事詩的文芸の挿話に関連して―」新典社、一九九二年。初出、『国語と国文学』一九三八年九月号）

＊10 永積安明、続日本古典読本『太平記』二三八頁（日本評論社、一九四八年）

＊11 増田欣『中世文藝比較文学論考』第一章第五節2（3）「「高麗人来朝事」に現れた作者の国際的関心」（汲古書院、二〇〇二年。初出、『説話論集』第二集、清文堂、一九九二年）

＊12 八木聖弥『太平記的世界の研究』第一章第一節「『太平記』の成立」（思文閣出版、一九九九年）

＊13 山藤夏郎「小島法師について―美濃瑞巌寺及び土岐氏との関係から―」（『日本研究』第十四号、二〇〇〇年）

＊14 このほか、『太平記』と禅を扱った論考に、松岡心平「死への想像力、そのようすが　火」（『国文学』一九九二年六月号）がある。

＊15 原田正俊「仏教と太平記」（市沢哲編『太平記を読む』吉川弘文館、二〇〇八年）

＊16 田中徳定「『太平記』にみる鎌倉武士と禅」（『駒澤国文』第五十四号、二〇一七年）

＊17 森田貴之「天正本『太平記』増補方法小考―巻四「呉越戦の事」増補漢詩について―」（『京都大学国文学論叢』第二十二号、二〇〇九年）

＊18　大坪亮介「天正本『太平記』巻四「呉越戦事」の増補傾向―姑蘇城・姑蘇台と西施の記述を端緒として―」（『文学史研究』第五十八号、二〇一八年）

＊19　金木利憲『太平記における白氏文集受容』（新典社、二〇一八年）

＊20　本稿所引の『太平記』本文は、特に断りのないかぎり西源院本による。

＊21　増田欣氏注＊4前掲論文。なお、本話については鄧力「『太平記』の表現と中国詩集―韓愈・蘇軾の受容を中心に―」（『軍記と語り物』第五十四号、二〇一八年）参照。

＊22　柳瀬喜代志氏注＊4前掲論文。

＊23　後藤丹治・釜田喜三郎校注、日本古典文学大系『太平記』一（岩波書店、一九六〇年）

＊24　岡見正雄校注『太平記』一（角川文庫、一九七五年）

＊25　本話をめぐっては、増田欣氏注＊11前掲書第一章第四節5（2）「諸葛孔明の死と新田義貞の最期」（初出、『広島女子大国文』第九号、一九九三年）、田中尚子『三国志享受史論考』第一章第一節「『太平記』における三国志の享受」（汲古書院、二〇〇七年。初出、『和漢比較文学』第二十三号、一九九九年）参照。

＊26　水原一氏注＊5前掲論文。

＊27　長谷川端校注・訳、新編日本古典文学全集『太平記』三（小学館、一九九七年）は『大慧普覚禅師語録』巻四、兵藤裕己校注『太平記』五（岩波文庫、二〇一六年）は『禅林句集』（『句双紙』）の用例をあげる。

＊28　康永嗷訴、ならびにこれと類比される後述の応安嗷訴をめぐっては、桜井景雄『南禅寺史』第二章第二節三「応安嗷訴事件」（大本山南禅寺、一九四〇年）、同『禅宗文化史の研究』制度篇第三章「康永・応安の山門嗷訴について」（思文閣出版、一九八六年。初出、『禅文化』第三十六号、一九六五年）、辻善之助『日本仏教史』第四巻、第八章第三節「臨済禅の隆盛」（岩波書店、一九四九年）が経緯を記す。

＊29　十束順子「太平記巻二十五「天龍寺建立之事」考（一）―山門嗷訴を中心に―」（『緑岡詞林』第九号、一九八五年）、「太平記巻二十五「天龍寺建立之事」考（二）―僉議の文・奏状・牒状等について―」（『青山語文』第十六号、一九八六年）

＊30　中村栄孝『日鮮関係史の研究』上、六「『太平記』に見える高麗人の来朝―武家政権外交接収の発端―」（吉川弘文

館、一九六五年。初出、『青丘学叢』第四号、一九三一年）

＊31　張東翼『モンゴル帝国期の北東アジア』第一部第二章「一三六六年高麗国征東行中書省の咨文についての検討」（汲古書院、二〇一六年。初出、『アジア文化交流研究』第二号、二〇〇七年）

＊32　藤田明良「東アジア世界のなかの太平記」（注＊15前掲書所収）

＊33　石井正敏『石井正敏著作集　第三巻　高麗・宋元と日本』11「貞治六年の高麗使と高麗牒状について」（勉誠出版、二〇一七年。初出、『中央大学文学部紀要』第二三一号、二〇一〇年）

＊34　森田貴之「『太平記』終末部と応安の嗷訴事件」（『軍記と語り物』第四十五号、二〇〇九年）

＊35　佐々木雷太「『太平記』と応安強訴事件――『神道雑々集』の窓から――」（『唱導文学研究』第七集、二〇〇九年）

参考資料

芳賀幸四郎『中世禅林の学問および文学に関する研究』（日本学術振興会、一九五六年）
今枝愛真『中世禅宗史の研究』（東京大学出版会、一九七〇年）
村井章介『アジアのなかの中世日本』（校倉書房、一九八八年）
村井章介『東アジア往還　漢詩と外交』（朝日新聞社、一九九五年）
原田正俊『日本中世の禅宗と社会』（吉川弘文館、一九九八年）
芳澤元『日本中世社会と禅林文芸』（吉川弘文館、二〇一七年）

『太平記』の禅学、宋学

――遺偈と『孟子』と殷周説話と――

森田 貴之

一 長崎氏の禅学と宋学

『太平記』には多くの漢詩や偈頌が引用され、しばしば中国説話が長文で語られる。近年、それらの漢詩や説話の出典について、例えば『文選』や唐詩、『白氏文集』、『史記』や『貞観政要』など唐代以前のもののみならず、宋・元代の詩人、宋代詩話、唐代以前のものであっても宋元版が用いられているという指摘が相次いでいる。*1『太平記』に宋元時代に成立した中国文化が流入していたことはもはや疑いようがない。

こうした近年の動き以前の『太平記』研究においても、また一般にも*2「宋学」の影響は夙《つと》に言われ、実際に宋学の影響を伺うことの出来る事例として、『孟子』の頻繁な利用が見られることが注目されてきた。*3

『太平記』内で『孟子』を引く人物として、北条得宗家の御内人長崎高資がいる。巻二「長崎新左衛門尉異見事付阿新殿之事」において、正中の変で捕らえた関係者の処遇をめぐって、高資は次の主張を行う。

文武揆《ハカリコト》《オモムキ》一ナレドモ、用捨時異ナリ。世ノ静ナル時ハ文ヲ以テ是ヲ治メ、事ノ急ナルニ當テハ武ヲ以テ是ヲ鎮《おさ》ムル故ニ、戦國ノ時ニハ孔孟用ルニ足ラズ、治レル世ニハ干戈ノ用ヒルコト無ニ似タリ。今ノ世尤武ヲ以テ治ベキ時也。異朝ニハ文王武王臣トシテ無道ノ君ヲ討《うた》スル例アリ。吾朝ニハ義時泰時下トシテ不善ノ主ヲ流シ奉ル例アリ。世皆是レヲ以テ當レリトス。サレバ古典ニモ、君視臣如土芥《トカイ》、則臣視君如寇讎《コウシウ》矣ト云リ。叓《こと》停滞シテ、武臣《家》追罰ノ宣旨ヲ被レ下ナバ、後悔ストモ益有ベカラス。只速ニ君ヲ遠國エ遷シ奉《まゐら》セ、大塔ノ宮ヲ硫黄島エ流シ奉リテ、隠謀ノ逆臣、資朝俊基ヲハ誅セラレバ武家ノ安泰万歳ニ至リヌトコソ存候へ。

この発言で高資は、『孟子』「離婁章句下」の句「君視レ臣如二土芥一、則臣視レ君如二寇讎一」を引き、また、周の文王・武王が臣下の身分でありながら、君である殷の紂王を討った例を挙げ、「無道ノ君ヲ討」つことの正統性を主張している。

実際の長崎高資個人がどの程度『孟子』の知識を得ていたのかはともかくとして、北条氏周辺の鎌倉武士が漢籍に接する主要な経路は、鎌倉在住の漢学者か禅僧を経由してのものであったと考えていいだろう。その意味で、『太平記』において、長崎氏と禅僧の密接な関係が描かれていることは興味深い。

長崎高資の子基資（高重）は父高資や祖父円喜とともに、鎌倉幕府の滅亡と運命を共にし、東勝寺で自害を遂げる。その高重の最期の出陣と自害の様子は、巻一〇「相模入道并一族自害之事」に克明に記され、そこに禅僧との交流が描かれている。

最後ノ合戦ト思ケレバ、先崇《ゾウ》壽寺ノ長老南山和尚ノ方エゾ參ケル、和尚即主位ニ坐シテ相看シ給フ。事ノ忩シキ上、甲冑ノ士ハ拜ヲ至《いたす》コト無レバ、基資《高重》庭上ニ立ナガラ、左右ニ揖《イフ》成テ問ヒテ曰ク、如何是勇士恁麼《インモ》ノ事。答テ曰ク、吹毛急ニ用ヒテ不レ如レ前ト。基資一句ヲ聞テ問訊シテ、皈《かへり》ケルガ笠符ヲ皆奪ヒ捨テ、門前ヨリ馬ニ打乗テ、百五十騎ヲ前後ニ立テ、閑ニ馬ヲ進メテ、敵ノ陣へ紛入ル。

基資は最後の出撃前に鎌倉・崇寿寺の南山士雲のもとを訪れ、「勇士」としての在り方を問う。それに対する南山の返答は、「吹毛急に用ひて前《すす》まんには如かじ」であった。それを聞いた基資は、「問訊」すなわち合掌して体を曲げ頭を低くたれて敬礼する禅宗の礼法を行い、敵陣へ向かう。まさに〝禅問答〟というべきこの問答の後、新田義貞軍と奮戦した基資は、得宗北条高時の前に戻り自害する。

筒《トウ》バカリ残タル鎧執テ投捨テ、御前ニ在ケル盃ヲ以テ、舎弟ノ新左衛門ニ酌執《とら》セテ、三度飲テ、摂津刑部大輔入道々準ガ前ニ差置キ、思ヒ差シ申候ゾ、是ヲ肴ニ御覧ゼヨトテ、左ノ小脇ニ刀ヲ突キ立テ、右ノ側腹マデ切目長ニ掻《かき》破テ、中ナル腸摑《つかみ》出シ道準ガ前ニゾ臥タリケル。

この後、諏訪入道直性、長崎次郎左衛門、長崎円喜が相次いで自害し、それに続く北条高時の死が描かれる。しかし、その描写は「此小冠者ニ義ヲ被レ勧テ、相模入道切給ヘバ、城入道列《つづき》テ切ル。」とあるのみで、長崎氏らに比して淡々としたものである。

この高時とともに北条一門の死者を綿々と列挙していく『太平記』の筆致も印象的だが、鎌倉幕府の滅亡に際しての多くの死の描写のなかで、具体的なものとしては、この長崎高重の死が最も鮮烈な印象を残すと言えよう。そして、その最期は先の問答に導かれたものであったと言っていい。

南山の言葉の完全な理解は難しいが、「吹毛」とは『碧巌録』第百則に「如何是吹毛剣」と見え、その評唱に「劔刃上吹レ毛試レ之、其毛自斷。乃利劔謂二之吹毛一也。巴陵只就二他問處一便答、這僧話頭落也不レ知。」とあるように、禅者の鋭い機鋒を喩え、その力量を示す禅語であり、臨済義玄の遺偈「吹毛用了急須レ磨」（『景徳伝灯録』巻一〇）、宗峰妙超の遺偈「截二断仏祖一、吹毛常磨」（『大灯国師語録』）などと頻用されていた。そして、『太平記』に見られる鎌倉禅を分析された田中徳定氏が取り上げられた[*4]『大休和尚法語』「示二塩飽衛門成員道友一」の「決欲レ出二離生死一、須レ生二大慚愧一。深省二曠劫無名一、煩悩業障爲レ患滋久。譬如下壮士手執二利刀一、入中軍陣中上。」という武士への教導に用いられた喩えを踏まえるならば、高重は実際の刀剣とともに、〝吹毛剣〟を振るって妄念を払い、敵陣に赴いたのであろう。

　史実としては、この時、南山士雲は鎌倉非在であったと思われ、[*5]この問答は『太平記』作者の創作であった可能性が高[*6]」く、『南山和尚語録』にも見えない。また、先の高資の『孟子』引用の言葉も資料によって裏付け得るものではない。しかし、『孟子』を引用して湯武放伐論を展開する高資や、禅語に導かれて最期を遂げる基資の姿は、北条氏による禅仏教の庇護の状況[*7]と、宋学の普及の状況を映すものとはいえるだろう。

　本稿では、この長崎氏の描かれ方に導かれて、『太平記』における禅学・宋学の様相を見てみたい。

二　『太平記』第一部と遺偈

『太平記』第一部には、他にも遺偈が散見される。例えば、巻一〇「塩飽父子三人自害之事」に描かれる塩飽新左近入道聖遠の遺偈がある。なお、『大休和尚法語』「示二塩飽衛門成員道友一」の教導相手であった北条時宗被官の塩飽衛門成員と同じ塩飽氏である。

　入道中門ニ曲録ヲ立サセ、其上ニ結跏趺坐シテ、辞世ノ頌ヲゾ書タリケル。
　　提《テイ》二持《シテ》吹毛《ヲ》一　切二断《ス》虚空一　大火聚裏《ソノウチ》　一道《ノ》清風
ト、叉《あざへ》レ手《ヲ》シ首ヲ延テ、子息ノ四郎ニ、我頭打《うて》ト下知シケレバ、少モ臆セズ、大膚脱テ、父カ頚ヲ懸ズ打落ス。

とある。このうち「提《テイ》二持《シテ》吹毛《ヲ》一　切二断《ス》虚空一」の二句は、西源院本・神田本・天正本等には「五蘊非レ有　四大本空」とある。後に述べる日野資朝の遺偈と表現が重なる故に、西源院本等の形態から玄玖本等の形態へと改訂されたものと考えられており、[*8]それに従うが、本来の形であったと思われる「五蘊非レ有　四大本空」の語もまた、日野資朝の遺偈に似ている以前に、達磨とその門弟との問答（北宋・道原『景徳伝灯録』巻三）や、蘇軾と仏印禅師の問答（南宋・志磐『仏祖統紀』巻四六）においてよく知られた句ではあった。前者の問答は『正法眼蔵』巻三八「葛藤」にも見え、後者の問答も、それを踏まえた箇所が『正法眼蔵』巻二五「谿声山色」に見える。

さて、塩飽入道の偈と似ているという、日野資朝の遺偈とは、先に長崎高資の『孟子』引用で触れた、巻二「長崎新左衛門尉異見事　付阿新殿之事」にある。

已ニ夜ニ入ヌレバ、輿差シ寄テ乗セ奉リ、此ヨリ十町斗《ばかり》有ル河原ニ奉レ出シテ、輿舁《カキすゑ》居タレバ、少モ臆シタル氣色モ無ク、敷皮ノ上ニ居直テ辞世ノ頌ヲゾ書タマヒケル。

五蘊假成得《形》　四大今帰レ空

将レ首當ニ白刃一　截ニ断一陣風一

ト書テ筆ヲ閣《さしおき》タマヘバ、切手後エ廻トゾ見エシ、御首ハ敷皮ノ上ニ落テ質ハ軀《ムクロ》坐セルガ如シ。

この資朝の偈は、肇《じょう》法師の辞世の頌偈に基づく。肇法師とは、後秦時代の僧で、鳩摩羅什に師事し経典翻訳を助けた什門十哲の一人である。その遺偈は、唐末の禅僧玄沙師備の語録『玄沙広録』に見える。

因挙下肇法師頌、四大元無レ主、五陰本来空、将レ頭臨ニ白刃一、一似上レ斬ニ春風一、師云、大小肇法師、臨ニ遷化去一、猶寐語在。

肉体にはもともと主などは存在せず、それを構成しているのは本来空であり、白刃に頸をさらすとも、風を切るようなものだ、といった内容で、日野資朝の遺偈の内容と同一である。細かな字句には異同もあるが、『増鏡』には、より肇法師の偈に近い形で資朝の遺偈が見える。

すでに斬られける時の頌とぞ聞き侍りし。

四大本無レ主　五蘊本来空

将レ頭傾ニ白刃一　但如レ鑽ニ夏風一

いとあはれにぞ侍りける。俊基も同じやうにぞ聞えし。

実は『太平記』は、この肇法師には関心を持っていたらしく、同じ巻二「三人僧徒関東下向之事 付圓観上人之事」でも肇法師について触れている。そこでは、後醍醐の陰謀に関与したとされた円観・文観・忠円の三名の僧侶が関東に下向させられた一件を描く。そこに次の一文があり、僧侶が法難により「水宿山行」[*9]の憂き目にあった先例として、「肇法師ガ刑戮ノ中ニ苦」しめられたことをあげている。

左遷遠流ト云ハヌ斗《ばかり》コソ有レ、遠蛮ノ外ニ被レ遷サセ給ヘバ、是モ只同旅寝ノ思ニテ、肇法師ガ刑戮ノ中ニ苦シミ、一行阿闍梨ノ火羅國エ流サレシ、水宿山行ノ悲モ角哉《かくや》ト思知レタリ。

この肇法師の「刑戮」譚は、梁・慧皎『高僧伝』巻六などの諸伝には見いだすことができないもので、先に見た『玄沙広録』でも全く触れられていなかった。しかし、『景徳伝灯録』巻二七の次の所説には、その具体的な理由は記されないが、後秦王によるなんらかの法難による刑死が記されている。

僧肇法師遭二秦主難一、臨二就刑一説レ偈曰。

四大元無レ主　五陰本來空

将レ頭臨二白刃一　猶似レ斬二春風一〈玄沙云、大小肇法師臨レ死猶寱語〉

この『景徳伝灯録』にも「玄沙云」以下に玄沙師備による肇法師に対する「猶寱語在」という『玄沙広録』由来の批判が記されているように、当初は『玄沙広録』のように単に辞世の偈頌とされていたものが、その偈の「将レ頭臨二白刃一」という句が具体性を帯び、肇法師の処刑譚を呼び起こしたのだろう。この『景徳伝灯録』同様の記事は種々の禅籍に引き継がれたほか、『碧巌録』第六二則にも「肇一日遭レ難。臨レ刑之時、乞二七日暇一、造二宝蔵論一」とあり、やはり肇法師の刑死のことが載る。チベット仏教文献『漢蔵史籍』等に肇法師殺害記事の存在も指摘されているが、[*10]それらの諸伝が日本へ伝来したとは考えにくく、肇法師の処刑譚は、『景徳伝灯録』以来、禅籍の中に定着していた。

この肇法師の処刑譚は、無住『雑談集』巻五に一行阿闍梨流罪譚とともに見られることから、『雑談集』の記事と『太平記』との関係について、「僧肇のことと一行のことが並んで記されているのは「太平記」のみで、その点「雑談集」と何らかの関係があるか。[*11]」とも言われる。

昔シ肇法師、才学勝レタリシ故ニ、国王召シテ、還俗シテ可二召仕一之由仰下シニ、不レ随シテ刎《はね》レ首了。

たしかに『雑談集』も一行阿闍梨と肇法師とを併記しており、その点『太平記』との関係が注意されるが、直接の関係はひとまず考えない。ただ、無住は宋渡来の禅籍に関心を寄せていたし、『沙石集』および『雑談集』には、当然それらの知識が流れ込んでいる。『太平記』も同様な環境にはあったということだろう。資朝処刑場面の遺偈が史実であるにせよ、ないにせよ、『太平記』作者は、『景徳伝灯録』以来の肇法師の処刑譚とその遺偈の存在を熟知していたはずだ。それゆえ巻二「三人僧徒関東下向之事　付圓観上人之事」の三僧侶の受難の描写においても、前例としてその処刑譚を示したのだろう。

他にも『太平記』は、『増鏡』が「俊基も同じやうにぞ聞えし」としか記さなかった日野俊基についても辞世の偈頌を示し（巻二「俊基朝臣死罪之事　付北方之事」）、巻四「笠置囚人死罪流刑之事」に描かれる源具行の最期にも、やはり辞世の偈頌を引く。[*12]こうした『太平記』所収の遺偈の全てが『太平記』の創作ではないだろうし、またすべてが史実に基づくものでもないだろう。また遺偈ではなく辞世歌を引く場合もやはり少なくない。しかし、『太平記』が、正中から元弘にいたる戦乱において、鎌倉武士の最期だけではなく、京の公家の最期にも同じく偈頌を掲げることで、その最期の心境を示そうとしていることもまた事実である。『太平記』には禅宗に対してあまり好意的でない記述もあるのだが、その反面、『太平記』と禅学との距離は思いのほか近い。

三　『太平記』の殷周説話と宋学

ここまで、『太平記』第一部に散見する遺偈から禅への関心を確認してきたが、『太平記』の長崎高資・基資親子の人物造形にも見られたように、『太平記』の時代において、宋学と禅学とは切り離せない関係にある。次に宋学への関心を見てみたい。

長崎高資が『孟子』を引きながら、「異朝ニハ文王武王臣トシテ無道ノ君ヲ討スル例アリ。」と具体的な例として挙げた殷周の交替は、宋学が特に多く話題にする歴史的事例であった。高資は僅かにその例に触れたにすぎないが、『太平記』巻三〇には、その殷周交替が長文の説話として引かれている。

その説話引用のある巻三〇の前に位置する巻二九末尾には、「仁義ノ勇者」と「血気ノ勇者」をめぐる論があり、その議論は、『太平記』のなかで、『孟子』およびその新注の影響が比較的明瞭にうかがえる箇所として注目されているものである。[*13]「この時期の孟子への注目といえば、しばしば王権の危機に絡んでの放伐思想や易姓革命ばかりに関心が集まっていたかのように受け取られるが、決してそうではないのである」[*14]という批判があるのは承知しているが、『孟子』新注を受容した巻二九の周辺において、わざわざ長文の説話引用の形で語られる殷周説話は、宋学受容という意味でやはり注目に値しよう。

高師直・師泰兄弟の敗北と死を描いた巻二九末尾を承け、巻三〇冒頭では、高師直の葬儀が描かれ（別源円旨の偈頌が引かれる）、足利尊氏・直義兄弟の一旦の和睦が示される。そこで、一度は観応の擾乱の終結が見えそうになるのだが、その直後、再び直義と尊氏・義詮父子とに疎隔が生まれ、結局、尊氏・義詮に敵対した直義は京都を去ってしまう。『太平記』は、直義が尊氏・義詮と対抗することになった、その理由について、ソモ是ハ誰ガ意見ニ依テ、高倉殿ハ加様ニ兄弟叔父姪《ヲヂヲイ》ノ間ニ、合戦ヲバ為乍《しなが》ラ、遉《サス》ガ無道ヲ誅シテ、世ヲ静《しづめ》ントスル所ヲバ憚（引用者注「計」とあるべきか）リ給フゾト尋レバ、禅律ノ奉行ニテ召仕レケル南家ノ儒者藤原少納言有範ガヨリ〳〵申ケル儀ヲ、用給ヒケル故トゾ承ル。

と、南家の儒者藤原有範の存在に言及し、有範が直義に語ったという殷周交替をめぐる物語を示す。その有範の意図は、語りの末尾に、

古ノ事ヲ引テ今ノ世ヲ見ニ、只羽林相公ノ婬乱、頗ル紂王ガ無道ニ相似タリ、君仁ヲ行セ給ヒテ、是ヲ亡サレンニ、何ノ子細カ候ベキ。

とあることに明らかで、足利義詮を殷の紂王に擬え、それを直義が討つことの正統性を主張するものである。

本説話の構成は概ね『史記』殷本紀に則っており、その『史記』との比較から、『太平記』が削除しているのは、「紂が九侯とその娘および鄂侯とを虐殺する話」および「比干が紂を諫めて誅される話」、「武王の紂王討伐戦の具体的叙述」の三項だけで、逆に「西伯が太公望を得る話」と「炮烙の刑についての詳述」の二つを『太平記』が付加したことが指摘されている。*15

この殷周交替をめぐっては、『孟子』「梁恵王章句下」に、臣として君を伐つことの是非についての次の議論があった。

齊宣王問曰、湯放㆑桀、武王伐㆑紂、有㆑諸。孟子對曰、於傳有㆑之、曰、臣弑㆓其君㆒可乎。曰、賊㆑仁者謂㆓之賊㆒、賊㆑義者謂㆓之殘㆒、殘賊之人謂㆓之一夫㆒、聞㆑誅㆓一夫紂㆒矣、未㆑聞㆓弑㆑君也。

ここで孟子は、残賊の者はただの一人の男であり、紂とかいうただの一人の男を武王が誅殺したとは聞いているが、臣が君主を殺したとは聞いていない、と論じる。これについて、漢・趙岐注は「垂㆑戒㆓于後㆒也」とし、問いを発した斉の宣王への戒めの意味を重視する。一方、朱子は、基本的に同じ姿勢に拠りつつ、王勉の言を引き、

王勉曰、斯言也、惟在レ下者有二湯武之仁一、而在レ上者有二桀紂之暴一則可。不レ然是未レ免二於簒弑之罪一也。

と、君が絶対的な悪であり、臣が絶対的な善である場合には肯定されるが、そうでなければ「簒弑」の罪にあたる、と論じる（『朱子語類』）。

『太平記』の殷周説話においても、『史記』の叙述を離れて炮烙の刑が詳述され、先にもあげた有範による説話引用の末尾にも「古ノ事ヲ引テ只羽林相公ノ婬乱、頗ル紂王ガ無道ニ相似タリ」とあり、紂王の「無道」は強調されている。また第一章で触れた長崎高資の言葉にも「異朝ニハ文王武王臣トシテ無道ノ君ヲ討スル例アリ。」とあったほか、本説話が引用されるきっかけとなった直義の行動についても「兄弟叔父姪ノ間ニ、合戦ヲバ為乍ラ、直義ガ無道ヲ誅シテ、世ヲ静ントスル所」としていた。『太平記』にも、紂が「無道」なるが故に討ってもよい、とする意識は強い。

一方、朱子が湯武の側に求めた「仁」については、

逐ニ此太公望ノ謀ニ依テ西伯徳ヲ行シカバ、其子武王ノ世ニ當テ、天下ノ人皆殷ヲ背テ周ニ皈セシカバ、武王逐ニ天下ヲ取テ子孫永ク八百余年ヲ保テリ。

と、西伯の「徳」に言及している。しかし、その「徳」は「太公望ガ謀ニ依テ」実現されたものであるともいう。先に触れたように、『太平記』は、わざわざ西伯が渭浜の陽に猟して太公望を得た話を追加していた。この話は『蒙求』「呂望非羆」を通じてよく知られるが、『太平記』のこうした叙述は、『史記』斉大公世家の、

周西伯昌之脱二羑里一歸、與二呂尚一陰レ謀修レ徳、以傾二商政一。其事多三兵權與二奇計一。故後世之言二兵及周陰權一、皆宗二太公一為二本謀一。

を踏まえるものだろう。それに加えて「但シ天下草創ノ功ハ、武略ト智謀トノ二ニテ候」（巻三「先帝笠置臨幸之事」）という楠正成の言に象徴されるように、『太平記』の歴史叙述において、「謀」の意義が大きく扱われていたことも

あるだろう。この「謀」を「徳」の上位に置くかのような叙述は、『太平記』の内的論理の反映と言えるわけだが、その分、朱子らの論からは遠ざかることになる。

そもそも『太平記』は、殷周説話を引いて直義を説得する有範の主張については、

禅門ヲ文王ノ徳ニ比シ、我身ヲ太公望ニ准テ、折節ニ付テ申ケルヲ、信ゼラレケルコソ愚ナレ。

と、否定的に扱い、その言に従った直義を「愚カナレ」と難じている。[*16] しかし、その批判は、あくまでも有範が直義の徳を文王の徳に並べ、自身を太公望に擬えた、そのアナロジーの当否についての批判であり、また「折節ニ付テ」て直義に取り入ろうとしたことへの批判である。殷周交替の道義的な部分の議論に踏み込んでの批判では全くない。

他にも殷周説話をめぐる一連の流れのなかで、宋学が議論の対象とする点はあるが、『太平記』の殷周説話は、それらにはほとんど関心を払っていない。その一例として、西伯羑里幽閉があげられる。『太平記』では、

此時周ノ文王未ダ西伯ニテヲワシケルガ、潜《ひそか》ニ是ヲ見テ、人ノ悲ミ世ノソシリ、天下ノ乱ト成ヌト歎給ヒケル。崇侯虎ト云ケル者聞テ、紂王ニゾ告タリケル。紂王大ニ怒テ、則《すなはち》西伯ヲトラヘ羑里ノ獄舎ニ押篭《おしこめ》奉ル。

と語られ、やはり『史記』殷本紀にほぼそのまま基づいた叙述となっている。

宋学は、この無実の罪で投獄された西伯の立場や心情に注目する。その議論の発端は、宋学的思想の先駆者として知られる韓愈（韓昌黎・韓退之）「拘幽操　文王羑裏作」（『昌黎先生集』巻一「琴操十首」）にあった。羑里に幽閉された西伯（文王）になりかわりその心情を述べた詩だが、もとは後漢・蔡邕『琴操十二首』中の「拘幽操」を踏まえたものである。蔡邕の詩では「討暴除亂、誅逆王兮」と、紂王を悪逆な王とし、それを除かんとする意思が述べられていたが、韓愈は、「嗚呼臣罪當レ誅兮　嗚呼天王聖明」と、逆に紂王を称えることで君臣の義を守る文王の聖徳を示した。

この韓愈の詩について、宋の二程の一人程頤（程伊川）は、「道二得文王心一出來、此文王至徳處也（『二程遺書』巻八）」と評して「至徳」に位置づけ、朱熹も、

韓退之云、臣罪當レ誅兮、天王聖明、此語、何故程子道二是好一。文王豈不レ知二紂之無道一、卻如レ此説。是非レ欺二誑衆人一。直是有レ説。須是有二轉語一、方説二得文王心一出。看來臣子無レ説二君父不レ是底道理一、此便見二得是君臣之義處一。

と述べ、程頤に同意している（『朱子語類』巻十三）[*17]。しかし、『太平記』は、『史記』殷本紀の簡略な記述にそのまま基づくのみで、その事実を記してはいても、文王の心中に言及することはなく、紂を討つことの是非を議論することも一切ない。

周が殷を伐つ道義的問題は、『史記』伯夷叔斉列伝にある、西伯の死後、殷を伐とうとする武王を伯夷・叔斉が諫める、まさに臣として君を伐つことの是非をめぐる問題を喚起する場面にもあらわれている。

伯夷・叔齊、叩レ馬而諫曰、父死不レ葬、爰及二干戈一、可レ謂レ孝乎。以レ臣弑レ君、可レ謂レ仁乎。左右欲レ兵レ之。太公曰、此義人也。扶而去レ之。

しかし、『太平記』の殷周説話は、紂の「無道」と太公望の出現に焦点化されており、この場面は全く触れられていない。『太平記』は、宋学が論じる、周が殷を伐つことをめぐる思想的・道義的問題については、ほとんど関心を払っていないようにみえる。

その一方で、『太平記』の章段末尾には、次のような評が付されている。

サレバトテ禅門ノ行跡《ふるまひ》、泰伯ノ、有徳ノ甥ノ文王ニ譲シ仁ニモ非ズ。又周公ノ、無道ノ兄管叔ヲ討シ義ニモ非ズ。権道覇業、兩《ふたつ》ナガラカケタル人トゾ見ヘタリケル。

直義が甥義詮と争ったことは、甥西伯（古公の四男公季の子）に位を譲った泰伯（古公の長男。『史記』呉太白世家に

見え、『論語』泰伯篇において「至徳」と評される）の「仁」とは異なっていること、また兄尊氏と対立した点が、反乱を起こした兄管叔を伐った周公（文王の四男。兄を伐ったことは『史記』管蔡世家に見え、やはり『論語』等で尊重される）のような「義」とも異なる点を批判されている。

この批判は、『孟子』が『論語』の「仁」から「義」を分け「仁義」を重視し、「賊ㇾ仁者謂㆓之賊㆒、賊ㇾ義者謂㆓之残㆒、残賊之人謂㆓之一夫㆒、聞ㇾ誅㆓一夫紂㆒矣、未ㇾ聞ㇾ弑ㇾ君也。（『孟子』「梁恵王章句下」）」と、放伐にあたって「仁義」の有無を問題にしていたことと対応する。また「覇業」の語も、『孟子』において理想とする「王道」に比して用いられる「覇道」の語と対応するものであることはいうまでもないだろう。『孟子』はその王道観により「王覇」の別を論じたことで知られる。*18

そして「権道」もまた『孟子』「離婁章句上」の次の箇所を踏まえ、様々に議論されてきたものである。

淳于髠曰、男女授受不ㇾ親、禮與。孟子曰、禮也。曰、嫂溺則援ㇾ之以ㇾ手乎。曰、嫂溺不ㇾ援、是豺狼也。男女授受不ㇾ親、禮也。嫂溺援ㇾ之以ㇾ手者、權也。曰、今天下溺矣、夫子之不ㇾ援、何也。曰、天下溺、援ㇾ之以ㇾ道、嫂溺、援ㇾ之以ㇾ手。子欲㆔手援㆓天下㆒乎。

この箇所について漢・趙岐注は「権者反ㇾ経而善也」とし、「権」を「経」とは対立するものと見ている。また、この「権」の語は『論語』子罕篇にも見えるが、その漢・何晏注でも「權道反而後至㆓於大順㆒」としている。

一方、『論語集注』が引く程伊川の注には「程子曰、漢儒以㆓反ㇾ経合㆒ㇾ道為ㇾ権、故有権変権術之論皆非也。権只是経也。自ㇾ漢以下無ㇾ人ㇾ識㆓権字㆒。」とあり、朱子も「先儒誤以㆓此章㆒連㆓下文㆒偏其反而為ㇾ一章ㇾ、故有㆓反經合道之説㆒。程子非ㇾ之、是矣。」とし、必ずしも「経」と対立するものとは見ていない。しかし、それに続けて、

然以㆓孟子嫂溺援ㇾ之以ㇾ手之義㆒推ㇾ之、則權與ㇾ經亦當ㇾ有ㇾ辨。

と、先の『孟子』の論を承けて考えた時には、「経」と区別されるべきものとも主張している。基本的には「権道」

も「覇業」と同じく、完全には肯定しうるものではなく、「王道」ないし「経学」の代替手段としてのみ認められる手段ということであろう。

『太平記』の「権道覇業、兩ナガラカケタル人」という直義評も、直義の仁義を泰伯の「仁」や周公の「義」と比較しての結論であることを見れば、『太平記』の「権道」や「覇業」も「仁義」が備わっている場合にのみ認められる手段という理解なのではあろう。しかし、「権道」「覇業」の否定的側面は乏しく、むしろ肯定的に捉えられているようにも見える。殷周説話と関わって「仁」「義」「権道」「覇業」が持ち出される点には、放伐思想と絡んでの『孟子』受容、その新注と関わる宋学の影響が濃厚に感じられるのだが、それは決して教条的に程朱の学を受容したというようなものではないということだろう。

こうした必ずしも朱子学的とは言えない宋学受容は、例えば入元僧であり、五山文学を代表する人物の一人である中巌円月などにも顕著であるという。中巌円月は入元前には、長崎基資と問答を行った南山士雲に参じており、入元後は明極楚俊の会下《えか》に入り、また後醍醐帝に上表文を呈するなどしたほか、足利直義とも交流が認められ、応安八年（一三七五）に没した。まさに『太平記』と同時代を生き、活躍した代表的な禅僧の一人である。その中巌円月が触れ得た宋学については、「中巌が中国で接した儒学が、宋学には違いないものの、朱熹が熱を籠めて主張したものと些か異なる性格を帯びていたとしたら、話はかわってくるのではなかろうか。中巌は一般に言われている意味での朱子学を学んだわけではなかったのである。[*19]」との指摘がある。

その中巌円月の代表的著作であり、『孟子』の積極的な受容の見える『中正子』「権経篇」に、「権」と「経」をめぐって、次のような記事がある。

経権之道、治レ国之大端也。経、常也。不レ可レ変者也。権者非レ常也。不レ可レ長者也。（中略）経者文徳也。権者武略也。武略之設、非二聖人意一。聖人不レ獲レ已而作焉。作而不レ止、非二武略之道一也。作而止、則帰二文徳一。

是則権之功也。文徳経常之道、誕敷二天下一、而武略権謀之備、不レ行二於国一、則尭舜之治、可二以坐致一。

この中巌円月の論は、「経」と「権」の関係を、それぞれ「文徳」と「武略」に対応させる論を展開している。『孟子』の影響もありつつ、「権」をはっきりと「武略」と定義した点に中巌円月の独自性がある。こうした論は先に見た『孟子集注』などの「権道」に関する議論とは、やはり異なる点が多い。

『太平記』の殷周交替説話においても、『孟子』の受容が見られ、〝宋学的〟な志向もまた見て取れたが、その一方で、朱子学の体系的な受容はやはり認められなかった。『太平記』作者がすなわち中巌円月の周辺であったなどと言いたいわけではないが、『太平記』の〝宋学〟も基本的には中巌円月らの環境と似たものだったのではないか。少なくとも、中巌円月が生き、学んだような時代の思潮の中に『太平記』の作者もまたあったことは作品からもうかがい知れよう。

本稿であらためて確認してきたように、『太平記』の周辺に「宋代禅」および「宋学」の存在があったことは明らかである。しかし、本稿で見た例でも、処刑されたとしか記されない肇法師の例が果たして「水宿山行」の例にあたるのか、『太平記』の叙述には疑問も残る。また『景徳伝灯録』にも「玄沙云、大小肇法師臨レ死猶寱語」として引かれる、肇法師ともあろうものが死に臨んでまだ寝言を言っているという批判、すなわち、「たとい〈五蘊みな空〉が真理だとしても、現実の肉身の痛みをどう説明し、どう処理するのか。そこを素通りしたままでは、肇法師の偈は寝ごとでしかない」[*20]という批判は、全く『太平記』には吸い上げられてはいない。禅学に限らず、『太平記』が接触した新渡の宋元の文献や宋学的な知識についても、『太平記』がそれらの文献や知識をどれほど自覚的に物語内に深化させて用いることができていたかどうか、については疑問もある。

『太平記』の触れ得た文献とその流布環境と、『太平記』の叙述とをどう理解していくのか、今後の『太平記』研究の課題である。

付記

本研究はＪＳＰＳ科研費JP18K00331（基盤研究（C）「『太平記』の諸本展開と南北朝・室町の文芸・政治・社会」（二〇一八―二〇二〇、研究代表者小秋元段）の助成を受けたものです。

引用本文

明らかな誤字は訂し、一部、訓点や送り仮名、濁点を変更している。

『太平記』…勉誠社『玄玖本太平記』、『孟子』『論語』『碧巌録』…岩波文庫、『景徳伝灯録』…禅文化研究所『景徳伝灯録』、『大灯国師語録』…大正新脩大蔵経、『大休和尚法語』…大日本仏教全書、『玄沙広録』…筑摩書房・禅の語録、『雑談集』…三弥井書店・中世の文学、『増鏡』…岩波書店・日本古典文学大系、『孟子注疏』『論語正義』…藝文印書館『十三経注疏附校勘記』、『孟子集注』『論語集注』…明徳出版社朱子学大系『四書集注』巻末影印、『琴操』…中華書局『叢書集成初編』、韓愈「琴操十首」…岩波書店・中国詩人選集、『二程遺書』…四庫全書、『朱子語類』…中華書局『朱子語類』、『史記』…明治書院・新釈漢文大系、『中正子』…岩波書店・日本思想大系『中世禅家の思想』所収原文

注

＊1　宋元代文化については、張静宇「『太平記』と呂洞賓の物語」（『軍記と語り物』五二、二〇一六年）、「『太平記』巻三十八「大元軍事」と宋元文化」（『太平記』国際研究集会編『『太平記』をとらえる　第二巻』笠間書院、二〇一五年）、宋代詩話については、張静宇「『太平記』巻三十七「楊貴妃事」と『詩人玉屑』」（『太平記』国際研究集会編『『太平記』をとらえる　第三巻』笠間書院、二〇一六年）、宋代詩人の受容については、鄧力「『太平記』巻二十六「黄粱夢事」における楊亀山の漢詩について」（『法政大学大学院紀要』八二、二〇一九年）、宋代韻書の利用については、鄧力「『太平記』の表現と中国の類書―『韻府群玉』受容の可能性」（『法政大学大学院紀要』八一、二〇一八年）、宋版詩集の利用については鄧力「『太平記』の表現と中国詩集―韓愈・蘇軾の受容を中心に」（『軍記と語り物』五四、二〇一八年）、同「『太平記』における杜詩の受容の再検討」（『国際日本学』一五、二〇一八年）などがめざましい成果をあげている。

＊2　代表的なものとして、司馬遼太郎「太平記とその影響」（『日本の古典　太平記』河出書房新社、一九七一年）があげられる。

＊3　増田欣「儒学経書の受容に関する考察　『孟子』の章句と思想」（『『太平記』の比較文学的研究』角川書店、一九七六年）

＊4　田中徳定「『太平記』にみる鎌倉武士と禅」（『駒沢国文』五四、二〇一七年）

＊5　「『太平記』と南山大和尚」『南山和尚語録』付録（東福寺塔頭荘厳蔵院、一九七〇年）は、北条貞時の十三回忌法要の陞座説法をしていること、嘉暦二年（一三二七）に崇寿寺に鐘を造りその鐘銘を撰していることなどから、「円覚寺山内における、隠寮とも言うべき伝宗菴え時々京都から往来されていられた事も察せられる次第である。」との推定もある。

＊6　前掲注＊4。

＊7　川添昭二「鎌倉仏教と中国仏教―渡来禅僧を中心として―」（高木豊『論集日本仏教史4　鎌倉時代』雄山閣出版、一九八八年）、橋本雄「北条得宗家の禅宗信仰をめぐって―時頼・時宗を中心に」（西山美香編『アジア遊学142　古代中世日本の内なる「禅」』勉誠出版、二〇一一年）など。

＊8　小学館・新編日本古典文学全集『太平記』頭注。

＊9　唐・李嘉佑・送従弟永任饒州録事参軍「一官万里向千溪、水宿山行魚浦西」（中華書局『全唐詩』）による表現。

＊10　陳楠「鳩摩羅什生平事迹新証―漢藏文献記載的比較研究―」（『世界宗教研究』二〇一三年第二期、二〇一三年）

＊11　三弥井書店・中世の文学『雑談集』補注。

＊12　源具行に関しては、『増鏡』では「なをも、思ふ心のある」和歌「消えかゝる露の命のはては見つさてもあづまの末ぞゆかしき」が示され、遺偈の境地とは異なる。この辞世歌は『太平記』西源院本・今川家本本にもあり、西源院本は「其奥ニ消カヽル露ノ命ノハテハ見ツサテ吾妻ノ末ゾユカシキ　六月十九日ト書テ筆ヲ投テ手ヲ叉《あざ》ヘ座ヲ直シ玉フトゾ見ヘシ」とする（クレス出版・軍記物語研究叢書『未刊軍記物語資料集　西源院本太平記』による）。

＊13　増田欣「儒学経書の受容に関する考察　『孟子』の章句と思想」（『『太平記』の比較文学的研究』角川書店、一九七六年）

＊14　小川剛生「孟子の受容」（『二条良基研究』笠間書院、二〇〇五年）

＊15　増田欣「史記を源泉とする説話の考察　紂王・妲己の説話と地獄描写」（『『太平記』の比較文学的研究』角川書店、一九七六年）

＊16　有範の語りは相対化されてしまっているが、増田氏も「説話の構成や表現についての責任は、『太平記』作者にあると見なければならない。」と述べるように、殷周説話の構造までを『太平記』作者から切り離す必要はないだろう。また直義を滅亡へと至らしめる有範の物語上の役割については、佐藤邦宏「『太平記』における妙吉侍者と藤原有範の役割―足利直義の描写との関わりから」（『新潟大学国語国文学会誌』五〇、二〇〇九年）がある。

＊17　巻七九でも「韓退之拘幽操云、臣罪當レ誅兮、天王聖明。伊川以為三此説出二文王意中事一。嘗疑二這箇説得來太過一。據二當日事勢一觀レ之、恐不レ如レ此。」と述べている。

＊18　「覇」は、『太平記』巻一でも後醍醐帝の政治をめぐって「惟《ただ》恨クハ斉桓覇ヲ行ヒ、楚人弓ヲ遺《ワスレ》シニ、叡慮少キ相似タル事ヲ。」（巻一「関所停止之事　付施行之事」）と用いられている語であることはよく知られる。

＊19　小島毅「中巖円月が学んだ宋学」（小島毅『東アジア海域叢書15　中世日本の王権と禅・宋学』汲古書院、二〇一八年）

＊20　筑摩書房・禅の語録『玄沙広録　下』語釈による。

参考資料

和島芳男『中世の儒学（新装版）』（吉川弘文館、一九九六年。初版の日本歴史叢書版は同、一九六五年）
玉村竹二『日本歴史新書　五山文学―大陸文化紹介者としての五山禅僧の活動』（至文堂、一九八五年）
和島芳男『日本宋学史の研究　増補版』（吉川弘文館、一九八八年）
小島毅監修・島尾新編集『東アジア海域に漕ぎだす4　東アジアのなかの五山文化』（東京大学出版会、二〇一四年）

『太平記』の表現

――方法としての和漢混淆文――

北村昌幸

一　はじめに

日本文学史の概説書をひもとくと、中世文学の項には必ずといってよいほど「和漢混淆文」という用語がみえる。そして、たいてい『方丈記』や『平家物語』がその代表格として取り上げられている。たしかに後者をはじめとする軍記物語というジャンルは、和漢混淆文の賜物といっても過言ではない。編年記録としての側面と、人々の生死のドラマとしての側面を併せ持つがゆえに、硬質な漢文訓読調と情感ゆたかな和文調とを使い分けなければならなかったからである。そしてときには、それらを繋ぎ合わせることも効果的だっただろう。もし一方だけに偏っていたならば、叙事と抒情の両方の味わいを兼ね備えるという当該作品群の個性は、けっして獲得できなかったと思われる。

では『太平記』の場合、和語と漢語の配合のあり方は、どのような傾向を有しているのだろうか。いかなる場面で漢文訓読調が強まるのか、何が語られるときに和文調が前景化するのか。そもそも全四十巻に及ぶ長大な作品であるため、使用傾向のすべてを把握することは難しいが、本稿ではその特徴の一端をとらえてみたい。さらには、太平記作者が《和》と《漢》を対置することによっていかなる効果を生み出そうとしていたのか、両者のバランスをどのように考えていたのか、といった問題をも俎上にのせる。これは、文体や表現を物語の叙述方法として評価し、新たな読みの可能性をひらく試みである。

なお、作者側の意識を問題にするという趣旨からいって、より自覚的に選び取られた表現の方が分析に適していることは言うまでもあるまい。そこで漢語表現に関しては、一般名詞化していないような、使用頻度の高くないもの——漢詩文ふうの語彙が大半を占める——に着目し、他方、和語や和文に関しては、歌ことばや七五調など、《和》の要素がとくに色濃いものに絞って取り上げることとする。その意味で、本稿は和漢の混淆を射程に入れるにとどまらず、散文と韻文の融合という現象にも説き及ぶものである。

二　使い分けられる文体

『太平記』を読もうとする者の目にまず飛び込んでくるのは、あえて漢文で書かれた序である。[*1] とくに神田本は改行を繰り返すことで、対句のかたちを視覚的に明示している。

蒙竊、採古今之変化、察《ミルニ》安危所由
覆而無外天徳也、明君躰之保国家
載而無棄地道也、良臣則之守社稷
若　其徳缺則雖有《在イ》位不持、所謂、夏桀走南巣、殷紂敗牧野
其道違則雖有威不保、曽聴、趙高死咸陽、禄山亡鳳翔

是以、先聖慎而得垂法《ノリ》於将来、後昆顧而不取誡於既往乎

対句表現そのものは『平家物語』巻一「祇園精舎」の冒頭にもみられるが、そちらが七五調を基調にして哀感を漂わせているのに対し、『太平記』の序は理知的で引き締まった印象を与える。その印象は作品の本筋が動き出してからも変わることはない。巻一の最初の章段にさっそく次のような文章が現れるからである。以下、『太平記』本文の引用にあたっては、とくにことわらない限り西源院本を用いることとする。

時政九代之後胤、前相模守平高時入道宗鑑ガ時ニ至テ、行跡甚ダ軽シテ人ノ哢《アザケリ》ヲ不レ顧、政道正カラズシテ民之弊《ツイエ》ヲ不レ思、只日夜ニ逸遊ヲ事トシテ前列ヲ地下ニ辱《ショク》シ、朝暮ニ奇物ヲ翫テ傾廃ヲ生前ニ致サントス。衛懿ノ公ガ鶴乗セシ楽ミ早ク尽キ、秦ノ李斯ガ犬ヲ牽シ恨ミ今ニ来リナントス。見ル人眉ヲ頻《ヒソ》メ、聞人舌ヲヒルガヘス。（巻一「後醍醐天皇可亡武臣御企事」）

「日夜／朝暮」、「楽ミ／恨ミ」、「見ル人／聞人」といった具合に、全体が整った対句の集積になっていることが分かるだろう。[*2] 中国故事の人名を含んでいる点でも、先に引用した序文と通じるところがある。具体例をもう一つ挙げておく。

資明卿涙ヲ押《(おさへ)》カネテ暫ハ物ヲモ不レ宣、良《(やや)》暫ク有テ宣ケルハ、「忠臣不三必択《エラバ》二レ主ヲ一、見ル三仕ヱテ而可《キカ》二レ治ム一而已《(のみ)》也ト云リ。サレバ百里奚者二度秦穆ノ公ニ仕テ、永《(ながく)》覇業ヲ致ス。管夷吾者翻而斉桓公ヲ佐《タスケ》テ、九度諸侯ヲ朝セシム。主無三以《イフコト》道二射鉤之罪ヲ一、世不《イカントモ》三皆秦ニ鬻《ヒサギシカハ》皮之恥ヲ一、就中武家如クレ斯挙シ申上者、賢息二人之流罪ヲモナドカ赦免之御沙汰ナカラン。夫《(それ)》伯夷叔斉飢テ何ノ益カ有シ。許由巣父遁而不レ足レ用《モチユルニ》、抑《(そもそも)》身ヲ隠テ永ク来葉之一跡ヲ絶ント、朝ニ仕ヱテ遠ク前祖之無窮ヲ耀《(かかやか)》サムト、是非ノ徳失何レノ処ニカ有哉。与二鳥獣一同ルレ群ヲバ孔子之不ルレ取処也」ト、資明卿理ヲ尽シテ責ラレケレバ、（巻五「宣房卿仕二君事」）

こちらも中国故事にまつわる対句をいくつも重ねており、[*3] やはり序文を髣髴とさせるところがある。『太平記』は

このように、作中人物の発言のなかにまで、しばしば序文の形式を取り込んでいるのである。序文をめぐっては、従来『太平記』の物語世界を支える根本思想を示すものとして理解されてきたが、[*4] 内容のみならず、作品本文に頻出する表現形式についても予告するものであったと言うことができよう。[*5]

では、この形式が採られるのはどのような場合だろうか。右に挙げた二例からは、明らかに鑑戒が企図されていることが読み取れる。政治的あるいは道義的なメッセージを発信するとき、『太平記』は漢文訓読調を強める傾向があるようだ。それは紀伝道に根ざした伝統的なリテラシーであった。『本朝文粋』所収の対策文や上奏文には、同じく故事を縮約した対句が盛んに用いられている。批判意識は漢語にのせて表明するのが定番だったのである。『太平記』が「ヒトフデ説話」[*6]とも呼ばれるこうした片言隻語を用いるのは、概して出来事の概要ないし表層レベルでの論評が求められる場合だと考えられる。概要では物足りないときには、長文の故事説話引用が行われることとなる。

他方、出来事のありさまや、それに関わる人々の心の機微を伝えようとする場合は、和歌的表現を選択することも多かったようだ。日野俊基東下りの記事（巻二）や上杉畠山流罪記事（巻二十七）のごとき道行文の文体は、まさしくそうした趣旨のもとで選び取られたものに相違ない。実際のところ〈出来事のありさま〉に関しては、例えば尊澄法親王配流記事の「漁哥牧笛ノ夕ノ声、嶺雲海月ノ秋ノ色、揔テ耳ニ触レ眼ニ遮ル事ノ哀ヲ催シ、御涙ヲ副ル媒ト不レ成ト云事ナシ」（玄玖本巻四「笠置囚人死罪流刑之事」）のように、漢詩文ふうに叙述されることもあった。だが、和歌的表現であれば、わざわざ「哀ヲ催シ」などと補足されていなくても、作中人物たちの〈心のありさま〉まで容易に見透すことができるのではないか。それこそが歌ことばの力にほかならない。

吉野之主上者、天川之奥、賀名生ト云所ニ、僅ナル黒木之御所ヲ立テ御座アレバ、彼虞舜唐堯之古ヘ、茅茨《バウシ》不レ斬《ラ》、菜椽《サイテン》不削リシ淳素之風、カクヤト思ヒ知レタリ。誠ナル方モ乍レ有、女院皇后者、柴葺《シバフキ》ノ庵之怪シキニ、軒モル雨ヲフセキカネ、御袖之涙干スヒマナク、月卿雲客者、木之下岩之陰ニ、松ノ葉ヲ葺カケ、苔之莚ヲ片敷テ、身ヲ置ヤド〔ト〕シ給ヘバ、高峯之嵐吹落テ、夜ノ衣ヲカヘセ共、露之手枕サムケレバ、昔ヲミスル夢モナシ。（巻二十七「賀名生皇居事」）

右に挙げたのは、吉野を襲撃されて賀名生《あのう》に逃れた南朝方の暮らしぶりを描いた一節である。前半には「ヒトフデ説話」が引かれ、質素な住まいが表層レベルで「誠ナル」と捉えられるが、実態が明らかになるにつれて、それはわびしいものへと変質していく。「苔之莚《むしろ》ヲ片敷テ」「露之手枕サムケレバ」といった言い回しが、彼らの〈心のありさま〉をも表象しているといえよう。

参考までに、〈心のありさま〉そのものを和歌的表現で伝える叙述もみておく。六波羅探題北条仲時が北の方を都に残して関東へ落ちのびようとする場面に、次のような引歌の例がある。

北方、越後守ノ鎧ノ袖ヲ引ヘテ、「ナドヤ斯《カ》クウタテシキ事ヲバ侍ルゾヤ。此ノ時節少《をさな》キ者ナムドアマタ引具シテ、シラヌアタリニサスラワバ、誰カ落人ノ、其ノ方様ト思ハザラム。（中略）憑《たのむ》影ナキ木ノ下ニ、世ヲ秋風ノ露ノ間モ、捨テヲカレ奉テ、ナガラウベキ心地モセズ」ト、泣悲ミ給ヘバ、（巻九「五月七日合戦事同六波羅落事」）

傍線部前半の典拠は「わび人のわきて立ち寄る木のもとは頼むかげなく紅葉散りけり」（古今集・秋下・二九二・遍昭）である。後半の典拠は特定しがたいが、「世ヲ秋風」の「秋」には〈あなたが私に飽きた〉が暗示されており、ごく短い時間を表す「露ノ間」の「露」には〈風に吹き飛ばされる露のような我が身〉の意が込められているのだろう。このように歌ことばを利用して巧みな心理表現を作り上げている例は、恋愛譚の地の文に数多く散見している（後掲）。

以上、あえて単純化するなら、事の〈あらまし〉をとらえて叙事や論評を行うための文体が漢文訓読調、〈ありさま〉をみつめて抒情や情景描写を行うための文体が和文調ということになろうか。[*7]『太平記』は乱世批判に重きを置いた作品であるがゆえに、前者の使用頻度の方が圧倒的に高くなっている。それがこの作品の全般的な印象をも形作っているわけである。

三　《和》対《漢》の構図

前節では自明ともいえる傾向を確認してきたが、実際はそれほど都合よく分類されるわけではない。〈ありさま〉を細かく語るにあたって漢文訓読調を用いた例は、やはりいくつも存在する。とくに目立つのは女性の美しさが焦点となっている叙述である。新田義貞の愛妾勾当内侍《こうとうのないし》の紹介記事を引用しよう。

此女房者頭大夫行房之女ニテ、金屋《ヲク》之内ニ粧ヲ閉テ鶏障之下ニ媚ヲ深クセシヲ、二八春之比ヨリ内侍ニ被召テ、君王之傍ニ侍ベリ。羅綺ニダモ不レ堪カタチハ、春之風、一片之花ヲ吹歎ト疑レ、紅粉ヲ事トセザルカホバセハ、秋之雲、半江之月ヲ吐出ニ似リ。サレバ椒房之三十六宮、听《（きき）》二五雲之徐遶《シヅカニメグルヲ》一、禁漏之二十五声、恨二一夜之正《ニ》長《キコトヲ》一。（巻二十「梟左中将首事」）

「春之風／秋之雲」の対句や、「椒房」「五雲」といった漢語がちりばめられ、ある意味では定型化した美女の「カタチ」「カホバセ」が立ち現れているとも言える。同様のことは、巻一「中宮御入内事」の中宮および三位局、巻十一「越中守護自害事」の貞持室、巻十五「賀茂神主改補事」の基久女にも当てはまる。

なお、外見の形容ではないが、女性が琵琶を弾く様子を漢語によって飾りたてた叙述も存在する。左衛門佐という女房が万里小路《までのこうじ》藤房に見初められる場面である。西源院本巻四には独自の改訂が施されているので、[*8]ここでは玄玖本を引用する。

近来中宮ノ御方ニ左門《ママ》佐ノ局トテ容色世ニ勝タル女房御坐ケリ。去ル元徳ノ年ノ秋カトヨ、主上北山殿ニ行幸ナテ御賀ノ舞ノ有ケル時、堂下ノ立部袖ヲ翻シ、梨園ノ弟子曲ヲ奏セシム。繁絃急管何レモ金玉ノ声玲瓏タリ。此女房ビハノ役ニ召レテ、青海波ヲ被レ引シニ、間関タル鶯ノ語イ、花ノ下ニ滑ニ、幽咽セル泉ノ流、氷ノ底ニ難《ナツム》メリ。敵怨清和節ニ随テ移ル。四絃一声帛《はく》ヲ裂《サク》ガ如ニシテ、採テハ又挑《ヲドリ》返ス。（玄玖本巻四「笠置囚人死罪流刑之事」）

右の記事には白居易の「琵琶行」のことばが借用されている。それらが左衛門佐の人物像を形作ることとなっている。同様のことが巻十八「一宮御息所事」のヒロインについても言える。尊良親王が垣間見した御匣殿《みくしげどの》の演奏の様子は、新楽府「五絃弾」をもとにして「節砕《ク》二珊瑚《サンゴヲ》一一両曲、氷落二玉盤《ニ》一千万声」と記されている。

このように述べてくると、女性美は漢文訓読調で語るのが約束事であったかのように思われるかもしれない。[*9] だが、和歌的表現によって女性の美しさを讃える叙述も存在する。塩冶判官事件の発端において、侍従という女房が高貞室のことを話題にする一節である。

「……一年セ花待遠之春之ツレ〱ニ、雲ノ上人集テ、禁裏仙洞之美夫人、媚女ノ更衣達ヲ花之喩ニセラレシニ、或ハ裏紫之本原《アラノ》萩、浪モ色ナル井出ノ山吹、或遍照僧正ノ我ヲチニキト戯レシ、嵯峨野之秋ノ女郎花、光源氏《ノ》大将之、白クサケルハト名ヲ問シ、タソカレ時ノ夕顔ノ花、見《みる》ニ思ノ深見草、色々サマ〱ノ花共ヲ、取々ニ喩ヘラレシニ、（中略）梅ガ香ヲ桜ノ色ニ移シテ、柳ガ枝ニサカセタランコソ、ゲニモ此御形ニハタトヘメトテ、遂ニ花之喩ヘノ数ニモ入セ給ハザリシ上ハ、中々言ニモ及バザル事ニテ候。……」（巻二十一「塩冶判官讒死事」）

師直が夢中になる高貞室の美しさは、「梅が香を桜の花に匂はせて柳が枝に咲かせてしかな」（後拾遺集・春上・八二・中原致時）を踏まえた叙述によって説明されており、そのほかの女性たちについても、「浪モ色ナル井出ノ山吹」や

「タソカレ時ノ夕顔ノ花」などと述べられている。思うに、先に言及した勾当内侍や左衛門佐の美しさも、同じく和歌的表現によって形容できたはずである。にもかかわらず、実際にはほとんど漢語に頼っているわけであるから、そこには何らかの理由があるのではないだろうか。

まず考えられるのは、褒姒《ほうじ》や楊貴妃といった傾城傾国の美女の影響である。*10 だが、義貞の勝機を無にしてしまった勾当内侍はともかく、ただ一夜の契りを交わしただけで藤房と引き裂かれてしまった左衛門佐は、これには当たるまい。一宮御息所もやはり傾国とは無縁である。ならば、彼女たちが漢文訓読調で描写されるに至った要因は、別のところに求めなければならないだろう。そこで注目されるのが、北野通夜物語で雲客が語る玄宗と楊貴妃の故事の一節である。『太平記』が美女をめぐる恋愛譚をどのように扱おうとしているのか、そのあり方がここには端的に表れている。

> 寧王モ同内裏之中ニ御坐有ケレバ、御遊ナムドノ有《ル》度ゴトニ、玉ノ几帳之端《(はづ)》レ、金鶏障之際ヨリ、楊貴妃之貌ヲ御覧ズルニ、一度咲《(ゑめ)》ル眸《(まなじり)》ニハ、金谷千樹之花薫ヲ恥、四方之嵐ニ卒《サソハ》レ、夙《ホノカ》ニ見ヘタル顔ニハ、銀漢万里之月粧ヲ妬テ、五更之霧ニ沈ミヌベシ。雲居遐《ハル》カニ鳴神モ、中ヲサケズハ何故カ、余所ニハ人ヲ水ノ泡ノ、哀ト思ニ可レ消ト、寧王思ニ堪兼テ臥沈ミ、（巻三十五「山名作州発向事幷北野参詣人政道雑談事」）

漢文訓読調で綴られた楊貴妃の外見に引き続き、彼女に心を奪われている寧王の思いが七五調の和文で語られている。波線部の典拠としては、「天の原踏みとどろかし鳴る神も思ふ仲をばさくるものかは」（古今集・恋四・七〇一・読人しらず）、および「あな恋しはつかに人を水の泡の消えかへるとも知らせてしかな」（拾遺集・恋一・六三六・藤原実頼）などが想定されよう。それにしても、中国説話の登場人物の心理が突如このような和文体で記されるというのは興味深い現象である。これはかなり意識的に生み出されたものなのではないだろうか。おそらくは〈女の外面〉と〈男の内面〉とを対比的に描くために、わざと相異なる文体を使い分けているのだろう。

右の事例を踏まえて『太平記』の随所にある恋物語を点検していくと、じつはほとんどのケースで同様の対比が企図されていることに気づく。巻四の左衛門佐と藤房の場合は、先に引用した「間関タル鶯ノ語イ、花ノ下ニ滑ニ、幽咽セル泉ノ流、氷ノ底ニ難《ナヅム》メリ」などの叙述の後にこう続いている。

　中納言ホノカニ是ヲ見給シヨリ、人知ズ思初ケル心ノ色、日ニ添テ深クノミ成行ドモ、云知スベキ便リモ無レバ、心ニ籠テ歎明シ思暮テ、三年ヲ過シ給ケルコソ久シケレ。何ナル人目ノ紛ニヤ、露ノカゴトヲ結バレケン、一夜ノ夢ノ覚貞《うつつさだか》ナラズ枕ヲカハシ給ニケリ。（玄玖本）

一つ目の波線部は「人知れず思ひそめてし心こそ今は涙の色となりけれ」（千載集・恋一・六八七・源季貞）によるものだろう。また二つ目の方は[11]「草枕ひと夜ばかりのまろねにて露のかごとをかけんとや思ふ」（狭衣物語・巻四・一七二）あたりが想起される。

あわせて巻二十の勾当内侍と義貞の場合も確認しておこう。漢文訓読調の女性描写のあと、男性側に視点が移るや、一転して王朝物語ふうの叙述が展開している。

　シホレ伏タル気色ノ、云計《いふはかり》ナクアテヤカナレバ、行末《エ》モ知ヌ道ニ迷ヒヌル心地シ給フ。自《より》レ朝夙《つと》ニ帰リテ後モ、ホノカナリツル面影ノ、猶コヽモトニアル様ニ覚テ、世ノ諺人ノ云ヨ（カヵ）ハス事モ耳ノ外ナレバ、イツトナク起モセズネモセデ夜ヲ明シ、日ヲ暮シケルガ、若知《しる》ベスル海士之便モ哉ト思ヒ沈ミ給フ。

二箇所の波線部はそれぞれ「由良《ゆら》の門《と》を渡る舟人楫をたえ行方も知らぬ恋の道かも」（新古今集・恋一・一〇七一・曾禰好忠）と、「起きもせず寝もせで夜を明かしては春の物とてながめ暮らしつ」（古今集・恋三・六一六・在原業平）を踏まえた表現である。直前の漢文訓読調とこれら和文調との質的差異が男女間の隔たりを際立たせ、女と容易に馴れ合うことのできない男の鬱屈した心理をふちどっているとみるのは、さすがにうがち過ぎだろうか。

いずれにせよ、『太平記』が恋物語における男女の対比を文体の違いでみせようとしていたとするならば、男の恋心の〈ありさま〉が和歌的表現の対象になり、女の美貌の〈ありさま〉が漢文訓読調の対象になるのは当然の帰結だったと考えられる。なぜなら、恋心の機微を伝えるのは和歌のよくするところであり、逆に美貌の方は歌語でなくとも十分に対応可能だからである。例えば『和漢朗詠集』から拾えるものだけでも、「嬋娟《せんけん》たる両鬢は秋の蟬の翼《はね》／宛転《えんでん》たる双蛾は遠山の色」（妓女・七〇八・白）や、「嫌ふらくは錦帳を褰《かか》げて長く麝《じゃ》を薫ずることを／悪《にく》むらくは珠簾を巻いて晩《おそ》く釵《かんざし》を著くることを」（妓女・七一六・白）といった詩句がある。むしろ漢詩文の語彙の方が、女性の容姿を描出するのに適していたのかもしれない。かくして男側が《和》で、女側が《漢》という、意外な図式が定まったのだろう。

ところで、文体上で《和》対《漢》を繰り広げるという『太平記』の手法は、男女の描き方だけにとどまる話ではない。いくつか実例を挙げてみよう。春日大社が神木を動かして斯波道朝の押妨に抗議したあとの場面から、両者の経済的格差を説明する記事を引用する。

神訴忽ニ裁許有ヌト覚ヘケレ共、ヒタスラ耳ノ外ニ処《ショ》シテ、三年マデ差置レケレバ、朱《アケ》ノ玉垣《ガキ》徒《いたづら》ニ、無《キ》ニ引人《モ》一御四目縄、其名モ長ク朽ハテ、、霜ノ白幣《ユウ》カケマクモ、賢キ神ノ榊葉モ、落テヤ塵ニ交ルラム。（中略）サレ共道朝職《ヤガ》（軈カ）テ三条高倉ニ屋形ヲ建、大樹ニ咫尺シ給ヘバ、門前ニ鞍置馬ノ立止隙《ひま》モナク、庭上ニ酒肴ヲ舁列《かきつら》ネヌ時モナシ。（巻三十九「神木入洛事付鹿入都事」）

七五調で語られる波線部が春日社側の状況であり、対句によって語られる傍線部が斯波道朝側の豪奢な暮らしぶりである。後者は必ずしも漢文色が強いわけではないが、ことさら「将軍」ならぬ「大樹」[*12]という語が選ばれていることから推して、やはり漢文的な雰囲気が付与されているとみるべきだろう。武家の奢侈は作中つねに批判の的であり、この場面も同様であるわけだが、あらかじめ被害者側の困窮が印象的に語られたあとで、別の趣きを呈する文体が用いられた結果、相手のことなどお構いなしといった加害者側の立場がいよいよ非情なものとして確立するのではないだろうか。

もう一つ、合戦記事から具体例を挙げておく。別稿[*13]でも論じたため詳細は省くが、建武政権から離反した足利尊氏を新田義貞が討伐しようとしている場面にも、《和》と《漢》の対比がみられる。新田方の篝火《かがりび》が漢語「蒼海」を用いた「晴タル天《ソラ》ノ星ノ影、蒼海ニ移ル如ク也」と形容されているのに対し、足利方のそれは七五調で「夏山ノ繁ミガ下ニ夜ヲ明ス灯《ともし》ノ影ニ異ズ」と表現されているのである（巻十四「箱根軍事」）。『太平記』は二つの陣営を別の手法で描き分けることによって、彼らが互いに相容れない関係にあることを暗示しているのかもしれない。しかも新田方を海面に映った星という、実体の伴わない頼りないものになぞらえているのに対し、足利方については、虎視眈々と獲物を狙う猟師の仕掛けになぞらえており、まるで勝負の行方さえも予言しているようである。

《和》と《漢》のこうした事例は作中さほど頻出するわけではない。だが、右に述べてきた通り、作品享受の側からいえば、ひとつの叙述方法として機能しているように思われる。漢詩文にも和歌にも通暁していた作者の面目躍如といったところだろう。

四　《和》と《漢》の融合

前節では《和》と《漢》を二項対立的に論じてきた。しかし、序文からも明らかなように、『太平記』は本来、中国故事と本朝内乱史とを類比することに注力した作品である。第二節で引用した巻一の叙述でいえば、北条高時は「趙高死咸陽」「禄山亡鳳翔」「衛ノ懿公ガ鶴乗セシ楽ミ早ク尽キ」「秦ノ李斯ガ犬ヲ牽シ恨ミ今ニ来リナントス」という具合に重ね合わされている。《和》と《漢》は基本的には並び立ち、融和するものなのである。現に地の文には「高家之人々ノ権勢、恰《あたかも》魯襄公ニ季桓子威ヲ振ヒ、唐玄宗ニ楊国忠ガ驕ヲ究メシニ異ナラズ」（巻二十八「若将軍御政務事」）といった言い回しがちりばめられており、また作中人物たちの発言という体裁で、「夫《それ》不義之父ヲ誅セラレテ、忠功之功（子ヵ）ヲ召仕ル、例、異国者趙遁、吾朝者義朝、其外泛《ハン》々タル類ヒ不レ可二勝計一」（巻十九「相模次郎時行勅免事」）のごとき主張がしばしば展開される。

『太平記』が《和》と《漢》を結びつけようとする構えを有していたのであれば、それは文体や表現の次元にも現れ出てくるのではないだろうか。まず取り上げておきたいのは、和歌を載せたあとに漢語表現によってそれを咀嚼する例である。抜け駆けして赤坂城で討死した人見四郎の「花サカヌ老木ノ桜朽ヌトモ其名ハ苔ノ下ニカクレジ」と、本間資忠の「マテシバシ子ヲ思フ闇ニマヨウラム六ノ岐《チマタ》ノ道シルベセム」という辞世に続いて、次のような文章が添えられている。

父子ノ恩義、君臣ノ忠貞、此二首ノ歌顕レテ、骨ハ黄壌一堆ノ下ニ朽ヌ共、名ハ止テ青雲九天ノ上ニ高シ。今ニ至マデ其石碑ノ上ニ消残レル卅一字ヲミル人ノ感涙ヲ流ヌハ無ルベシ。（巻六「赤坂合戦事并人見本間打死事」）

人見の和歌の「朽ヌトモ」「其名ハ……カクレジ」が言い換えられていることがわかるだろう。だが、はたしてこの言い換えは必要だったのだろうか。解釈が難しい歌ではないのだから、傍線部が存在しなかったとしても趣旨は十分に伝わるはずである。『太平記』がそこをあえて漢文訓読調で言い直したということは、《和》と《漢》を共鳴させて、二人の死にざまを作品享受者の胸にいっそう深く刻みつけようとしたのだと考えられる。*14

巻六の辞世歌の例は韻文と散文との和漢アンサンブルであるが、散文同士のそれもしばしば行われている。正平の一統が破れた際、賀名生へと連れ出された北朝皇族の処遇が次のように描かれている。

況ヤ敵ノ為ニ囚ハレテ、配所之如クナル御栖居ナレバ、年経テ傾ケル庵室之、軒ヲ受タル杉ノ板屋、目モ合ハヌ夜之サビシサヲ、事問フ雨ノ音マデモ、御袖ヲヌラスタヨリタリ。衆籟《ライ》暁興《ヲコツ》テ月庭前之松ニカヽリ、群源暮《ユウベ》ニ叩《タヽイ》テ風磵《カン》庭之雲ヲ送ル。（巻三十「三種神器被閣事付主上々皇吉野遷幸事」）

こちらは単なる言い換えではなく、切り口を変えた畳みかけである。寂寥感を引き出す「杉ノ板屋」「雨ノ音」といった素材を七五調のなかに組み込み、そのうえで『和漢朗詠集』所収の「衆籟《しうらい》暁に興つて林の頂老いんたり／群源暮に叩いて谷の心寒し」（山・四九五・以言）を利用した叙述を追加することにより、「配所之如クナル御栖居」の寒々としたわびしさを演出しているようだ。念のために付言しておくと、和文調と漢文訓読調とを接合するこうした手法は、『海道記』の「浅茅ガ原ニ風起テ、靡ク草葉ニ露コボレ……官位ハ春ノ夢、草ノ枕ニ永ク絶、栄楽ハ朝ノ露、苔ノ席ニ消ハテヌ」や、『平家物語』巻七「福原落」の「海人《あま》のたく藻の夕煙、尾上の鹿の暁のこゑ……雲海沈々として青天既に暮れなんとす」など、他作品にも見受けられるものである。

《和》と《漢》を共鳴させる手法としてさらに注目されるのは、両者を連続させるのではなく、渾然一体化するというやり方である。これは『太平記』の得意とするところだったようだ。最もわかりやすい例は、元弘の乱において京都が戦場になろうとしていたときの情景描写である。

卯月十六日ハ中ノ申也シカ共、日吉《ヒヨシ》祭礼モ無ケレバ、国津美《ツミ》神モ浦サビテ、御贄《ニエ》ノ錦鱗イタヅラニ、湖水ノ浪ニ潑剌タリ。十七日ハ中ノ酉ナレ共、賀茂ノミアレモナケレバ、一条ノ大路人無シテ、車ヲ争フ所モナシ。銀面空ク塵ツモリテ、雲珠光リヲ失ヘリ。（巻九「五月七日合戦事同六波羅落事」）

破線部は「ささなみの国つ御神のうらさびて荒れたる都見れば悲しも」（万葉集・三三、五代集歌枕および夫木抄にも有り）を踏まえた表現で始まり、しかも「錦鱗《きんりん》」「湖水《こすい》」「潑剌《はつらつ》」という漢語を交えながら、全体が七五調になっている。引歌の効果によって、「浦サビテ」の裏側にある「悲しも」という感情が浮かび上がり、漢語表現の部分とは好対照をなしつつ、全体が韻律に包まれて提示されているわけである。まさしく複合《ハイブリッド》の文体といえよう。おそらく、引用末尾の「銀面空ク」以下も七五調を意識して紡ぎ出されたものとみられる。

ひとつの文の中に歌ことばと漢語を併用する例は、他にも数多く存在する。土岐頼遠狼藉事件が起こる直前の、

「此故宮荒テ久ク成ヌレバ、一村薄キ野ト成テ、鶉《うづら》之床モ露深ク、庭之通路絶果テ、落葉方《まさ》ニ蕭《ショ》々タリ」（巻二十三「土岐参向御幸致狼藉事」）や、足利直義失脚後の直冬の様子、「心ツクシヘ落シホノ、鳴戸ヲ指テ行舟ハ、片帆雲ニサカノボリ、烟水眼ニ穿《うがち》ナントス」（巻二十七「左兵衛督欲被誅師直事付師直打囲将軍屋形事幷上杉畠山死罪事」）といった具合である。《和》の雰囲気で語り始めながら、最後は《漢》で締めくくること、それは抒情に流されきってしまわずに、事件を見定めようとする太平記作者の冷静さのなせるわざではなかったか。いったい『太平記』における和漢の融合文は、〈出来事のありさま〉と〈心のありさま〉を同時に、かつどちらにも偏らずに語るための有効な形式として、しばしば機能していると考えられる。

なお、これらの現れ方に法則や傾向といったようなものはなく、そのことがかえって、作者にとってはいつでも自在に操れる手慣れた手法であったことを推察させる。同じことは、前節および前々節で論じた種々の叙述方法についても当てはまる。太平記作者はまさに熟達した和漢混淆文の使い手だったのである。

五　おわりに

以上、本稿は『太平記』の文章表現を意識的な方法に根ざしたものとして論じてきた。伝えようとする内容をより効果的にみせるため、その都度、適切な表現形式が選び取られていたことは想像に難くない。政治批判、武勇の讃美、死者への哀悼、知謀への関心、そのほか多彩な内容が詰め込まれた作品であるからこそ、『太平記』の文体もまた目まぐるしく変化を繰り返すわけである。

しかしながら、つねに表現効果が計算されていたとは思われない。次に挙げる用例などは、なぜ《和》と《漢》が同居しているのか、理解に苦しむところである。

天王寺ノアタリニ遠カヾリヲタカセケル。深行《ふけゆく》マヽ、是ヲ見レバ、秋篠ヤ外山ノ里、伊駒ノ嵩ニ見ル火ハ、晴タル夜ノ星ヨリモ猶数シゲシ。藻塩《モシヲ》草シキ津ノ浦、住吉難波ノ里ニタク篝火ハ、漁舟ニトボスイサリ火ノ、浪ヲヤク歟《カ》ト誤《アヤ》シマル。（巻六「楠出天王寺事幷六波羅勢被討事同宇都宮寄天王寺事」）

波線部は「秋篠や外山のさとや時雨るらん生駒のたけに雲のかかれる」（新古今集・冬・五八五・西行）、および「もしほ草しきつの浦の寝覚めには時雨にのみや袖はぬれける」（千載集・羈旅・五二六・俊恵）に由来し、傍線部は「漁舟の火の影は寒うして浪を焼く／駅路の鈴の声は夜山を過ぐ」（和漢朗詠集・山水・五〇二・杜荀鶴）を典拠とする。いずれも晩秋から冬にかけての詩歌である。だが、『太平記』のこの場面は七月であり、そもそも季節が合わない。当然〈心のありさま〉を表象するものにはなっていないのである。単に歌ことばと漢詩文とを繋ぎ合わせただけの、遊戯的な操作の産物なのではあるまいか。

『太平記』には、和歌が引用されたあとに続けて漢詩が引用される事例（あるいはその逆の事例）が時折みられる。日野俊基東下りの記事（巻二）、万里小路藤房遁世記事（巻十三）、足利直義籠居記事（巻二十七）、光厳院行脚記事（巻三十九）が好例だろう。まるで二つの文学ジャンルを競わせるような趣きである。太平記作者は和漢の競演を楽しむ心を宿していたに相違ない。もとより鎌倉時代以来、『元久詩歌合』や『百詠和歌』、さらには和漢聯句など、《和》と《漢》を同じ土俵に上げる営為が繰り返されてきたことは周知だろう。『太平記』はそうした知の戯れが育んだ潮流を反映し、和文調のすぐあとにわざと漢文訓読調を織り込む傾向を有していたのではないか。それはときに、形だけの単純な融合文のレベルを超えて、効果的な叙述方法へと結実することもあったということである。本稿で見定めたもの以外にも、作中にはまだまだ見過ごされている事例が遍在していると思われる。それらをどのように評価するかは、今後の表現研究の進展に委ねることにしたい。

引用本文

引用にあたっては、濁音に書き換えたり、一部ルビ等を省略したりするなど、私意により表記を改めた。とくに和歌については、読みやすさを考慮して漢字もしくは仮名に書き換えたところがある。

神田本太平記…汲古書院刊影印本、西源院本太平記…刀江書院刊行本、玄玖本太平記…勉誠社刊影印本　和漢朗詠集…日本古典文学大系、平家物語…新日本古典文学大系、海道記…同上、和歌資料…新編国歌大観

注

＊1　大多数の伝本は漢文体の序を有するが、玄玖本や神宮徴古館本は書き下し文にしており、群馬県立歴史博物館蔵本はさらに序の半分以上を平仮名に書き換えている。

＊2　巻一はとくに対句表現の使用が目立つ。谷垣伊太雄『太平記の説話文学的研究』（和泉書院、一九八九年）「巻一における〝対の方法〟」参照。

＊3　増田欣『『太平記』の比較文学的研究』（角川書店、一九八六年）の序章に、「中国故事二つをもって対偶を構成するばあいが多くなっている」、「故事の題目だけの引用は約百十例を数えることができる」という指摘がある。

＊4　例えば、永積安明は「作者が半世紀にわたる歴史の整理のためにたえず用意して用いつづけた基本的な世界観」と評している（『続日本古典読本Ⅴ　太平記』研究篇、日本評論社、一九四八年）。このほか序の研究史に関しては、和田琢磨『『太平記』生成と表現世界』（新典社、二〇一五年）第一部第三章第五節参照。

＊5　西田直敏「『太平記』の文体と語法」（『解釈と鑑賞』五六―八、一九九一年）参照。

＊6　美濃部重克「ヒトフデ説話試論」（大阪大学『語文』二七、一九六七年）参照。

＊7　事の〈あらまし〉ではなく〈ありさま〉を描くことに功を奏するという性質上、和歌的表現は合戦描写にも活用されることとなる。拙稿「いくさの舞台と叙景歌表現」（『中世文学』六三、二〇一八年）参照。

＊8　小秋元段「『太平記』巻四古態本文考」（『国語と国文学』八五―一一、二〇〇八年）参照。なお、西源院本では女性の呼び名が「中宮輔」になっている。

＊9　『太平記』とは対照的に、『平家物語』諸本の女性造型には漢詩文の利用があまり見られない。例えば覚一本では、

二代后は「天下第一の美人の聞えまし〳〵ければ」、小督は「宮中一の美人、琴の上手にてをはしける」、小宰相は「宮中一の美人」で片付けられている。読み本系もほぼ同様であり、清盛息女の紹介記事などにわずかに漢語が使われている程度である。

＊10　山下宏明「『太平記』と女性」(『軍記物語の方法』所収、有精堂、一九八三年) 参照。なお、この山下論も勾当内侍を取り上げて、「類型的な漢文修辞に満ちた描写」と「王朝物語の手法」が同時に用いられていることを指摘しているが、それらの対照性には主眼を置いていない。

＊11　西源院本ではこの部分が、「一夜之夢ノ幻ニ千代ヲ懸テゾアラレケル」となっている。

＊12　作中において「将軍」の用例は膨大な数に達するのに対し、中国故事に由来する「大樹」は十例程度である。なお、玄玖本ではこの部分が「将軍」となっている。

＊13　注＊7論文。

＊14　『平家物語』巻七「一門都落」でも同じ言い直しの方法が使われている。

参考資料

増田欣『中世文藝比較文学論考』(汲古書院、二〇〇二年)
三角洋一『中世文学の達成――和漢混淆文の成立を中心に――』(若草書房、二〇一七年)
柳瀬喜代志『日中古典文學論考』(汲古書院、一九九九年)

南朝歌壇と『太平記』

――『新葉和歌集』を中心に――

君嶋亜紀

一　『太平記』と『新葉集』

南朝歌壇は通常、南朝四代の帝とほぼ対応するかたちで四期に分けられている。[*1]

（1）形成期　延元元年（一三三六）〜正平六年（一三五一）　後醍醐天皇および後村上天皇初期

（2）発展期　正平六年〜同二十三年（一三六八）　後村上天皇成年時代

（3）最盛期　正平二十三年〜弘和三年（一三八三）　長慶天皇時代

（4）衰退期　元中年間（一三八四〜一三九二）　後亀山天皇時代

長慶天皇の弘和元年に宗良親王を撰者として成立した『新葉和歌集』（以下、歌集名の「和歌」は省略）は（1）〜（3）期の歌を収める、南朝和歌の集大成である。[*2] ただし、宗良親王の記した序文に収載歌の範囲について「かみ元弘の初めより、しも弘和の今に至るまで、世は三代《みつぎ》、年は五十年《いそとせ》のあひだ……」とあるように、初めは南北朝分立以前の元弘期から所収している。よって（1）期はいま、同集に即して、①元弘期、②建武新政期、③南朝歌壇形成期

（延元以降）から成る――宗良親王の意識では「南朝」の歴史に①②も含まれると捉えておく。元亨期（一三二一～）の後醍醐天皇の倒幕計画に始まり貞治六年（一三六七＝正平二十二）細川頼之の管領職就任までを叙述する『太平記』と時期的に重なるのは、『新葉集』所収歌のうち後村上天皇の（2）期までとなる。

『新葉集』よりこの時期の、『太平記』の記事と重なりそうな歌――南北朝期の現実を反映した、いわゆる境涯の歌――を抜き出し項目を立てて整理すると次のようになる（題詠および正平二十三年以降の歌は除く[*3]）。

A　元弘の乱関係歌〔五十三（推定も含めれば五十八）首〕
B　建武の乱と後村上天皇（義良親王）関係歌〔三首〕
C　延元四年（一三三九＝暦応二）八月の後醍醐天皇崩御と哀傷歌群〔十五首〕
D　正平三年（一三四八＝貞和四）一月の吉野炎上と正平期の吉野詠〔四首〕
E　行宮の情景――吉野・賀名生・天野・住吉[*4]
F　宗良親王の東国転戦関係歌（詞書に手がかりの見えるもののみ）〔二十（うち読人不知四・他人詠三）首〕
G　正平十四年（一三五九＝延文四）四月の新待賢門院没と哀傷歌群〔四首〕
H　正平二十年（一三六五＝貞治四）五月の四天王寺金堂造立関係歌〔一首〕

（〔　〕内は該当する歌数）

A～Dが南朝歌壇（1）期、G・Hは（2）期に相当し、E・Fは（1）～（2）期に散在する。A・Cと『李花集』と重なるFが多い。このうち『太平記』の対応箇所に南朝歌人（南北朝分立以前に没した歌人も含め、『新葉集』所収歌人をこう称しておく）の歌が見えるのは、Aの元弘の乱関係のものが大半で、他はDの一首のみであった。すなわち、南北朝分立後のいわゆる南朝歌壇の所産と『太平記』で語られる和歌はほとんど重ならない、ということになる。このことを前提に、以下、『新葉集』の側から南朝歌壇と『太平記』の接点を探り、ともに動乱の時代を生きた者の手に成る同時代作品としてどのように研究の俎上に載せていけるか考えてみたい。

二　元弘の乱

『新葉集』と『太平記』は元弘の乱関係歌しか重ならないと述べたが、そもそも『太平記』の和歌の分布が偏っていることは早くから指摘されてきた。小松茂人氏[*5]は、同書の和歌約一〇〇首中、五十首に満たない作中人物の歌の半数が第一部に集中しており、それら（とくに元弘の乱に関わる敗者の歌）が『平家物語』とは異なる、感傷を抑えて自己の運命を諦視するような抒情性を体現していること、第二部には虚構の恋物語の歌が多いこと、第三部には落首・狂歌の三分の二が集中し、抒情性の希薄さを示していることを指摘する。山下宏明氏[*6]は『太平記』の和歌を、伝承などに見られる先行和歌・実在の登場人物による実詠歌（ただし作者の虚構した歌も含む／南朝方では源具行の歌に言及する）・神詠・落首の四種に分類し、それらの和歌が物語の構想を担うものと位置づけている。

いま改めて確認すると、『太平記』に見える歌は、流布本（慶長八年古活字本）を底本とする古典文学大系を用いる『新編国歌大観』によれば全一二六首、ただし同書は詩句も掲出しているため、それらを除き（以下、詩句は除外して考える）和歌・連歌の形式に絞ると一〇九首。また、西源院本は歌の出入りがあり（新編国歌大観の歌番号二六・二七・二八・七五・一〇一・一〇二が見えず、巻四に独自歌一首／傍線部は南朝方関係者の歌）、やや少なく一〇四首。このうち南朝方関係者（巻二の北嶺行幸時の津守国夏、乱勃発後の二条為明・円観・日野俊基等の歌も含める／直冬は除く）の歌は流布本に二十八首、西源院本に二十六首見える（巻十五・六三は引歌の扱いなので数に入れない）。一方、尊氏や直義は勅撰歌人でありながら尊氏は無し、第三部に直義・直冬・義詮が各一首と足利方の歌は少ない。北朝方も少なく終末部に集中、巻三十九に出家後行脚する光厳院の歌二首と、物語の終末を飾る巻四十・中殿御会の折の二条良基と後光厳天皇の歌がある[*7]（他に巻十五の伏見宮〈後伏見院か〉）。落首（三十首以上）や古歌引用も多いことを差し引けば、南朝方の歌は北朝・足利方に比べ圧倒的に多く、『太平記』中に大きな位置を占めているといえよう。この南朝方二十八首（流布本）のうち、巻二の為明から巻六冒頭の民部卿三位殿の歌まで十九首が元弘の乱関係の歌で、かつ同記事までに見える詠歌は落首と古歌、神詠以外ほとんど南朝方の歌であることから、乱勃発と捕縛、笠置落城や幽閉、配流、処刑に直面した当事者と身近な人々の嘆きや感慨など、元弘の乱にまつわる敗者の感懐を語ることが同書における南朝和歌の大きな役割と位置づけられる。ただし、そのうち『新葉集』と重なる詠歌は限定的である。

次の表は同集の元弘の乱関係歌（前掲項目A）を、乱の渦中の詠〔渦中〕、笠置落城後、京で幽閉中の詠〔幽閉〕、配流に関する詠〔配流〕に分け、各々に対応する『太平記』の章段を挙げたもので、参考として『増鏡』と勅撰集の対応箇所も掲げた。表によると、『太平記』の歌で『新葉集』と重なるのは、巻三・幽閉時の後醍醐天皇の時雨詠（新葉集1119／太平記13）と琵琶をめぐる中宮禧子との贈答（新葉集1294・1295／太平記14・15）、および巻四・東国下向時の具行の二首（新葉集538・539／太平記17・18）のみで、いずれも異同はあるものの『増鏡』にも（後者は『新千載集』にも）見えている。

『新葉集』には花山院師賢（二十八〈三十一〉首）、尊良親王（十四〈十六〉首）、宗良親王（四首）、後醍醐天皇（五首）、源具行（二首）〔以上、〈 〉内は表の（ ）内を併せた数。各々、他歌人詠も含む〕の歌が見える。渦中の詠は元弘元年（一三三一）八月、京を脱出して笠置に逃れた後醍醐天皇に替わり比叡山に赴いた師賢の二首のみ（一二二〇・一二二一は乱の勃発前か後か不明）。師賢・尊良親王には幽閉中の歌を含む、元弘元〜二年に成立した元弘百首の歌（両者の贈答も）があり、ともに配流詠も多い。師賢の一一〇七は『増鏡』にも見えるが、『太平記』は幽閉・配流時も含め師賢の和歌は載せない。尊良親王は『新葉集』撰者宗良親王の同母兄で何らかの入手経路があったことが予想され、師賢については孫の長親が撰集に助力者として関与したため、同集には花山院家の歌が多いことが知られている。南朝歌人の和歌の多寡についてはそうした資料の残存状況も大きな要因となるが、ここはやはり師賢を歌人として

A元弘の乱関係歌　対照表

元弘の乱				
配流	幽閉	渦中		
別離：516・517師賢室・518・530師賢室 途上：1308・519・536・1279・537 配所：550・563・564・1084・1085・1361・1362	483・529・1011・1024・1058・1129・1144・1145・1201・1285・(1112)	1107・1108 (1220・1221)	師賢	新葉集
遠き国：121・370・480 土佐：1013・1083・1124・1140	926・927・1105・1118・1123・1128・1149 (1287・1288瓊子内親王)		尊良	新葉集
513・514・515	605		宗良	新葉集
脱出：572 還幸：1157頼意	1119 1294中宮禧子・1295		後醍醐	新葉集
538・539			具行	新葉集
④奉流宮々事 ：尊良・宗良（歌ナシ） →【流】26尊良・27宗良・28尊良 ：25第九宮（恒良か） ：師賢（歌ナシ） ：20藤房・21輔の御局 ：17・18・19a具行 ④前帝遷幸事：29中宮禧子 ⑥民部卿三位殿御夢事：31三位局 ⑦舟上臨幸事／⑪正成参兵庫事・還幸御事：歌ナシ	③先皇六波羅還幸事 ：13後醍醐・14中宮禧子・15後醍醐 ④万里小路大納言宣房卿歌事：16宣房	②主上南都潜幸事・尹大納言師賢卿替主上山門登山事・坂本合戦事 ：歌ナシ ③笠置臨幸事 ：歌ナシ ③陶山小見山夜打笠置没落事 ：11後醍醐・12藤房	太平記	
⑯久米のさら山 ・167尊良＝新葉514詞書、他2首 ・宗良：歌ナシ ・後醍醐：歌多数 ・183恒良＝太25 ・188師賢＋189師賢室 ・192具行＝新葉538／太17、193具行＝太19a ⑰月草の花 後醍醐の隠岐脱出～還京：読人不知2首	⑮むら時雨 ・158後醍醐＝新葉1119／太13 ・159尊良＝新葉1118 ⑯久米のさら山 ・160中宮禧子＝新葉1294／太14（後醍醐の返歌は新葉・太と異）	⑮むら時雨 ・156師賢＝新葉1107 ・157後醍醐（新葉・太ナシ）	増鏡	
新千載756具行：帰るべき＝新葉538／太17／増鏡192			勅撰	

【凡例】

＊新葉集

・元弘の乱関係歌を〔渦中〕〔幽閉〕〔配流〕に分け、「師賢」以下、作者ごとに該当する歌番号(新編国歌大観による)を掲げる(当人の歌ではない場合、「517師賢室」として歌番号の横に作者名を記した)。詞書や他書から元弘の乱関係歌と推測されるものも含む。ただし時期を特定しがたいものには歌番号に(　)を付した。なお、この他に詠歌内容から元弘の乱後の詠と推測される歌が、師賢・尊良に数首ずつ見える。

＊太平記

・上段『新葉集』の記事に対応する『太平記』の章段名を挙げた。丸数字は巻数。巻数・章段名は西源院本による。

・各章段の和歌の有無を示した。和歌がない場合、「歌ナシ」とし、和歌がある場合、歌番号（新編国歌大観〈流布本〉による）と作者名を記した。歌番号の二重線は『新葉集』と同じ歌、傍線は同集と同じ歌だが語句に異同のあるもので、他は同集に見えない歌。

・なお、〔配流〕欄の【流】は西源院本になく、流布本にのみ見える歌。また同欄の「19a」は19番歌の次に見える、西源院本の独自歌。

＊その他

・『新葉集』『太平記』の記事と対応する『増鏡』の巻数(丸数字)・巻名を掲げ、両書に見える歌がある場合、「歌番号(新編国歌大観〈古本系〉による)・作者＝新葉集／太平記の歌番号」の形で挙げた(二重線は両書と同じ歌、傍線は語句に異同のあるもの)。〔配流〕欄は両書に見えない歌が多く、「歌多数」等として適宜省略した。勅撰集の掲出方法も『増鏡』に同じ。

語らない『太平記』と『新葉集』との視点の違いが注目されよう。

たとえば後醍醐天皇について、『太平記』は笠置落城から幽閉まで本人の和歌を織り込みつつ、敗者の苦難を後の大逆転の前提として語っていく（なお『太平記』第一部で活躍する藤房や父宣房は『新葉集』には登場しない）。対して『新葉集』には笠置での歌は見えず、幽閉時と推測される次の三首が収められている。

題しらず　後醍醐天皇御製

まだなれぬ板屋の軒の村時雨音を聞くにも濡るゝ袖かな　（雑上・一一一九）

いかなる時にかありけん、御琵琶をめされけるを、たてまつらせ給ふとて　後京極院（中宮禧子）

思ひやれ塵のみつもる四つの緒にはらひもあへずかゝる涙を

御返し　後醍醐天皇御製

涙ゆゑ半ばの月は曇るともなれて見し世の影は忘れじ　（雑下・一二九四、一二九五）

『太平記』（初句「住みなれぬ」・五句「袖は濡れけり」）・『増鏡』に幽閉時の詠として見える一一一九は「題しらず」とし、詞書に「元弘元年百首歌」と記す尊良親王の幽閉時の詠一一一八（後掲）に続けて詠歌事情を暗示するにとどめている。やはり両書に見える後京極院との琵琶をめぐるやりとり一二九四・一二九五（『太平記』は後者の四句「ともに見し夜の」、『増鏡』では後醍醐天皇の返歌が異なる／両書とも中宮から琵琶を献上したとする）も「いかなりける時にかありけん」と朧化して幽閉中であることを明示しない。[*8] 元弘の乱と後醍醐天皇に関して『新葉集』が明示するのは、頼意の歌の詞書「元弘三年六月、後醍醐天皇隠岐国より還幸の次《ついで》に、勅願によりてまづ東寺へ行幸ありける時……」（一一五七）と、羇旅部巻軸の後醍醐天皇詠に付された左注「この御歌は、元弘三年隠岐国より忍びて出させ給ける時、源長年御迎へにまゐりて……」（五七二）という、元弘三年の隠岐脱出と帰京のみ、しかも前者は帰還を頼意の視点から語るもの、後者は左注で回想したもので、直接的には語られない。『新葉集』は南朝の祖である後醍醐天皇の苦難の歴史をあからさまには語らないといえよう。同集では元弘の乱の敗者の哀感は師賢、具行、尊良親王ら元弘から建武の乱の中で後醍醐天皇のために倒れていった近臣や皇子たちが担っている。そこには撰者宗良親王の意図が汲み取れよう。当然ながら『新葉集』は宗良親王の視点を反映している、そのことが『太平記』との筆致の違いをもたらしている。では、宗良親王自身の歌はどのように語られているだろうか。

三　宗良親王の視点

『新葉集』に九十九首もの歌を自撰した宗良親王だが、元弘期の歌は表に示した四首のみ、幽閉時の一首と配流詠三首である。まずは幽閉時の一首を見てみる。

元弘元年神無月の比《ころ》、日吉社に歌あまたよみてたてまつりし中に　中務卿宗良親王

いかにせんたのむ日吉の神無月照らさぬ影の袖の時雨を　（神祇・六〇五）

元弘元年八月の師賢の叡山入り当時、宗良親王（応長元年〈一三一一〉生、二十一歳）は尊澄法親王と称する天台座主で、兄護良親王とともに叡山にいた。挙兵や叡山脱出時の両親王の様子は『太平記』『増鏡』にも語られるが、宗良親王は九月二十八日の笠置落城時にはその場にいたと推測され、捕えられ京の長井高広家に預けられた。[*9]右はその幽閉中の詠で、天台座主として縁があり、倒幕活動の拠点ともなった叡山の日吉社に奉納した歌、詠歌年次のわかる親王の歌で最も古い歌である（『李花集』は延元以降の歌を収める）。「時雨」は前述した同じ幽閉時の後醍醐天皇、および尊良親王の歌を連想させる。

世の憂さを空にも知るや神無月ことわりすぎて降る時雨かな　（一一一八　尊良親王）

まだなれぬ板屋の軒の村時雨音を聞くにも濡るゝ袖かな　（一一一九　後醍醐天皇）

不穏な世情を時雨の暗い空に映し見る尊良親王、粗末な板屋を叩く時雨の音に幽閉の境遇を実感する後醍醐天皇、二首の時雨は実景で、幽閉された人物の視線を浮かび上がらせる。後醍醐天皇と同じく「時雨」に濡れる「袖」を詠んでも、宗良親王詠の時雨は神無月との縁で用いられた涙の喩だが、「あまた」詠んだという歌のうちこの一首を載せた背景に、「時雨」を共有することで父と兄の共有する世界に自分もいた証を残そうという思いを認められないだろうか。

なお、六〇五は後村上天皇の「おしなべて照らさぬ方やなかるらんたのむ日吉の神の光は」（六〇四）と並べられている。宗良親王は天台座主として「たのむ日吉」と詠むが、六〇四は傍線部の語句の共通性から、六〇五を知っていて親王を慰めるような姿勢で詠まれたようにも見える。「照らさぬ方」はないと肯定的に捉えようとする六〇四と自分には「照らさぬ」と嘆く六〇五、日吉の神という同じ対象に対して両極に揺れる態度を配列によって演出する、いわば強さと弱さの配合は『新葉集』に散見する配列の特徴でもある。

次に宗良親王の配流詠三首を見るが、これは『太平記』で異同の大きいところとして注目される。元弘二年（一三三二）三月八日、尊良親王は土佐へ、宗良親王は讃岐へ配流された。両親王の配流について『太平記』西源院本・巻四「奉流宮々事」冒頭には次のようにある。

> 同二年正月十日、東使問注所信濃入道々太上洛シテ、去年笠置城没落之刻ニ被二召取《メシトラレ》一給フ人々之国々配所之事定而、一宮中務卿親王〔尊良親王＝引用者注〕者土佐之畑ヘ奉レ流《ナガシタテマツリ》テ、有井三郎左衛門尉ガ館之傍ニ一室ヲ構テ奉レ置《オキタテマツル》、彼畑ト申ハ、南ハ山傍ニテ高ク、北ハ海近ク下レリ、松ノ下露扉ニ懸リテ、イトヾ御袖ノ泪ヲソヘ、磯打波之音御枕之下ニ聞ヘテ、是ノミ通《カヨフ》故郷之夢路モ遠ク成ニケリ、第二宮妙法院〔宗良親王＝引用者注〕ヲバ讃岐国ヘ奉レ流《ナガシタテマツリ》テ、宅間三郎ニ被レ預《アズケラル》、是モ海辺近キ所ナレバ、毒霧ノ御身ヲ浸シテ瘴海之気冷《ススマ》ジ、漁歌牧笛之暮之声、嶺雲海月之秋之色、都《スベ》テ耳ニフレ眼ニ遮《サエギル》事ノ哀ヲ催シ、御涙ヲ添ル媒トナラヌト云事ナシ、先朝

帰洛之御祈ノ為ニヤ有ケン、又済度利生之結縁トヤ思食《オボシメシ》ケン、御着岸之其日ヨリ、毎日三時之護摩ヲ千日ガ間
被《シュセラレ》レ修ケル

配流の道行は語らず、各々の海辺近い配所のわびしさを叙述するのみで和歌は見えない。

対して流布本の巻四「一宮幷妙法院二品親王御事」には両親王の詠歌が三首見える。配流の人々を語る順と併せ、西源院本との大きな違いである。すなわち、三月八日、尊良親王が前日の後醍醐天皇に続き都を出立する際の詠「セキ留ル柵《シガラミ》ゾナキ泪河イカニ流ル、浮身ナルラン」があり、同日宗良親王も父と兄を思いながら出立、別々の途上であったが十一日の暮に共に兵庫に到着、宗良親王から尊良親王への文に記した贈歌「今マデハ同ジ宿リヲ尋来テ跡無キ波ト聞《キク》ゾ悲キ」と尊良親王の返歌「明日ヨリハ迹《アト》無キ波ニ迷共《マヨフトモ》通フ心ヨシルベ共ナレ」があり、以下、尊良親王は船で土佐の畑へ、宗良親王は備前まで陸地、児島から船で讃岐の詫間へ渡り、各々の配所のさまが描写される。また『増鏡』は尊良親王の出立時[*10]・昆陽の宿・土佐到着時の詠を、歌枕と詠歌で綴られる後醍醐天皇の道行文の中に交互に織り交ぜて語る。宗良親王は出立（「讃岐の国へおはします」のみ）と加古河の宿でのエピソード（後醍醐天皇のもとに讃岐への途上にある宗良親王が会いに来たが許されず「宮むなしく返給《かへりたまふ》」）は見えるが歌はない。後醍醐天皇の配流詠を多数連ねる『増鏡』は天皇の道行を語るのに皇子たちの境遇を織り交ぜて哀れを深めるという趣で、同天皇の配流の途上の歌は載せない『太平記』とも、前述のように後醍醐天皇の配流を直接語らない『新葉集』とも異なる語り口を見せる。以上、元弘の乱をめぐる宗良親王の和歌は『太平記』流布本の一首のみで、西源院本と『増鏡』の時点では宗良親王の和歌は見えず、歌人として語られていないことに注目しておく。

『新葉集』には離別部に三首、宗良親王の配流詠が長い詞書を付して収められている。

元弘二年三月、遠き方におもむかん事もたゞ今日明日ばかりになり侍りしに、雨さへ降りくらして、いとゞ心ぼそさもたぐひなくおぼえ侍りしかば　中務卿宗良親王

憂きほどはさのみ涙のあらばこそ我が袖ぬらせよその村雨　（五一三）

打出といふ所にとゞまり侍りしに、尊良親王よべこの所にしもとまりけるよし聞くに、なにとなくかたはらなる壁を見れば、供なりける為明卿が筆にて、「いとせめて憂き人やりの道ながらおなじ宿りと聞くぞうれしき」とあるを見て、又見るべき事は知らねど、書きそへ侍りし

末迄《まで》もおなじ宿りの道ならば我いき憂しと思はましやは　（五一四）

讃岐国松山といふ所に行き着きて、月日をおくり侍りしに、入道大納言為世もとより、「松山は心づくしにありとても名をのみ聞きて見ぬぞかなしき」と申しおくりて侍りし返事に

思ひやる心づくしもかひなきに人まつ山とよしや聞かれじ　（五一五）

三首とも他出文献はない。五一三は先に見た幽閉時の六〇五同様、袖を濡らす雨の歌。自分の涙に加え、「我が袖ぬらせよその村雨」と他者の同情を求めている。のちに東国を転戦しながら五十年の歳月を生き延びていったとは想像できないほど、この時点の和歌に見える宗良親王の面影は弱く、戦乱という状況に巻き込まれてしまった戸惑いがうかがえる。なお、讃岐国松山の配所で京の祖父為世から歌が贈られてきたと語る五一五は、同情者の存在を示して五一三と呼応するように思われる。

他書との関係で注目されるのは五一四である。諸注釈等が指摘するように、詞書に見える尊良親王の歌「いとせめて……」は『増鏡』と共通する（ただし四句は「おなじとまり」で異なる。[*11] なお為明が尊良親王の供として同行していたことも『増鏡』に語られる）。同書では先に出立した後醍醐天皇が昆陽の宿を経て湊川の宿に到着、その父帝を思い、昆陽の宿で尊良親王が詠んだ歌で、「人やりの道ならなくに大方はいき憂しといひていざ帰りなむ」（古今集・離別・三八八・源実）を本歌とし、強制されたつらい旅だが父帝との「おなじとまり」が嬉しいという。この歌が「打出」の宿の壁に為明の筆で書かれていたと『新葉集』は宗良親王の視点で語る。そして同じ本歌をふまえ「おなじ宿り」

の語を共有しながら、父帝を思う尊良親王に対し、私も「おなじ宿り」に来たと唱和していく。これは『増鏡』で語られる世界に、自らも主役の一人として乗り込んでいこうとするような筆致ではないだろうか。『新葉集』には尊良親王と宗良親王の遠国で砧の音を聞く歌が並べられている箇所（三七〇・三七一）もあり、やはり両者を共鳴させようという意図が感じられる。なお、前述した『太平記』流布本の語る、兵庫での宗良親王と尊良親王の贈答歌は「跡無キ波」を詠むもので、右の二首とは異なるが、宗良親王詠に五一四と共通する「同ジ宿リ」の語がある。父帝を思う尊良親王、その兄を思う宗良親王と、交流の軸となる語である。

繰り返すが、『太平記』西源院本に宗良親王の和歌はない。『増鏡』も後醍醐天皇や尊良親王の和歌を多く語りながら宗良親王の和歌は見えず、記述量も両者に比して少ない。『太平記』は『新葉集』より早く応安期には成立していたとされるが、やはり同集以前に成立していたとされる『増鏡』も含め、宗良親王が見ていた可能性はあったか、またそれはどのような本文であったかはわからない。ただその内容を聞き知る機会があったとしたら、両書における自身の扱いの軽さは衝撃を受けるものではあったろう。両書と比べるとき、『新葉集』に見える宗良親王の幽閉・配流時の歌には、父帝や兄宮と共通する世界を示すことで、自分もその場に参加していたのだと主張する意図があるようにもみえてこないであろうか。

四　吉野炎上

以上、Aの元弘の乱関係歌を取り上げたが、これ以降で『太平記』に見える南朝方の歌は以下の通り。いずれも『新葉集』には見えない。巻十三・藤房遁世時の歌、巻十五・帥宮（即位前の後醍醐）が賀茂基久女に贈った歌、巻十八・尊良親王が今出川公顕女に贈った歌、巻二十・新田義貞が勾当内侍に贈った歌（西源院本は勾当内侍の歌とする)、巻二十六・正平二年（一三四七＝貞和三）十二月出陣前に吉野に参向した楠正行の歌および翌年一月高師直の襲撃を受けて吉野を脱出し賀名生に向かう折の後村上天皇の歌。なお巻三十「住吉松折事」には南朝の行末を風刺した落首がある。巻十五・十八・二十の歌は類型的な恋物語の型をふまえた作者の虚構と指摘され[*12]、巻二十六の著名な正行詠も『保元物語』等に類歌の見える虚構の作と指摘されるなど[*13]、虚構性・創作性の強い出所不明歌が多い。その中で注目されるのは巻二十六・吉野脱出時の後村上天皇詠である。これは『太平記』に見える南朝方関係者の最後の歌で、『新葉集』の前掲項目D「正平三年（一三四八＝貞和四）一月の吉野炎上と正平期の吉野詠」に相当する。項目B～Hのうち、『太平記』の対応記事に歌があるのはこのDの後村上天皇詠のみ。後村上天皇自身はこの後も巻三十九の光厳院と対面する場面まで折々に登場して動向が叙述されるが[*14]、和歌に注目すれば、吉野炎上を最後に『太平記』から南朝の肉声を伝える和歌が消えるともとれよう。以下、この歌を取り上げてみたい。

　正平三年一月、四条畷の合戦で正行が討死、師直軍が吉野を襲撃し、行宮と蔵王堂以下の坊舎を焼き払った。後村上天皇は事前に脱出し賀名生に退去した。『太平記』は行宮を出て逃れ入った「吉野之奥」の勝手宮の社前で後村上天皇が一首の和歌を詠んだという。

……此山中トテモ心ヲ可レ留《トドムベキ》所ナラネ共、年久シク住狎《スミナレ》ヌル上、行末ハ猶山深キ方ナレバ、サコソハ栖《スミ》ウカラメト思遣《オモヒヤル》ニ付テモ、涙ハ袖ニ関不レ敢《セキアヘズ》、主上勝手宮之御前ヲ過サセ給ヒケル時、寮之御馬ヨリ下サセ給ヒ、叢祠之前ニ敬白有テ、御泪之中ニ一首ヲゾ思食《オボシメシ》ツヾケサセ給ヒケル、

タノムカヒ無《ナキ》ニ付テモ誓テシ勝手之宮之名コソ惜ケレ

（西源院本・巻二十六「和田楠討死事」／流布本は同巻「芳野炎上事」・第四句「勝手ノ神ノ」）

この歌に関連する資料として、『太平記』の諸注釈は房玄の『醍醐地蔵院日記』貞和四年（一三四八）二月十三日条に見える次の歌を挙げる。

十三日（中略）今夜玄照禅門光吉下二向都谷一之間令二対面一畢。彼禅門語云。吉野帝御製云々。

世中のかくてもはてはみよしの、かつての宮の名こそをしけれ

本堂幷諸社等悉回禄。[*15]

一首を伝えた惟宗光吉（一二七四〜一三五二）は後醍醐天皇の『続後拾遺集』撰集に和歌所寄人として関与した二条派歌人で、建武二年内裏千首にも出詠、家集には師賢や直義の名も見える。記主の醍醐寺僧房玄（一二八二〜一三五一）は、この後正平六年四月に南山に赴き北畠親房、後村上天皇と対面している（観応二年日次記）。「勝手宮」の詠歌は少なく、南朝歌人が詠んでいるのが注目される。

誓ひあるかつての神の名を聞けば花にあらそふ風も吹かじな　（宗良親王千首・春二百首・一三〇「社頭花」）

み吉野やかつての宮の山烏神につかふる名もふりぬなり　（師兼千首・雑二百首・八〇二「社頭烏」）

前者は吉野に長慶天皇行宮の置かれていた天授期の詠で、傍線部は「タノムカヒ」詠の三四句と近い（師兼千首は詠歌年時不明、天授千首とは別時のものとされる）。その他、後代に正徹の一首と戦国期の北畠国永の四首があるが、伊勢北畠氏の後裔である国永が勝手明神・雲居桜・子守社・後醍醐天皇塔尾陵等を訪ねて詠歌していることからも、南朝を象徴する題材と捉えられる。『醍醐地蔵院日記』の伝える歌と西源院本の語句の違いは改変か誤伝と指摘される。[*16] 西源院本の「頼む甲斐無き」と決めつけ、勝手に神の名を惜しむ歌は南山の神を否定するような口吻で、世の中の転変に振り回されているという感のある『醍醐地蔵院日記』の方が、南朝の帝の歌として穏当ではあろう。

後村上天皇は『新葉集』に一〇〇首の歌が採られる入集数一位の歌人（ただし実質は実名入集九十九首に加え読人不知としても多くの歌が入る宗良親王の方が多い）だが、『太平記』はこの一首のみで歌人の顔は見えない。しかし正平初期まで（南朝歌壇（1）期）の後村上天皇の歌は少なく貴重である。後村上天皇は延元四年（一三三九）八月、後醍醐天皇崩御を受けて吉野行宮で践祚、興国頃から作歌を始め歌会を主催するようになったと推定される。[*17] 詠歌年次

のわかる歌（入集歌一〇〇首中、管見では七十首以上が不明）では、詞書に吉野行宮での詠と記す桜と菊の歌（一一〇・三八四）があり、正平三年一月に吉野行宮を出て以来、吉野には戻らなかったことから、それ以前の詠であるこの二首が同集中で後村上天皇の最初期の詠となる。正平一統に敗れ賀名生行宮に戻った後の正平八年以降、一統の前後に二条為忠等、北朝の歌人が来山したこともあって歌壇活動が活発になる（南朝歌壇（2）期に入る）が、正平三年二十一歳の折の吉野炎上時の右の歌が真作であれば、吉野行宮時代の二首に次ぐ古い例となろう。南朝歌壇四期のうち、（2）期までは京都歌壇との交渉が密とされる。[*18] 南朝と交渉のあった房玄の伝える（あるいはその周辺で流布していた）歌が取り込まれたと思しき「タノムカヒ」詠は、その一例とも捉えられようか。

吉野炎上に続き『太平記』巻二十七「賀名生皇居事」がその山中の情景を描写するように、南朝の行宮は吉野の奥地賀名生に遷った（ただし前掲の房玄「貞和四年記」は、吉野から阿弖河入道城に入ったとする）。『新葉集』には炎上後に廃墟となった吉野を訪れた南朝の女性たちの歌が見える。

兵《つはもの》の乱れによりて、吉野の行宮をもあらためられて、次の年の春、塔尾の御陵にまうでたまはんとて、かの山にのぼらせ給けるに、蔵王堂をはじめて、さならぬ坊舎どももみな煙と成りにけれど、御陵の花計《ばかり》は昔にかはらず咲きて、よろづ哀におぼえ給ければ、一房御文の中に入れてたまはせ侍るとて（新待賢門院）

み吉野は見し世にもあらず荒れにけりあだなる花は猶残れども

御返し　中務卿宗良親王

今見ても思ほゆる哉おくれにし君が御影や花にそふらん（哀傷・一三三三、一三三四）

炎上の翌正平四年春、新待賢門院（阿野廉子）が吉野の如意輪寺にある後醍醐天皇の塔尾陵に詣で、東国にいたと思われる宗良親王と交わした贈答歌である。兵乱と蔵王堂以下が灰燼に帰したことを明示した詞書は勅撰集に比して異例。十年前に崩じた後醍醐天皇の御代（「見し世」）や桜に浮かぶ面影（「君が御影」）が偲ばれている。ここには廉子所生の後村上天皇の面影はなく、吉野は後醍醐天皇の故地として、残された妃と皇子の交情が語られる。この二首は『李花集』にも見える（一一二一〜一一二四／同集では三月十日頃、廉子詠の二句は「見しにもあらず」で宗良親王の返歌は二首、さらに廉子没後の歌を添える）。宗良親王は吉野に対する思いが強く、『李花集』には後村上天皇が吉野を出たことを伝え聞いて「先朝の御なごりも猶遠ざかる心地して」、その嘆きを後村上天皇に訴えた際の歌「たらちねの守りをそふるみ吉野の山をばいづち立ちはなるらん」（七一八）などもある。父帝の拠点とした地が襲撃と遷宮により失われたことへの思いが、長い詞書を付された右の歌にも反映していよう。なお、『新葉集』には新待賢門院の次の歌もあり、右の二首と同じ時の歌と推定されている。[19] 如意輪寺の講堂の花を手折り、持ち帰って賀名生行宮の後村上天皇に献じた折の歌である。

　　吉野にまうで給けるに、講堂の花の夕ばえおもしろかりければ、折らせて内へたてまつらせ給ける次《ついで》に

　過ぎがてに手折る桜の一枝を猶九重に色そへてみよ　（春下・一〇七　新待賢門院）

賀名生に遷った後村上天皇は正平七（観応三）年二月二十六日に同地を出立、住吉を経て京に向け進軍した。その間、後醍醐天皇皇女の祥子内親王（母は廉子で後村上天皇の同母姉妹）が吉野の塔尾陵を訪れている。

　　正平七年如月の十日あまり、吉野にまうでて塔尾の御陵など見たてまつりけるに、花はまだ咲かぬ比《ころ》にて、よろづ物あはれにおぼえければ、思ひつゞけ侍りける　祥子内親王

　咲く花の散る別れにはあはじとてまだしき程を尋ねてぞ見る　（雑上・一〇二六）

祥子内親王は元弘三年十二月、斎宮に卜定（よって後村上天皇より年長と思われる）、建武三年（一三三六）の戦乱の中、野宮を退下、のちに出家し山城国伏見の保安寺に入った。後村上天皇とは、同年三月に天皇（当時義良親王）が北畠顕家とともに二度目の陸奥下向に京を出立して以来、会っていないと思われる。[20]『新葉集』には祥子内親王の「後村上院、吉野の行宮におましまし〳〵けるころ」と題する歌「名にしおふ花の便りに事よせて尋ねやせましみ吉野の山」

（春上・七八）も見えるが、後村上天皇の吉野行宮時代（延元四年〜正平三年一月）には果たせず、天皇が吉野を出た後にようやく折を得て尋ね、父帝の御陵に詣でたことになろう。「名にしおふ花」の時期にはまだ早く、そのことを、「散る別れにはあはじ」と思って咲かぬ程を見るのだと言いなした一首には、後醍醐天皇皇女として翻弄される日々を超えてきた静かな強さがうかがわれる。この歌も先の新待賢門院詠同様、詞書では後醍醐天皇陵を訪ねたことが表に出ているが、七八と併せみれば背後に弟後村上天皇への心寄せも想像されよう。

以上、吉野炎上時の後村上天皇の歌を載せる『太平記』に対し、『新葉集』は炎上後の吉野を訪れる女性たちの桜の歌によって廃墟となった吉野を慰撫し、この地に後醍醐天皇の面影を刻みつけようとする。『太平記』では吉野を出た後も後村上天皇は「吉野殿」「吉野の帝」等と呼ばれるが、『新葉集』の後村上天皇は詠歌の多さから住吉を拠点とした印象が強く、後醍醐天皇の吉野と対置されるように思われる。

五　おわりに

『太平記』と南朝歌壇の所産である『新葉集』に共通するのは元弘の乱の折の一部の歌のみであった。しかし所収歌や筆致の異なる他の元弘期の記事、そして吉野炎上のような一見重なるところのない南北朝分立以降の記事も、ある歴史的事象を各々の立場から各々の意図をもって叙述したものとして比べみるとき、時代の様相が立体的に浮かび上がってくる。『新葉集』にはいわゆる二条派の伝統的な和歌表現を踏襲した題詠歌も多く、過度に南北朝期の現実を読み取ることは危険であろう。しかし一方に『太平記』の叙述を置いてみると、『新葉集』がなければ南朝の人々——たとえば宗良親王や後村上天皇——の造型はもっとやせ細ったものになっていただろうと実感される。古来の価値観が崩壊し多様化したこの時代の人々の思いを多角的に捉えていくためにも、『新葉集』と『太平記』

は互いを意識して研究していく必要があるように思われる。

引用本文

和歌は『新葉集』は和歌文学大系（松井本）に、その他の和歌および歌番号は新編国歌大観による（漢字・送り仮名は適宜当てた）。『太平記』西源院本は刀江書院『西源院本太平記』に、流布本および『増鏡』は日本古典文学大系による。なお、北朝の記事には北朝の、南朝の記事には南朝の年号を用いた。

注

＊1 井上宗雄『中世歌壇史の研究　南北朝期』改訂新版（明治書院、一九八七年）三九四頁による。

＊2 南朝歌壇の現存資料としては他に、『李花集』『嘉喜門院集』「一宮百首」「正平二十年三百六十首」「三百番歌合」「五百番歌合」「天授千首」等がある（以上、『新葉集』と重なる歌も多い）。

＊3 『新葉集』には（1）〜（2）期の題詠として、後醍醐天皇の延元二年九月（詞書は「三年」とするが二年の誤り）、後村上天皇の興国五年、正平八・九・十一・十二・十三・十六・十七・十八・十九・二十年の内裏歌会歌や定数歌を見出せる。

＊4 吉野行宮で雲居の桜を詠んだ後醍醐天皇詠（八三）や、賀名生（三〇三）・天野（一二〇五）の情景を髣髴させる歌もあるが、各々の行宮での題詠も多く、実景との境界が判別しがたいので歌数は集計しない。

＊5 小松茂人「『太平記』における和歌の位置」（『文芸研究』五九、一九六八年六月）

＊6 山下宏明「〔シンポジウム要旨〕『太平記』と中世和歌」（『中世文学』二三、一九七九年）、のち同氏『軍記物語の方法』（有精堂、一九八三年）所収。

＊7 中殿御会の歌については、大島龍彦「太平記の和歌をめぐって」（長谷川端編『太平記とその周辺』新典社、一九九四年）が検討している。

＊8 前者の後醍醐天皇の「村時雨」詠について、尊良親王に「住みなれぬ板屋の軒の隙《ひま》もりて……」（『新葉集』雑上・

一一二三／一宮百首・六一）という、『太平記』の本文と特徴的な初二句の重なる歌が見える。また後者の琵琶をめぐる贈答に関連して、『新葉集』には同天皇没後に遺品の琵琶を見て詠じた新待賢門院の歌（哀傷・一三八三）が見える。

＊9　安井久善『宗良親王の研究』（笠間書院、一九九三年）第一章参照。

＊10　「花はなをとまる主に語らへよ我こそ旅に立わかるとも」で『太平記』流布本とは異なる。なお、流布本の「セキ留ル…」詠には、菅原道真の「流れ行くわれはみくづとなりぬとも君しがらみとなりてとどめよ」によるかという指摘がある（日本古典文学大系）。『増鏡』の「花はなを…」詠にも都出立時に邸の梅に語りかけた道真の面影があるように思われる。

＊11　「おなじ宿り」は他例の少ない語で『新葉集』と『太平記』流布本の宗良親王以前の例は『現存和歌六帖』の一首のみ。「おなじとまり」の方が散見するが、舟とともに詠まれることが多い。

＊12　山下氏注＊6前掲論文。なお巻十五の歌については長坂成行「「賀茂神主改補の事」覚え書―『太平記』注釈補考（二）―」（『奈良大学紀要』三〇、二〇〇二年三月）が現実と照合しつつ物語化の方法を検証している。

＊13　日本古典文学大系『太平記』三（後藤丹治・岡見正雄校注、岩波書店、一九六四年）

＊14　北村昌幸「『太平記』における諸卿僉議―南朝の意思決定をめぐる諸問題―」（『『太平記』をとらえる』二、笠間書院、二〇一五年）はそうした記述を取り上げ、後村上天皇の人物造型を諸卿僉議と独断という観点から論じる。

＊15　引用は『続群書類従』第二十九集下（貞和四年記）による。なおこの歌は『太平記』諸本で異同が多い。神田本（汲古書院・古典研究会叢書による）は掲出の「タノムカヒ」詠（第四句の「宮」に「神」と異本注記）に加え「よの中は（三字分欠）かくてそみよしの丶勝手の宮の名こそおしけれ」という、『醍醐地蔵院日記』に近い歌を挙げる。また『参考太平記』によると、毛利家本には「タノムカヒ」詠は見えず、「此マ丶ニサテシモ有ハ吉野山神ノ勝手ノ名コソ惜ケレ」の一首のみ。

＊16　北村氏注＊14前掲論文。

＊17　井上氏注＊1前掲書、三九八頁。なお、『新葉集』には後村上天皇が主催した興国五年（一三四四、同天皇十七歳）の内裏歌会歌が四首見出せるが、三首が隆資、一首が親忠の歌で、天皇自身の歌は見えない。

＊18　井上氏注＊1前掲書、三九四頁。

＊19　小木喬『新葉和歌集　本文と研究』（笠間書院、一九八四年）七九頁。

＊20　祥子内親王の経歴は小木氏注＊19前掲書「作者伝」参照。

参考資料

井上宗雄『中世歌壇史の研究　南北朝期』（明治書院、一九六五年、一九八七年改訂新版）

小木喬『新葉和歌集　本文と研究』（笠間書院、一九八四年）

安井久善『宗良親王の研究』（笠間書院、一九九三年）

深津睦夫・君嶋亜紀『新葉和歌集　和歌文学大系44』（明治書院、二〇一四年）

『太平記』の周辺
――連歌表現の広がりと『太平記』――

伊藤伸江

一　はじめに

『太平記』巻三十二は、後光厳天皇の践祚からはじまり、文和の内乱の時期を、長大な説話を織り込みながら語る巻である。内乱は、文和二年（一三五三）の足利義詮による新天皇を伴っての近江から美濃への逃避行、文和三年末の尊氏によるやはり天皇を伴っての近江への逃避行と再度の入京を経て、激しく大きな神南・東寺の合戦へと至り、尊氏の勝利の物語となって終わる。巻三十三では、内乱の後の延文二年（一三五七）から語り始めており、両巻の間には一年の空白期間がある。その時期、現実には初の連歌撰集『菟玖波集』の編纂（延文元年）がなされていた。

この論では、文和の内乱時の逃避行と入京の場面を取り上げ、その表現を考え、さらにそれらに供奉している土岐頼康と、佐々木氏頼を通して、『太平記』作者が描かなかった部分をも見ることで、『太平記』の表現の背後に広がる世界を考えてみたい。

二　義詮の近江敗走

まず、文和二年六月の、山名師氏に負けた義詮の近江敗走の描写を見る。義詮敗走の前後の動静は、『園太暦』を参照すれば、次のようになる。

六月　六日　……今暁寅刻許、行二幸執柄押小路亭一、当代初度行幸也、…申斜許、俄行二幸山門一之由有二風聞一、

……

六月　九日　……青侍等見物、帰来語云、宰相已差二山門一没落、赴二古今路一、……

六月　十日　今日彼是云、…宰相中将者無為著二坂本一云々、土岐軍勢多以殞レ命、……

六月十三日　……山門公家・武家勢今暁卯刻没落、主上・梶井宮・同日三寶院等相伴、宰相中将没落、欲レ渡二湖上一之処無レ船、仍俄差レ北落了、其勢猶猛也、仍和爾・方田輩走来、為二南方一寄レ心、仍合戦、（中略）而佐々木近江守秀綱後陣没落、被レ討了云々、

六月十四日　今日恵鎮上人送二同法僧一、世上事示レ之、傳聞、行幸供奉、西園寺中納言〔実俊〕・仲房朝臣・隆右・時光等云々、関白〔良基〕并忠光不レ参、留二坂本一云々、近衛前関白〔基嗣〕・右府〔道嗣〕又不レ参、……

すなわち、後光厳天皇は、「当代初度行幸」として、六月六日にまず二条良基の押小路亭に移り、当日中に比叡山に向かった。九日以後合戦があり、義詮は負けて坂本に敗走し、十三日には、天皇と梶井宮尊胤法親王、三宝院賢俊を伴って、和仁・堅田で戦いをしながら、琵琶湖西岸を通り美濃へ落ちた（勢多橋は官軍により観応元年に焼かれている）。途中堅田の合戦で佐々木道誉息秀綱が討たれた。二条良基、近衛基嗣・道嗣らは付き従わなかったという。

神宮徴古館本巻三十二「主上義詮没落事付佐々木秀綱討死事」を見る（私に清濁・ルビ、傍線・記号を付す）。

義詮朝臣は、①東坂本にて国々の勢をも催《もよおさ》むと被議《ぎせられ》けるが、武蔵将監被討《うたれ》ぬと聞て、吉野より大慈院法印を山門え呼寄せたりと沙汰しければ、坂本を皇居に成されむ事悪かりぬべしとて、同六月十三日、義詮朝臣龍駕を守護したてまつりて、東坂本を落たまふ、（中略）爰《ここに》故堀口美濃守貞満子息掃部助貞祐が、此二、三年堅田に隠れ居たりけるが、和爾・堅田の溢れ者共をかたらひて、五百余人、真野の浦に出合て敵を討止んとす、真先には主上を擁護したてまつりて、梶井二品親王御門徒の大衆少々召具して令落《おちさせ》たまへば、②主上に所を置まひらせて弓をひかず、後陣に佐々木近江守秀綱、一族・若党引具して、三百余騎にて通けるを、掃部助が兵五百余人、東西より引包《ツヽン》で散々に射ける間、佐々木三郎左衛門・箕浦次郎右衛門・吉田八郎左衛門・今村五郎、一所にして被討《うたれ》にけり、憑切《たのみきっ》たる一族・若党共が、跡に引侶《サガツ》て討死けるを顧て、秀綱心憂き事に思ければ、高尾四郎入道と近江守秀綱と、馬の鼻を引返て敵中え懸入、倶に陸立《かちだち》の敵に諸膝を被薙《ながれ》て、落る所にて被討《うたれ》にければ、遥に落延たる若党卅七人、返合々々皆同所にて被討《うたれ》にけり、其夜は塩津《シホヅ》に要輿《タコシ》を舁留て、③卿相・雲客ちと休まひらせんと被為《なされ》けるを、塩津・海津の地下人共、軍勢此に一夜も逗留せば、事にふれて煩有べしと思ける間、此の道辻、彼の山上に取上て、鬨を作ける程に、暫しの御逗留も無《なく》して、主上亦要輿に被乗《のられ》たれば、駕輿丁も皆迯失《にげうせ》て、御輿を舁《かき》まひらする者も無かりければ、細川相模守清氏、馬より下て陸立《かちだち》になり、鎧の上に主上を負ひまひらせて、④塩津の山をぞ被越《こえられ》ける。之推《シスイ》介氏也が股肉《モヽノ》をきり、趙遁が車ノ輪をたすけしも、此忠には不過《すぎじ》とぞ見し、月卿雲客、或は長汀の月にむちうち、或は曲浦の浪にさほさし給へば、「巴猿一《タヒ》叫《ンデ》、停《トヽメ》二舟於明月峡《ヲ》之辺《ノニ》一、胡馬忽《ニ》嘶《ヘテ》、失《フ》二路於黄砂磧《クワウサセキ》之裏《ノニ》一」と、古人の書《かき》し征路の篇、今こそ思知れたれ、是より東は路次も煩無かりしかば、美濃の国垂井の宿の聽者が宿を皇居にて、義詮以下の官軍は、皆四辺の山々里々に陣を取てぞ、皇居を警固したてまつりける。

文中に①から④の傍線で示した部分について、甲類本（玄玖本、西源院本、神田本）及び永和本、乙類本中の流布本との校異を本論末尾に参考として示した。その結果から、これらの箇所を見ると、①では玄玖・徴古館・西源院本と、永和・流布本系統と分かれ、神田本は混態（参考　後の天正本も混態）である。②は玄玖・徴古館・神田本と、永和・流布本に分かれ、西源院本が混態（天正本も混態）、③は玄玖・徴古館・西源院本（天正本「卿相雲客」）と、永和・流布本とに分かれ、神田本は混態、④は玄玖・徴古館・西源院・流布本と、永和・神田本に分かれる（天正本は「塩津・海津」）。

神宮徴古館本と永和本とは対照的であり、この二系統に本文が分かれていることが追認できよう。*1

引用箇所後半（「其夜は塩津《シホツ》に」から）では、細川清氏の忠義の様と、帝に付き従う臣下の辛苦を、著名な故事・漢詩により印象的に語る部分が存するが、ここで、傍線部④を考えてみたい。この「塩津の山」は、滋賀県長浜市西浅井町塩津浜と、福井県敦賀市追分との間に位置し、琵琶湖の北、塩津から敦賀へと抜ける際に通る塩津山である。「塩津にある山々」といった普通名詞と理解されてはいないことは、固有名詞に朱引きする玄玖本が朱を引くことからもわかる。この山は、『五代集歌枕』には、「しほつ山　越前」（『十四代集歌枕』も越前）、『八雲御抄』（精撰本系）は、巻五、万葉由来の山の名の中に「しほつ《同塩津》「馬」」と記し、国名は越前（「同」は直前の「越前」に同じの意、「　」は細字を示す）とある。『夫木抄』には「しほつ山、塩津、近江又越前」、『勅撰名所和歌要抄』も越前国に入れ、「通二近江一也両国名所歟」とし、『歌枕名寄』では近江国とされている。『万葉集佳詞』では「しほつやま《近江》」であった。このように、和歌の世界では最初越前の山と考えられ、鎌倉時代以降には、近江越前両国の名所もしくは、近江の山と意識されるようになってくる。また、この山は、『万葉集』、巻三、365、笠金村歌「塩津山うち越え行けば我が乗れる馬そつまづく家恋ふらしも」をまず想起させる。『八雲御抄』の「馬」はこの万葉歌によろう。この万葉歌は、『和歌童蒙抄』獣部「馬」（ただし、第四句は「こま」、以後歌書の引用歌はすべて「こま」）、『和歌色葉』、前掲の歌書類の例歌に取られ、貞和年間の成立である『風雅集』の旅歌945に、第二句が「うちこえくれば」とされて入集をはたしていて、おそらく貞和の頃に注目されている。応安八年（一三七五）成立かとされる、良基の『万葉詞』においては、「〇シホツヤマウチコヱユケハワカノレル馬ソツマツク家コフラシモ／一〽シホツヤマニ〽馬」と、「塩津山」と「馬」とがこの歌から寄合《よりあい》とされていた。地下連歌師の相伝と思われる『和歌集心躰抄抽肝要《わかしゅうしんたいしょうちゅうかんよう》』にはこの歌は見えない。『八雲御抄』、『夫木抄』、『歌枕名寄』など歌学書、『風雅集』に見られ、良基の寄合抜き出しに入っており、連歌ならば堂上連歌の連歌知識の中にある語句といえるだろうが、連歌の用例は見いだせない。

塩津山越えは深坂越えと呼ばれ、「知りぬらむ往来にならすしほつやまよにふる道はからき物ぞと」（『紫式部集』23、『続古今集』1698に入集）とあるように、険しい道で有名であった。『太平記』では、「塩津の山」が使われることで、万葉歌が想起され、馬ならぬ徒歩での深い山越えがクローズアップされて、その困難さや、都落ちの言い難くつらい心情が強く表現されよう。馬で行くべきところを、この没落では歩立《かちだち》でさらに帝をおぶい、と重ねられるのである。「塩津の山」は、清氏の忠誠心、帝臣たちの情けなくつらい心情の強調表現となっていた。だが、実際の旅路としては、塩津から越前へ抜ける深坂越えは、美濃垂井に向かう経路としてはいぶかしい。塩津山越えは、北国街道を北に向かい、愛発関《あらちのせき》に至る西近江路（七里半越え）と合流する。大変な回り道になり、越前守護は敵方の斯波高経である。塩津から木之本に到り北国街道に入り南下する経路の方が自然であろう。

また、神宮徴古館本、西源院本、流布本は「塩津の山」であるが、永和本、天正本が、「塩津・海津の山路」であった。「塩津・海津」という表現は、慣用的な言い方であろうが、引用文内にもあり、巻十七「没落軍勢凍死事」で、新田義貞が北国に没落する場面で「同十七日、義貞朝臣七千余騎にて、塩津・海津に着たまふ。七里半の山中をば、越前守護尾張守高経大勢にて差塞《さしふさぎ》たりと聞《きき》しかば、是より道をかへて、木目《きのめ》到下《とうげ》をぞ越給ける」（神宮徴古館本）と、海津から敦賀に到る七里半越えでなく、別の道から、木の芽峠越えをしたと説明した際に使われている。さらに道筋ならば、海津からでよく、玄玖・神田・西源院・流布本全て「塩津・海津」だが、巻十七のこの部分の天正本は

「海津」と記し、道筋がはっきりしている。天正本に関しては、近江国の地理に土地勘のある者によると思われる近江の地名の微細な増補箇所の存在が指摘されているが、[*2]永和本が既に、歌枕的表現を取らず、地理的な慣用表現により描写している。北近江の地理に疎く（関心が薄く）、歌枕的表現を使用する神宮徴古館本・西源院本などの甲類本と、この部分に関して地理的な視点から描く永和本に分かれていると考えたい。

三　土岐頼康の『菟玖波集』入集句

二章に見た、義詮の近江敗走は、嘉慶年間（一三八七〜八）に執筆された『源威集』では、次のように記される。

……山陰道凶徒山名伊豆守已下南方ノ御敵令二同意一、六月七日、落《洛歟》中責入、武将・義詮《アキラトシ》、賀茂於二河原一防戦、終日合戦及二難儀ニ一間、今道ヲ越経《コヘヘテ(ママ)》テ行幸、假二女ノ形ヲ一乗馬、清氏御馬ニ付テ有二大功一、武将供奉東坂ニ着御《チャクキョ》、御息《(オ)ンヤスミ》之時分、片田ノ従レ浦凶徒打出寄来間、佐々木近江守秀綱道誉長子、馳向テ防戦ノ間、一族《ゾク》家人数輩秀綱共ニ殞レ命、以二此隙ヲ一西近江ヲ経テ、終ニ濃州垂井駅ニ着御ス、土岐大膳大夫頼泰《(康カ)》従二京都一供奉ス、濃州・尾州両国為二守護一間、假リ大内已下用意、其子細驛使《エキシ》鎌倉ニ馳下ノ間、……

帝の女装での逃亡の様など状況が率直に記され、佐々木秀綱の死も凶徒から帝を守っての戦死と明記され、『太平記』との相違が著しい。「其子細驛使鎌倉ニ馳下」と記すことから、鎌倉の尊氏にもたらされた状況報告と見られ、『太平記』の語りが相対化できる。さらに、土岐頼康が京から付き従い（『太平記』では引用文の中略箇所に名が見えている）、逃避行後の滞在のため行宮の造営を差配したことが見える。二条良基の『小島のすさみ』でも、「垂井の頓宮は、当国の守護頼康、承りて造り設く。」と述べていた。後光厳天皇は、垂井から小島の頓宮に移り（ここも、頼康邸をさしだしたかもしくは頼康造営と推定される）[*3]小島滞在の後に、八月二十五日に、垂井の頓宮に移り、九月三日には、関東から尊氏が到着して、還御となった。行幸ゆえに、このような建築工事を守護が手配する必要があり、『菟玖波集』には、巻十四、雑連歌三に次のような頼康の句が入集している。

2863君が御幸は名こそ高けれ

源頼康

2864これもまたもしきなりし小島山

2864は、あきらかに美濃の小島に後光厳天皇が行幸の形をとって滞在したことを主題とした句である。頼康の詠んだ「小島山」は、『歌枕名寄』などの歌書にもない、土岐氏の居城所在地というごく私的な地名であり、これを詠みこむ連歌も、管見に入らない。「小島山」以前に、そもそも「小島」も美濃の歌枕ではなく、『小島のすさみ』において、良基がこの地名「小島」を陸奥国の歌枕「雄島」と重ね眼前の景を重層的に示した歌を詠んだ際に、「此所をば初めて仕うまつりたる由、人々申し侍しやらん」という様子であった。*4 良基は「霞立つ末の松山ほのぼのと波に離るる横雲の空」（新古今・春上・37・藤原家隆）を本歌取して、「横雲の波越す峰もほのぼのとやがて小島の影ぞ明け行く」と「旅曙」題で詠んでおり、家隆歌の題「春曙」を「旅曙」に変えて、陸奥国の歌枕である「末の松山」を思わせる「峰」を入れ、陸奥の「雄島」と美濃の「小島」を重ねて詠み出していた。

頼康には、巻十八、賀連歌に、次のような句もある。

3686身のさかへこそ猶もまたるれ

源頼康

3687此御代に戸ざしわするる不破の関

3687は、函谷関の戸を開けさせた孟嘗君の故事を背景に、関を閉ざすことのない平和な世をたたえる。しかし、「戸ざし」に関しては、「逢坂の関の戸ざしはささぬ世も明方告げて鳥は鳴くなり」（南朝三百番歌合・相坂関鶏・189・権中納言）のごとく、既に平安期にその役目を終えた不破の関ではなく、「逢坂の関」を詠むものであり、不破の関で詠むのは、自らの守護国へ即位後初の行幸を得られた喜びをも表現しているからである。前句の「身の」は「美濃」を掛けているだろう。

いずれの前句も、美濃国守護の頼康をねらいを定めたように褒める内容の句である。頼康の句は、それを受けとめ、てらいなく最大級の喜びと誇りを示した句といえよう。『菟玖波集』からは、暦応二年（一三三九）に、先代の頼遠が救済を呼んで連歌会をしていたこともわかり、*5 土岐邸での、地下連歌師を呼んでの連歌会の際の句であろうか。頼康の、歌枕ではない私的な地名で句をつくりあげる、また歌枕に関して和歌で培われた伝統的な詠み方を軽視する、その姿勢をここでは意識しておきたい。

四　尊氏の勢多渡河

文和三年十二月二十四日（『敦有卿記』）、南方に攻撃された尊氏は、後光厳天皇を奉じて近江に下向するが、翌四年二月四日に東坂本に戻り、足利直冬を総大将とする山名時氏・師氏、桃井直常、斯波高経らと京都で戦う。『太平記』巻三十二「直冬朝臣上洛事付鬼丸鬼切事」（神宮徴古館本）では「直冬已に大江《ヲイノ》山をこゆると聞ぇしかは、⑤正月十二日*6の暮程に将軍主上を取まひらせて近江国え落たまふ」（傍線部の校異は参考に示す）と退却が記述されるのみである。さらに、本文は鬼丸鬼切の話を経て「神南合戦事」と続くが、「神南合戦事」でも、諸本共に尊氏の近江四十九院から東坂本への進撃の経路は記されていない。しかし、この両道中は、『源威集』には記されている。まず、十二月二十四日（『源威集』）の行幸時、天皇と尊氏は、勢多の浮橋を渡る。

……武将勢田《ニ》着賜《ヒ》シカハ、御輿ハ川ヲ越テ向ノ岸《ニ》御座之時分、佐々木五郎左衛門尉六角判官入道弟、号山内・土岐大膳大夫頼泰(康カ)御迎参ニス、御勢浮橋ト舟ニテモ渡ル、一人モ不レ残越シ後、御道ハ橋可レ成トテ下リ居サセ賜処ニ、佐々木五郎左衛門尉従レ向橋ヲ渡、大筒為レ持、……

『源威集』によれば、尊氏と帝を迎えたのは佐々木氏頼の弟、信詮と土岐頼康である。そもそも佐々木六角氏は、検非違使の判官として、天皇行幸の際に浮橋をかけて渡す役割を負っており、氏頼の父時信も橋渡判官であった。かつ近江守護は、勢多の橋の維持・管理を職掌としている。それゆえ、この時期近江の守護であった氏頼[*7]は既に閏十月十一日には、伊佐四郎入道、蜂屋虎寿丸、沢一族に勢多橋を警護させていた（『大日本史料』六之一九「願泉寺文書」）。前日の十二月二十三日には、沢蔵人に対して「田上関、黒津船等、悉今日中可レ付二勢多一也。於下無二沙汰一所々者上、可レ為二罪科一由候也」（「長濱町下郷共済會文庫所蔵文書」（『近江栗太郡志 巻壹』所収））と、渡河のための船を集めさせもしていたことがわかる。次に正月二十日、尊氏上京の際の『源威集』を示す。

翌日廿日、御陣ハ勢多也、浮橋ノ事、兼日守護人佐々木太夫判官入道ニ被二仰付一、依テ此間其致ノ二沙伏(汰カ)一ヲ、廿一日申刻、橋過半板ヲ敷ク、大略石山坊中ノ具足也……将軍橋ヲ渡テ石山ノ坊中ニ御座、其夜橋ノ警固、守護人佐々木ニ可レ被二仰付一由申仁有ケレハ、武将被レ仰ケルハ、有ラレ橋ハ合戦悪様ニ成ン時、軍勢緤(末カ)練ニテ中々人ヲ可レ損《ソン》也、如何ニ警固ス共、敵忍テモ切ラハ、世ノ聞ヱ不レ可レ然トテ、軍ニ負テ此橋ヲ後ヱ不レ可レ渡、然者橋無益可レ成、板具足ヲハ石山ヱ返シテ、橋ヲハ夜中ニ可レ切ト厳密ニ被二仰含一シ間、奉行斎藤四郎兵衛尉任二御掟《錠歟》一其沙伏(汰カ)致セシ也、将軍兼(賢カ)慮ノ武略ニ長給フトソ諸人申セシ也、橋付ニテ昔物語ヲ可レ申、（中略）抑義貞ハ遠州天龍河ニ数日逗留シテ、浮橋ヲ渡シテ軍勢不レ残渡テ、最末(末カ)川ヲ越、此橋見苦布トモ不レ可レ切、能々為二警固一東国ノ勢ヲ渡セト、渡守ニ仰含テシ有二帰洛一事ヲコソ貴賤《キセン》感申セシニ、今武将瀬田ノ橋被レ切セ給フ事、戦士等思切トノ御匠《タクミ》也、是ヲ以是ヲ案スルニ、建武ニ義貞、文和ニ将軍、橋ニ付テ共ニ名将ノ意業《イゴウ》成ト云ヘトモ、唯武略ハ同也、是モ源氏ノ不レ有二勇堪一者歟、

浮橋は佐々木氏頼の采配により掛けられたが、渡り終えた後には、尊氏によって夜中に橋を切るようにと固く命

じられている。追いすがる敵の足止めに、また敵の行路を阻むために、橋を流したり、焼くのは常套手段であるが、尊氏の行為は自らの退却手段を断つ決意ゆえと説明されており、かつて新田義貞が天竜川に浮橋を掛けた際、敵をも渡せと命じたことと比較され、両者は橋に対する処置は反対であっても合戦に臨み逃げない覚悟は同じであり、武略に通じた名将であることは変わらないと強引に賞賛される。『源威集』は、あえて天竜川の浮橋の「昔物語」を語り、浮橋の知略から「建武ニ義貞、文和ニ将軍」と義貞と尊氏を称揚するのである。これに対して、『太平記』巻十四「官軍箱根を引き退く事」では、同じ場面で義貞は浮橋を切って流し、敵に襲われないと見た義貞軍から逃亡者が続出したと述べられる。瀬多の橋に関する記事を巻三十二に描かない『太平記』は、尊氏の近江没落から入京の記事の間に「鬼丸鬼切事」を付しており、『源威集』とは違う論理構成で、東寺合戦の勝利へと至るのである。

五　救済と佐々木氏頼による『菟玖波集』の付合

佐々木氏頼は、先に見た土岐頼康が、『菟玖波集』に三句入集するだけなのに対して、十七句入集しているが、羇旅連歌中には、彼の句を前句とする次のような付合《つけあい》がある。

近江国佐々木金剛寺にて千句連歌侍しに　源氏頼
3418 つたふるつるぎ家まもるなり
といふ句に　救済法師
3419 早川の水のうきはし綱きりて

佐々木金剛寺は、氏頼が父時信（徳治元年（一三〇六）～貞和二年（一三四六））の菩提を弔う為に建立した寺（現在の近江八幡市金剛寺町辺）であり、ここでの千句である。この千句の張行時期は、『菟玖波集』以前としかわからないが、『菟玖波集』編纂直前の文和年間には、千句興行が盛んになり、編纂前年の文和四年には多くの千句が行われた。*8 救済の手元に資料が渡り句が選択されることを考えても、『菟玖波集』編纂に近い頃の千句の可能性が強い。

さらに、この付合では前句の作者を示している。『菟玖波集』では、言い掛けの短連歌も多く入れ、その際には二者の名を示すし、百韻であっても、著名作者、巧みな句の連続などでは、作者を示して三句連続の形で入れることがある。だが、ここは千句中の百韻から切り出した前句・付句の組であり、本来前句の作者名は記載されないものであるから、氏頼の名を意識的に付していると見るべきであり、詞書と前句作者名は、剣の句を詠んだのが佐々木氏頼であること、そして、救済が剣から浮橋へと句を付ける時、浮橋の逸話と氏頼とのつながりを佐々木六角氏の本拠地ともいうべき場所での連歌で指摘し、つまり座を盛り上げた句であったということを、示していると考えられる。とすれば、氏頼が近江の守護であり、勢多の浮橋の管理をする立場であることが思われ、浮橋を作るのではなく切り、流す行為を付けるならば、四で見た、近江勢多の橋に関する尊氏の命令が思い出されよう。

このとき、『太平記』は、橋に関して記述していない。しかし、尊氏の近江没落の根源である直冬と山名父子の上洛を誘ったのは、桃井直常と斯波高経からの、京都攻めの誘いであり、それを記した『太平記』の作者は、続いてなぜ高経が敵にまわったのかを、「直冬朝臣上洛事」に付した「鬼丸鬼切事」で語ろうとしている（諸本配列同じ、天正本も記事の表題は違うが配列としては同様）。「鬼丸鬼切事」では、新田義貞が持っていた鬼丸・鬼切（北条氏伝来の刀）を、その死後に、斯波高経が手に入れたが、尊氏が「末々の源氏等の持べき物にあらず」「当家の重宝として嫡流相伝すべし」と献上を命じ、高経を敵に回したと説明された。『平家物語』剣巻にも詳しい源家伝来の剣、髭切（鬼丸）・膝丸（蜘切、薄緑）の逸話が語られている。刀が最終的に尊氏の所有となったとは記されていないが、源氏伝来の剣をめぐる刀剣伝説が巻三十二の尊氏のこの近江落ちの場面の後に付されているのは、対立の背景に剣の所有争いがあることが前提となり、続く激しい神南合戦、東寺合戦の勝者こそ、剣の正当な持ち主と了解される認識ゆえであろう。[*9] こうしたことを考えれば、文和三年末からの一連の戦の動向と、新田義貞の遺した二振の刀とは、やはり深く関係づけられて世に語られていたであろうし、それゆえ、氏頼の刀の前句は、救済により、源氏伝来の剣として理解され、源氏棟梁たらんとする尊氏が切り落とす決断をした浮橋の逸話から、浮橋の句が付けられたのではないか。『菟玖波集』において、撰者良基を補佐し、百二十七句と飛び抜けて多い入集数を誇る救済は、金剛寺の一座では、佐々木六角家当主のための付句を付けたのであり、それはやはり、彼ら好みの時事的なトピックスを入れた句作ではないか。氏頼が、連歌の技量がほぼ同じと思われる他の足利幕府有力武士たちに比較して一桁多い入集数であることも、救済との親しさの傍証となるだろう。

救済は出自不明だが、近江佐々木氏と関係が深い山徒ではないかとの金子氏の推定があり、[*10]『菟玖波集』で「剣」を詠みこんだ付合五種（うち草薙剣四種）のうち三種までが救済の付句であり、彼の句には「剣」関係の句が目立つ。『文和千句』では、救済には、伊勢・賀茂・日吉・春日・土佐と神社名を入れた句が繁く見られ、氏頼（一部参加）や佐々木氏関係の武士と、救済及び彼の周辺の地下連歌師たちが参加した『紫野千句』の場においても、第一百韻に「85北山や横川の寺も名にふりて（相阿）／86七ますやしろ空なるは星（救済）」、第五百韻に「42浦はつるがのふるき御社（全誉）[*11]／43武士のつるぎとりもつ梓弓（救済）」がある。『日本書紀』で天武天皇に神刀を奉る土佐大神（天武天皇四年三月条）や、日吉七社（妙見信仰）、敦賀湾に面する越前国一の宮気比神宮などを詠んでおり、気比神宮も「山をきるつるぎを峰にのこしおきて神さびにけり気比の古宮」（夫木抄・16136・けひのみや・行遍）の和歌が示すように、「剣」と関係がある。さらに気比は現実に今も戦われ続けている戦の記憶として、新田義貞の、気比神宮の神主に迎えられて入った金ケ崎城での攻防、その後の戦死（佐々木氏も出陣している）も思わせる。こうした、武家に寄り添う地下連歌師によって作りだされた連歌が帯びている、戦の周辺の語りの記憶も注意されよう。

六 『菟玖波集』の羇旅連歌

ところで、五章で見た氏頼・救済の句は、『菟玖波集』の羇旅連歌の部に入っていた。『菟玖波集』の羇旅連歌の部は、勅撰集のような和歌の撰集の羇旅の部が、歌数がさほど多くないのとははっきり相違し、収録句数が非常に多い。中で、この付合は、『菟玖波集』の配列を見る限り「うきはし」の語で羇旅と関係づけられたのであろうが、旅の句としては異質なことは否めない。

そもそも、羇旅連歌は旅のはるけさ、寂しさつらさ、故郷恋しさなどを表現すべきものであり、例えば、次のような良基の句も羇旅連歌に見られる。

文和二年六月、世間静かならぬ事有て美濃国をじまといふ所行宮にて侍りけるに、同七月彼所にて連歌し侍りしに

3300 をじまのさとはただ松の風　と侍に　関白前左大臣

3301 旅に有みののを山のうき秋に

美濃からの帰路の記録である『敏満寺文和臨幸記』（大日本史料第六編之十八）に記される公卿・殿上人たちのうち、『菟玖波集』には、二条良基をはじめ、二条良冬・藤原忠嗣・室町雅朝・東坊城長綱・綾小路成賢・鷹司忠頼・月輪家尹が入集している。『小島のすさみ』からは三宝院賢俊の滞在もわかり、良基の入集句は、こうした堂上連歌の一座における句であろう。3301は、「思ひ出づや美濃の御山の一つ松契りしことはいつも忘れず」（新古今集・1408・伊勢）により、「松」の寄合である、美濃の歌枕「美濃の御山」を詠みこむ。前句の「松」が「待つ」と掛かること

から、「秋」と「飽き」を響かせ、「美（濃）」を「（旅にある）身」と掛けた、旅先での身のつらさを詠む句である。はやく良基は、名所を入れた連歌の詠み方に関しては、「題に名所をいだしたらむに、詠み慣らはしたる所ども、さらでは、少しよせ有ぬべからむを求めて案じ続けてみるべし。」（『詠歌一体』）を範とし、名所は「ことなる用なき時、努々出だすべからず。当世常に隠してする、一の体也。假令《けりょう》、河の名のいくたび、此の山のおのれ、下草のおいその森、風の音志賀の山などいふ様の事也。真実名所ならで付くまじき事のあらんには、たゞもすべし。又肝要の時は、耳遠き名所をもすべし。詮なき名所ゆめ〳〵停止すべし。」（『連理秘抄』）とする。すでに認められた名所、内容に関係ある名所を詠むとする歌の技法を踏まえ、わけもなく句に出すことを戒め、出す場合は表現の中に名所を隠すなどのさらなる技巧をこらすことを厳しく要求している。3301「美濃の御山」の詠も、名所和歌の詠法にきちんと添った句であるが、このような良基の教えを反映して、『菟玖波集』羇旅連歌の部には、名所歌枕を詠んだ句は羇旅連歌全体の一割強しかない[*12]。

だが、名所の句の中に、「3320こえし関こそ遠き山なれ／3321足柄の麓の道は竹の下（前大納言尊氏）」といった句も見られる。尊氏の句は、前句に「こえし関」と旅の心が詠まれて[*13]羇旅連歌になっているが、「足柄」を「関」に付けつつも、直截に「竹の下」を詠みこんでいる。「竹の下」は『歌枕名寄』の「相模国」に存し、足柄山に至る地名。冷泉為相の名所歌に詠まれ、勅撰集では、『続拾遺集』に一首初出（北条長時）、『風雅集』に二首（為相女、藤原頼成）入集するが、歌ではいずれも「竹の下道」「竹の下露」と表現された。尊氏は、『風雅集』には十七首、『菟玖波集』には六十七句入集しており、詞書から直義との和漢連句や自邸での頓阿が参じた連歌の催しがわかる。3321句は、彼の持つ教養を駆使した句ではない。しかし、「竹の下」は、建武二年十二月、尊氏が勝利した足柄峠の竹の下の合戦（太平記巻十四）の地名であった。『源威集』「文和東寺合戦の事」で、文和四年正月二十日の条は、橋にまつわる「昔物語」の内（本論では引用を省略した）に「竹の下」の合戦を語り、天竜川の逸話に至る。「竹の下」は、新田義貞との戦いの記憶を伴う言葉であり、剣、浮橋ともつながる一連の物語を呼びおこす。尊氏の参加する一座には、「竹の下」から共有される高揚感があったに違いない。『菟玖波集』の作られた時期の連歌の場の持つ一面を、羇旅連歌の詠法を逸脱した入集連歌が見せているのである。

七　おわりに

『太平記』はいかなる文学表現をつくりあげたか。全国規模の戦の進軍によって、あまり身近でない土地の名が、人々の記憶に刻まれるところから、その戦を形象する新しい表現追求がはじまる。『太平記』の物語内、地の文の彫琢が試みられていく中で、味わうべき背景知識がない、まるで見知らぬ地名、そうした土地で起こった事件を表現せねばならない作者は、自らの属する教養世界ではよく知られた漢詩文に置き換えることで、地名を掘り下げずに事件の共有をはかる。かすかに結びつく古歌の記憶がある地名の場合は、その歌に関係させて、表現を掘り起こしつくりあげていく。「塩津の山」は、甲類系諸本の作者群が、歌語としての力を持った地名として、事件を表す表現を彫琢していく際にたどりつき、利用した一例であろう。本論で検討した巻三十二の箇所を見る限り、甲類本と、永和本とは、別個の表現のつくりこみ方がされているように思われる。甲類本の方が、地理的な知識のなさもあるのか、地名の表す場を覆い隠し、その土地から離れた表現で出来事を形象、修飾していくように見えるのである。

『太平記』の文学表現を育んだ環境は、『源威集』、『菟玖波集』などが語る言葉からも見えてくる。『源威集』により知られる逸話は、その組み込み方の違いにより、『太平記』世界の価値観を照らし出す。また、地下連歌師のつかさどる連歌の場は、当事者と記憶を共有していることを地名や土地にまつわる固有名詞で示しながら句をつなぐことで、当事者を慰撫し肯定する場ともなった。『菟玖波集』は、耳遠い名所を厳しく戒めた良基の編纂方針ゆえ、わずかではあるが、そうした場から、歌枕としての力を持たない、戦の当事者たちの記憶の中の地名や言葉をすくいあげていよう。『菟玖波集』の大量の羇旅連歌の存在はやはり、転戦する人々の記憶の存在を抜きには考えられないし、文学に昇華する前の生の言葉は、羇旅連歌の部にそぐわない連歌の挿入という特徴を捉えることで姿を表してこよう。『太平記』の内と外に、様々な形で存する表現選択のフィルターをつぶさに観察する時、『太平記』の独自の位置が見えてくるのである。

引用本文

和歌の引用及び歌論書・歌学書の引用は断らない限り『新編国歌大観』により、和歌・連歌は読みやすさを考慮して表記を改めた部分がある。万葉集の歌番号は西本願寺本によった。他の作品の引用は次の通り。

『菟玖波集』…『連歌大観一』、『連理秘抄』…岩波古典文学大系、『紫野千句』…古典文庫『千句連歌集一』、『万葉集佳詞』…『万葉学叢刊』（古今書院、一九二八年）、『万葉詞』…陽明叢書国書篇第十四輯『中世国語資料』（思文閣出版、一九七六年）、『勅撰名所和歌要抄』…国立公文書館デジタルアーカイブ、『八雲御抄』…片桐洋一編『八雲御抄の研究 名所部・用意部 本文編・研究編・索引編』（和泉書院、二〇一三年）、『小島のすさみ』…『中世日記紀行文学全評釈集成 第六巻』（勉誠出版、二〇〇四年）、『太平記』神宮徴古館本…『神宮徴古館本 太平記』（和泉書院、一九九四年）、玄玖本…『玄玖本 太平記』（勉誠社、一九七四年）、西源院本…『軍記物語研究叢書第一～三巻』（クレス出版、二〇〇五年）、神田本…『神田本 太平記』上下（汲古書院、一九七二年）、永和本…国文学研究資料館の公開画像、流布本…日本古典文学大系『太平記一～三』、天正本…新篇日本古典文学全集『太平記①～④』、『園太暦』…史料纂集、『源威集』…新撰日本古典文庫3『梅松論 源威集』（現代思潮社、二〇一〇年（初版一九七五年）、ただし不審の人名、語句に関しては東洋文庫『源威集』（平凡社、一九九六年）も参考に括弧付ルビを付している）、『近江栗太郡志 巻壹』（滋賀県栗太郡役所、一九二六年）、彰考館本『平家物語剣巻』…『完訳日本の古典 平家物語四』（小学館、一九八七年）、『連

珠合璧集』…『連歌論集一』（三弥井書店、一九七二年）、『詠歌一体』…『歌論集一』甲本（三弥井書店、一九七一年）

注

＊1　甲類系諸本と永和本との本文研究は、鈴木登美恵「古態の太平記の性格―本文改訂の面からの考察―」（『軍記と語り物』9、一九七二年）等で、鈴木氏が早く古態本に二系統の本文があると示され、永和本には佐々木氏関係の記述の増補を指摘した。小秋元段氏は『太平記・梅松論の研究』（汲古書院、二〇〇五年）第一章「『太平記』成立期の本文改定と永和本」において、神宮徴古館本が相対的に古いとし、文和の内乱に関する土岐・六角・細川氏からの情報を具体的に書き入れる傾向を指摘された。対して「永和本『太平記』の復権」（「國學院雑誌」第114巻第11号、二〇一三年）で、今井正之助氏は、神宮徴古館本系統が佐々木氏関係の記事を削除する傾向が見えると述べる。小秋元・今井両氏は本論の校異部分①、⑤も論中で検討されている。

＊2　長坂成行「天正本『太平記』の成立―和歌的表現をめぐって―」（『太平記の世界』汲古書院、二〇〇〇年）

＊3　『中世日記紀行文学全評釈集成　第六巻』伊藤敬氏評釈。

＊4　新日本古典文学大系『中世日記紀行集』（岩波書店、一九九〇年）の『小島のくちずさみ』脚注（福田秀一氏）は「此所をば」を「ここでは」とし、小島での歌会が初めてと解するが、訳は「この場所を」であろう。この部分の解釈は「これまでは、名所・歌枕とされていなかったのに、題の旅に合せ良基が初めて小島を詠じたと、人々が話題にしたようだ」とする全評釈集成の注に賛同する。なお、「をじま」は『井蛙抄』巻四同名名所に入り、陸奥以外に万葉1310歌から伊勢国説が記されるが、良基の『万葉詞』にこの歌はなく、歌も陸奥の名所として詠んでいる。

＊5　土岐氏の文芸に関しては、米原正義『戦国武士と文芸の研究』（桜楓社、一九七六年）、井上宗雄『中世歌壇史の研究　南北朝期　改訂新版』（明治書院、一九八七年）に述べられ、金子金治郎『菟玖波集の研究』（風間書房、一九六五年）が作者に関して詳しい。

＊6　⑤は他本に比して永和本が正確であり、ここは天正本も「十二月二十四日」であるから、永和、また天正本は本文を加工せず記録類に依りそのままに記録したように思われる。

＊7　佐藤進一『室町幕府守護制度の研究　上』（東京大学出版会、一九八八年）。氏頼は、観応二年出家時に一旦守護を

辞するが、文和三年には文中示した史料のように実質的に復権している。

＊8　注＊5金子氏著書。

＊9　また、長禄四年（一四六一）の書写奥書のある彰考館本『平家物語剣巻』末尾には、「三代将軍ノ代ツキテ後、ヒゲ切ハ上野ノ新田ノ家ニ伝リ、薄緑ハ足利ノ家ニ伝ルトゾ申ケル」と一文が付される。源氏重代の刀が帰すべきとされる家が見てとれよう。

＊10　注＊5金子氏著書。

＊11　全誉は『紫野千句』以外の出詠が知られないが、第二百韻の脇や追加二十句の発句を詠み、出詠数もありこの千句ではかなり重視される作者で、佐々木氏関係の、近江に土地勘のある作者ではないか。他にも第一百韻「27もみぢみぬ朽木の杣の村時雨（救済）／28松ふく風の音は高しま（全誉）」と、救済との間で、近江の地名を使用して付合をなしており、第四百韻では「65野をめぐる淀の川岸水越て（救済）／66上に雪ふる波のうきはし（全誉）」と淀川の浮橋の光景を付けている。

＊12　『菟玖波集』羇旅連歌370句中、名所を詠み込んだ句は私見では46句（前句、付句それぞれ一句として数える）、約12.4％にすぎない。なお、勅撰集の羇旅（もしくは旅）部の和歌が集のうちに占める割合は、『詠歌一体』の成立後の『続拾遺集』から『新後拾遺集』まで、一貫して約3％から5％台であるが、『菟玖波集』では、巻二十発句を除いて9％である。また、旅歌中に名所が含まれる割合は、二条派撰集では、名所歌の少ない京極派撰集との差別化をはかり、『続後拾遺集』は約43％、『新千載集』は約55％、『新拾遺集』は約41％、『新後拾遺集』は約46％と高い。なお、『玉葉集』は約32％、『風雅集』は約23％、『新葉集』は約22％である。

＊13　『連珠合璧集』には、「旅の心」の項に「関こえて」とある。

参考

太平記諸本の異同（甲類本〈玄玖本、西源院本、神田本〉、永和本、流布本）

① **玄玖本**同じ（漢字仮名の相違は考慮しない「東坂本」「武蔵将監」に朱引）、**西源院本**「東坂本ニテ国々之勢ヲモ催ムト儀セラレケルカ、武蔵将監討レヌト聞テ」、**神田本**「かねて佐々木近江守秀綱ヲケイゴニおかれけれハ東坂本《イ歟》事心

やすかるべけれハここ迄東坂本ニて国々ノ勢おも催さんと議せられけるがムさしの将監うたれヌト聞て」、**永和本**「兼テ佐々木近江守秀綱ヲ警固ニ置ツレハ東坂本ノ事心安カルヘシ爰ニテ国々ノ勢ヲモ催サント議セラレケルカ」、**流布本**「兼《カネ》テ佐々木近江ノ守秀綱ヲ警固ニ備《ソナ》フレバ、東坂本ノ事心安カルベシ。爰《ココ》ニテ国々ノ勢ヲモ催《モヨホ》サント被《ラレ》レ議《ギセ》ケルガ」

② **玄玖本**同じ、**西源院本**「主上門主処《ニ》ヲ奉《テ》レ置弓ヲ不レ曳」、**神田本**「主上ニ所ヲおき奉《ツ》て弓ヲひかず矢ヲはなたず」、**永和本**「門主ニ所ヲ置奉テ弓ヲ引矢ヲ放タス」、**流布本**「門主ニ恕《ジョ》ヲ置奉テ弓ヲ不レ引《カ》、矢ヲ不レ放《ハナサ》」

③ **玄玖本**同じ、**西源院本**「卿相《サウ》雲客ヲモ」、**永和本**「供奉ノ人〳〵ヲモ」、**流布本**「供奉ノ人々ヲモ」、**神田本**「卿相雲客供奉ノ人々をも」

④ **玄玖本**同じ（朱引あり）、**流布本**同じ、**西源院本**「塩津之山ヲソ越サレケル」、**永和本**「鹽津海津ノ山路ヲ足ヲモタユマテソ超ラレケル」**神田本**「塩津海津ノ山路ヲゾ足もたゆまてソ越《ラレ》給ひける」

⑤ **玄玖本・西源院本**同じ、**神田本**「正月十三日」、**永和本**「十二月廿五日」、**流布本**「正月十二日」（なお**天正本**「十二月二十四日」）

参考資料

金子金治郎『菟玖波集の研究』（風間書房、一九六五年）

佐々木孝浩・小川剛生・小林強・小林大輔校注『歌論歌学集成　第十巻』（三弥井書店、一九九九年）

木藤才蔵『連歌史論考　増補決定版』（明治書院、一九九三年）

言語資料としての『太平記』

――神田本の語法――

吉田永弘

一　はじめに

太平記を言語資料にする場合、太平記の舞台となった十四世紀、あるいは、太平記が成立した十四世紀後半の言語資料として扱うには慎重でなければならない。もちろん、当時の言語として存在した語法・語彙は多く含まれているだろう。太平記成立後間もない永和三年（一三七七）頃に写された永和本が巻三十二に相当する箇所だけではあるが現存し、他の諸本と共通する表現を有していることは、少なくとも十四世紀後半の資料として扱えるところがあることを示している。その一方で、例えば、新編日本古典文学全集（小学館）が底本にした天正本は、天正二十年（一五九二）の識語を持ち、日本古典文学大系（岩波書店）が底本にした古活字版は慶長八年（一六〇三）の刊行である。太平記の成立から二百年程経過して成立した本文には、天正二十年、慶長八年時点の語法・語彙が反映している可能性がある。日本語史の資料に恵まれているとは言えない十四、五世紀の二百年の差を問題にしても、さしたる成果は得られないかもしれないが、精緻な日本語史の記述のためには、太平記諸本それぞれの言語の状況を把握して、古くからの要素と新しい要素とを弁別する言語事象の指摘を積み重ねる必要があるだろう。

本稿では、右のような問題意識のもとに、神田本の語法に着目する。神田本は、四十巻のうち十四巻を欠いていることもあってか、従来、日本語史の資料として正面からとりあげられることはなく、諸本を比較する中や歴史を記述する流れの中で触れられる程度である（菅原範夫［一九八七］など）。しかし、太平記諸本の中で古態を留める甲類本に位置づけられ（鈴木登美恵［一九七五］）、全巻一筆で（ただし四グループに分類される〈久曾神昇・長谷川端［一九七二］〉）、漢字に片仮名と平仮名を交用し、多くの濁点と謎の符号があり、巻三十二では割注による双行で異なる本文を示し、また、切り継ぎによる天正本系統の本文の補入箇所があるなど、日本語史の資料としても興味深い本文を持っている。近年、片仮名と平仮名の交用と濁点については、小秋元段［二〇一六］、謎の符号については、長坂成行［二〇一四］、鈴木孝庸［二〇一六］で重要な指摘が行われているが、語法の面ではなお検討の余地がある。

また、神田本には奥書がなく、書写年代は不明であるが、従来「応仁の乱前後の書写かと考えられる」（長谷川端、一九九八・四六九頁）と推定されていたのに対して、長坂成行［二〇一四］は、謎の符号が異本の数を示すものであるとした上で、「恐らく応仁の乱後、足利政権の規制力が衰えた時期、あるいは十六世紀に入るかもしれないが、永和本も玄玖本も西源院本もあり、切継補入した天正本系統もあり、さらには現在は失われた写本も存在した頃」と推定している。以下、永和本、西源院本（応永十九－二十八年〈一四一二－二一〉頃書写、大永・天文年間〈一五二一－五五〉頃転写）、神宮徴古館本（永禄三年〈一五六〇〉書写）、玄玖本（天文二十三年〈一五五四〉頃書写）、梵舜本（天正十四年〈一五八六〉書写）、教運本（室町末頃書写）、天正本、慶長八年古活字版と比較することによって、語法の面から太平記成立時の言語事象と神田本成立時の言語事象を見いだすことを目指し、太平記諸本における言語事象の差異の一端を示していきたい。神田本の引用にあたって、巻、国書刊行会本の頁数行数、汲古書院影印本の頁数の順に示し、双行書部分は［右側／左側］と示す。その他のテキストについては稿末に掲げた。

平和の世は来るか——太平記

軍記物語講座　第三巻　しおり

二〇一九年十月
花鳥社

国文学研究が肉体労働であったころ

村上　學

今から半世紀前の昭和四一年秋、静岡県立女子短大国文学科の文化祭で曾我物語文献展が催された。中川芳雄教授の指導によるものであった。充実した展示だったが、特に目を惹いたのは曾我物語の太山寺本と本門寺本の実物が出展されていたことである。県文化財審議委員たる中川教授の働きによるものであった。当時同校の浜松教場に就職したばかりの小生にとってはこの上ない刺激であった。その頃横山重翁の厚意により修士論文で神道集巻九を手掛かりとして諸本整理にメドをつけ、それと表記と本文に共通性の高いとされていた真名本曾我物語本文と、それから展開したとされていた仮名本の展開の様相を知りたいと思っていたからである。

当時曾我物語は、義経記とともに歴史社会学派からは「伝記文学」、すなわち変革の時代を表現しない準軍記物語として関心が薄く、一方民俗学派は怨霊鎮魂を目的とするという発生論に目を向けていて、両派ともに諸本には関心が薄かった。後発の研究者が諸本論の空白を埋めるチャンスが大であったのである。ただ当時の小生にはそんな大それた気迫も展望もなかった。ただ馬車馬的に走っただけである。そのドタバタぶりを振り返ってみたいというのがこの一文の中身である。

まずは諸本の所在と本文の入手。真名本の妙本寺本と本門寺本は展示以前に角川源義博士のお仕事の手伝いをして写真で目に触れていたが、仮名本はとりあえず『国書総目録』の曾我物語、ついでに義経記の項目に記載の諸本（版本とも）すべての実見を志し、可能な限り写真撮影を願い出ることにした。この当時各地の図書館・文庫は資料の扱いに寛大で、自写（自分で撮影すること）を認めてくれるところが多く、貧乏書生にとってはありがたいことであった。更に当時の写真撮影の機材の進化にもたすけられること大であった。すなわち一眼レフの発明と進化である。

一眼レフ発明以前は、三五ミリレンジファインダーカメラ（ライカ・キヤノン・コニカなど）による撮影手段はあったが、写角と露出を決め、カメラを被写体と垂直になるように設置して物差しでフィルム面との距離を測り、レンズの焦点目盛を合わせるなど煩瑣な手続きを必要としたうえ、しかも撮影結果はネガを現像するまでは判らないという状況であった。業者撮影は別として、数枚の撮影を除き、全巻撮影などは普通の研究者が手を出せるものではなかったのだが、一眼レフ（アサヒペンタックスS2など）の開発と普及により、これらの難点は一挙に解決した。といっても問題は費用である。文庫側に複写を依頼するのはもちろん、自写フィルムの印画紙焼付けを写真屋に依頼すれば莫大な費用がかかる。コストを抑えるには自写と、紙焼きも自分で作成する以外にはない。そこで田舎者のドタバタが始まった。

まず撮影機材。各地へ行って撮影するのには身軽な方がいい。折よくポータブルの複写スタンドがLPL（現在も複写スタンドと引伸機専門業者として存在）から発売された。小型の木製トランクにスタンド一式とカメラが格納できるものであった。置き台はラジオパーツ屋でアルミ板を二枚買って折り目を布でつないだ。これを持ち歩いて所蔵者に願い出て、寛容さにかまけて撮影させてもらったのである。ネガ（複写用のミニコピーフィルム。コストの点で一〇〇フィート巻きを自分で切ってフィルムケースに詰めたことも何度かある）の現像は、信頼のおけるコピーフィルム現像を取扱ってくれる写真屋に依頼した。撮影で最も気をつけなければならないのが紙葉のめくり飛ばしである。随分気を付けたが、一度だけあった。恐る恐る文庫に再撮影を願い出たところ、同情してくれた文庫主任がその個所を業者に撮影・焼付けの依頼をしてくれた。それ相応の費用は払ったが助かった。

さて印画紙への焼付け。これは自宅でした。といっても暗室があったわけではない。田舎の明治時代建築で、傾きかけた二階建ての二階、八畳間を夜間雨戸を閉め切って星や月明かり（店の明かりや街灯はなかった）を遮り、隅にあった低い物入れの付いた一畳足らずの板の間を処理空間に仕立てて、LPLの三五ミリ専用の引伸ばしアタッチメント（フジなどの引伸機は高価で手が届かなかった）を複写台に取り付け、現像・停止・定着のパッドの三つ（写真用でなく、食品盛り付け用のホーロー引きトレイ）を並べて、安全光（印画紙が感光しない橙色のランプ）のもと一枚ずつ焼き付けた。フジや三菱のコピー用の印画紙（A五判、五〇〇枚入りの箱単位で入手）を使い、丁揃えのためにナンバリングを打ったのだが、一晩で二〇〇〜三〇〇枚ぐらいのテンポだった（一度昼間に処理し、八〇〇枚ほど焼いたのが最高である）。印画紙の水洗いは風呂でした。井戸水をモーターで汲み上げ、チョロ出しするので水道代はかからない。水洗いを充分しないと茶色に変色するが、半世紀たった今も印画は健在である。乾燥は畳の上に新聞紙を敷いて並べた。半乾きを重ねて百科事典を重しに平らにした。撮影の出来ない龍門文庫へは春夏十数回かよって類似の本に異同を記入した。万法寺本曾我物語は著者による正誤表を古典文庫主宰の吉田幸一博士から入手して使用した。

このようにして、所蔵者の寛容により、曾我物語と義経記の写本、古活字版から主要整版本各種、さらには幸若舞曲諸本の本文を網羅できた。最後にはペンタックスＳ２はスローシャッターの減速歯車が摩耗して時々シャッタースピードが狂い、ＬＰＬの引伸機ボディはガタがきて捨てた。こうしたドタバタの末、曾我物語は校本を作って積み上げたが、当初の期待に反してがっかりする結果しか出なかった。

諸本の本文入手を志してから半世紀たった現在、ネット環境とデジタルシステムの急速な発展に伴い、国文学研究資料館はじめ各機関の資料提供の方法も媒体まで変わって、本文比較には飛躍的に便利になった。皮肉にも、困難さの減った本文比較の結果からは、語りによる本文の成長展開を論ずる可能性は空しくなった。小生が曾我物語や義経記の本文比較でその片棒を担いだといわれるならばしょげるしかない。ただ、今でも当時の貧乏だったが夢だけはあり、身軽に動き回れたころを懐かしく思い出す。おそらく当時本文を扱っていた研究者には経験的に共感してくれる所が多いはずである。国文学が肉体労働を伴っていた頃の話。

（むらかみ　まなぶ、元名古屋大学教授）

ウェブ記事　https://kachosha.com/gunki2019031501/

『太平記』書写流伝関係未詳人物抄

長坂成行

諸本の調査は、本文内容の比較検討を主目標とするが、その一方で書物そのものへの興味も尽きないものがある。写本の末尾に記される奥書・識語の類は、書物の書写流伝享受のさまを伝える、僅かなしかし有力な痕跡である（余談だが、古沢和宏『痕跡本の世界 古本に残された不思議な何か』〈ちくま文庫、二〇一五年〉はいわゆる〝雑本〟を対象とする、興味深い一書である）。

『太平記』などの場合、奥書に見える人物が、知られた存在であることはまずなく、素姓の追跡などは労のみ残る所業ではある。ただしごく稀に、当事者が無名であっても、他者との関係において著名な人物が絡み、思いがけない発見がないでもない。そのわずかな僥倖を求めて、虚しい努力を重ねてきたのであろうか、時にそうした感慨にとらわれたりもする。写本の背後には、自らの素姓の解明を願い、具眼の士との遭遇を待つ古人の思いが潜んでいるのかもしれない。

諸本研究の枠の中では、ごくごく瑣末なことがらに属し、また場違いを顧みず、あえて無味乾燥な固有名詞（とはいえ稿者にとっては、暗唱できるほどに慣れ親しんだ先人の名ではある）を列挙する（五十音順、年紀の月日は略）のは、気鋭の方々の手によって、これら人物の事蹟が、いささかなりとも、探索究明されることを期待するからに他ならない。各項目の注記の不備については、旧著（長坂成行『伝存太平記写本総覧』和泉書院、二〇〇八年）等を参照願えれば幸いである。

＊各項目本文中のゴシック体は、伝本名を表す。

石尾七兵衛氏一（いしおしちべいうじかず）『参考太平記』編纂（元禄二年〈一六八九〉冬完成）の頃、**北条家本**を所持。祖父治一は豊臣秀吉に仕え、韮山落城（天正十八年〈一五九〇〉）の際に本書を入手。

伊牧（いぼく）玄恵息。『桑華書志』著録**一条兼良校合本**の転写本（前田綱紀鑑定）の識語によれば、『太平記』は巻十八までは賢恵法印の作で、それ以降は伊牧が書き継いだという。

永泉庵（えいせんあん）宝徳四年（一四五二）に**宝徳本**巻三十五の校正がなされた場（塔頭か）、巻三十八末には「永泉西軒」ともある。

悦可（えつか）北条氏康に仕え、御前で**北条家本**を読んだ書吏（『参考太平記』凡例）。『言経卿記』慶長元年（一五九六）十月六日条に、「悦可 太閤／右筆」という人物が見えるが。

太田民部丞壹清（おおたみんぶのじょうかずきよ）長享三年（一四八九）書写の古写本を、天正十四年（一五八六）に梵舜らと共に書写（巻十六・三十）した（**梵舜本**）。巻十六の前半までは覚乗房が書写したが、老眼のため交替したともある。

織田左近将監長意（おださこんしょうげんながもと）**織田本**の書写者、天正十一年（一五八三）の年紀あり。長意は、織田信秀（信長父）の弟信次の曽孫信任に該当するという（鈴木登美恵氏作成の「太平記諸本伝来の背景」）。

加納養牛軒（かのうようぎゅうけん）**黒川真道氏蔵天文本**（黒川真道蔵の頃は、巻五～八および巻二十二欠で、合冊九冊〔三十五巻〕存。関東大震災で焼失）の、天文二十一年（一五五二）頃の所蔵者、或は書写者か（『中央史壇』九巻三号、一九二四年）には「天文廿一年写本」とある。東京大学史料編纂所所蔵の台紙付写真、巻三十三末尾には「天文廿一壬子稔八月廿七日／主加納養牛軒」とあり、所有者を示すか）。同写真によれば、この本は、天正二年（一五七四）には美濃美江寺の福蔵坊の所蔵となる。

丘可（きゅうか）武田信懸の命をうけ、永正二年（一五〇五）に**今川家本**（陽明文庫本）を書写した右筆（五十四歳）。

教運（きょううん）**教運本**に捺される旧蔵者の印。この印の読みは従来「義輝」であったが、小秋元段氏によって「教運」に訂された。

玄玖（げんきゅう）　甲寅の某年十月八日に、玄長医王に形見として**玄玖本**をおくった人物。「大坂賢久」ともある。玄玖本巻十八尾題下に「寶」印（円形単郭陽文）あるも、印主未詳。

兼守法師（けんしゅほうし）　**『銘肝腑集鈔』**奥書に見える。永正四年（一五〇七）に、重祐は慈父兼守法師からこの書を譲られる。『弘文荘待賈古書目』一号（一九三三年）には、『下学集』明応八年古写本、全二冊を紹介し、上巻には明応八年（一四九九）の書写奥書があり、「下巻は書写年代略々同じけれど筆異る。表紙に重祐の墨記あり。重祐は即ち高野博士蔵の「銘肝腑集鈔」（太平記古写本）の旧所有者にして、足利中期の学僧たるべし。本書下巻は同人の自筆にか、るべきか」とする。現在の所蔵者天理図書館の『天理図書館稀書目録　和漢書之部第二』（一九五一年）の解説には、「上は奥書の明応八年写なれど下はやゝ後の写なり」とある。

玄心（げんしん）　**永和本**識語によれば、明徳元年（一三九〇）に玄勝律師から同書を相伝される。

佐佐備前直勝（さっさびぜんなおかつ）　東寺金勝院に**金勝院本**を寄託した人物。同書はもと小西行長の家士の所蔵で、後に加藤清正の家士である佐佐備前直勝が入手した（『参考太平記』凡例）。

戸田重勝（とだしげかつ）　梅仙東逋（林宗二息、建仁寺二九一世）は、戸田重勝が所望したのをきっかけに、慶長七年（一六〇二）に『太平記』を書写した（**両足院本**）。尾張藩の書物方手代であった小澤鎮盈（おざわささを）の編になる『御文庫御書物便覧』（文政四年〈一八二一〉頃の成立か）に、源敬様（尾張初代義直）所蔵として、『太平一覧』（古写本、三十九冊）の名で登載されるが、現在は所在未詳。表紙に両足院筆とあり、茶屋（新四郎か）が差し上げたという。

野尻蔵人佐（のじりくろうどのすけ）　出雲国三沢庄の亀嵩（かめだけ）の住人、源慶景。天正六年（一五七八）に、出雲国造千家義広から四十二巻本を借り、一旬の間に書写した（**野尻本**）。

日置孤白軒（へきこはくけん）　越前国敦賀郡沓見の住人で、元和四年（一六一八）に**日置本（中京大学本）**を書写した（時に五十二歳）。巻十六巻末注記によれば、以前越前の朝倉義景の御前で、巻十六の、ある記事の有無について議論したこともあるという。

法印弁叡（ほういんべんえい）　弘治元年（一五五五）に「独清再治之鴻書」を、有職・武勇などの記述については、それぞれの方面に問い合わせるという努力の上で書写した（これが神宮徴古館本の親本）。四年後の永禄三年（一五六〇）、この本を奈林学士が写し（これが**神宮徴古館本**そのもので、江藤正澄旧蔵）、弁叡はこれに証を与えた。

本郷上総入道龍真（ほんごうかずさにゅうどうりゅうしん） 文政八年（一八二五）十一月十三日開催の耽奇会に、**古写『太平記』**十四巻合三本が出品された。同会の記録によれば、出品者は谷文晁の子文二（台谷）で、時に十四歳。曲亭馬琴・屋代弘賢・山崎美成らも出席し、『太平記』には、「慶長七年（一六〇二）壬／寅文月廿九日本郷上総入道龍真（花押）／右筆／霜星六十八」との奥書あり（『耽奇漫録』八〈第二十集〉）。（この項は、鈴木登美恵氏の御教示による）

妙智房豪精（みょうちぼうごうせい） 肥後木山腰之尾道場に居住した頃、天正七年（一五七九）に**豪精本**を書写した。

明室宝正居士（めいしつほうしょうこじ） 宝徳三、四年（一四五一、五二）に書写校正された**宝徳本**の旧蔵者。ほとんどの巻の巻頭に「主明室宝正居士」とあり、巻十七末には「江州甲賀郡圓岳宝正居士勧縁／信菴叟洪誠模写」とある。書陵部蔵「太平／恵方 和剤局方」（元版七冊）の毎冊巻首にも「主明室宝正居士」の墨書あり。

簗田遠江守氏親・氏助（やなたとおとうみのかみうじちか・うじすけ） **簗田本**の書写者。同本総目録の後表紙見返しに貼り紙あり、「氏親ハ北條氏康ノ子氏親ナラン、姓平トアリ、北條氏親ハ美濃守ナレバ、後カ前カニ遠江守ト言シ事アルナラン、年代ヨリ考フルニ、太閤代ノ人ナンドナリ」と記される。

山城新右（やましろしんすけ） **島津家本**巻十六最終丁の綴じ部分内側ノドに、寛文十二年（一六七二）の年紀と共に「山城新右書之」とある。

山本要人（やまもとかなめ） 桂宮家の家臣で、一時期**神田本**を所持し、のちに松平定信に譲渡した（神田本付随の家珍草創太平記来由書箱蓋裏書、国書刊行会本）。

山本篤盈（やまもととくみつ） 屋代弘賢門人。神田本巻一・二を松平定信から借り出して模写したが、この本（**阿波国文庫本**）は焼失した。

留蔵（りゅうぞう） 関東大震災で焼失した**東京帝国大学本**（二十冊）の跋に見える。天正三年（一五七五）の年紀あり（『中央史壇』一一巻四号、一九二五年）。

（ながさか しげゆき、奈良大学名誉教授）

ウェブ記事 https://kachosha.com/gunki2019072501/

軍記物語とその絵画化

石川 透

1 はじめに

軍記物語の研究として、この二十年で大きく変わったのは、その絵画化された作品群の研究であろう。例えば、絵画化した作品として絵本や絵巻が存在するが、それらの研究は、二十年前まではほとんど行われていなかった。理由は、絵の入った作品の制作は江戸時代以降と新しいので、その本文の研究の対象にならなかったこと、絵本や絵巻の存在そのものが知られていなかったこと、等による。しかし、この二十年で世界のデジタル技術が進み、インターネットによって、どこでも画像が見られることになり、この分野の研究が進む素地ができたのである。もちろん、そこに至るまでには、所蔵機関が、ウェブサイトに所蔵作品の画像を上げる必要があるが、幸いなことに、絵画を伴う作品は、軍記物語に限らず、優先される傾向にある。

そのウェブサイトへの掲出も、絵本や絵巻の全ての場面を出すことが多くなったので、今や、絵本や絵巻の基礎研究は、家にいてもできる。もし一部だけの紹介であっても、その作品が存在していることが分かり、絵本や絵巻の研究者にとっては、それだけでもありがたい。実際には、現在はそのような状況への過渡期にあるのだが、少しずつでも絵画化された軍記物語の研究は進みつつある。

ただし、大きな問題も存在する。軍記物語に限らず、絵本や絵巻の文学的な研究をする場合、これまでの研究の歴史がないために、どのように研究を進めるべきかの指針ができていないのである。おそらく、この分野の研究を試みた多くの研究者が、どう論文を書いたら良いか、という悩みを持ったはずである。

私自身は、とりあえずは、どこにどのような作品が存在するか分からない状況なので、その諸伝本の発掘とその分類を行っている。この基礎的な作業だけでも、さまざまなことが分かって面白い。

2 『平家物語絵巻』と越前松平家

二十年前までは、軍記物語の絵本・絵巻の研究が少なかった、と記したが、『平家物語絵巻』と『太平記絵巻』については、デジタル化時代より前のアナログの時代から、ある程度は知られ、紹介本も刊行されていた。その効果もあって、この二つの絵巻の場面は、中学高校教科書の国語の古典や日本史にカラー写真として掲載されているのであるが、正確な制作時代が記されていないために、合戦当時、あるいは文学作品として成立当時の絵画と誤解されてしまうことがある。実際には、両者ともに江戸時代前期の制作と推測できるのだが、実際の合戦よりは三百年から五百年も後の制作であった。

しかし、本文を伴う彩色入りの現存絵巻としては、これらが最古クラスの作品なので、仕方ない。私の知るところでは、『平家物語』の本文を備えた彩色絵巻としては、林原美術館所蔵の『平家物語絵巻』が、唯一の作品である。本来は岡山の池田家に伝来した絵巻であるが、さらに遡ると、越前松平家に伝わった作品として知られている。越前松平家は、江戸時代初期に岩佐又兵衛を呼び、今は重要文化財に指定されている『山中常盤絵巻』や『浄瑠璃物語絵巻』を作成させた家である。『平家物語絵巻』は、既に当主は替わっていたはずであるが、同様の豪華絵巻を京都で公家や名のある絵師の家に作らせた。

この『平家物語絵巻』が作られた江戸時代前期には、『平家物語』の豪華な彩色入りの絵本（奈良絵本）も数多く作られていた。作成したのは、京都の絵草紙屋であると思われ、民間業者として絵師や筆耕（本文執筆者）の名前は残されていないが、相当にレベルの高い作品群を残している。しかも、近年次々と同様の絵本が出現しているのである。それらの所蔵者は、細川家や真田家等の著名な大名家が多い。おそらくは、越前松平家が『平家物語絵巻』を作らせた直後くらいの時代に、豪華絵本としての『平家物語』を多くの大名家が注文したのである。

江戸時代前期には、平仮名絵入りの版本としての『平家物語』が多く作られていたが、大名家としては、彩色手作りの豪華絵本を所有したかったのであろう。『平家物語』は源氏が活躍する物語であるから、家の先祖が登場する作品として、欲しがることもあったはずである。注文を受けた絵草紙屋からすれば、同時にいくつもの奈良絵本を作成した方が効率が良いので、注文をとりまとめるような人物も存在したのかもしれない。

3　『太平記絵巻』と水戸徳川家

一方、『太平記絵巻』は、本来十二軸の作品であったと考えられるが、現在は、埼玉県立歴史と民俗の博物館・国立歴史民俗博物館・ニューヨーク公共図書館の三機関に分蔵されている。絵画を中心とした絵巻で、本文は上下の金の霞の上に記され、いわゆるダイジェスト版の本文である。この『太平記絵巻』については、十年ほど前に『源平盛衰記絵巻』十二軸も出現し、その類似から本来は、『源平盛衰記』と『太平記』のセットの絵巻物であった可能性が大きい。その『源平盛衰記絵巻』は水戸徳川家旧蔵であることがはっきりしているので、この両絵巻は、水戸徳川家が作らせたと考えられる。両者とも、本文の筆跡は同一で、名前までは明らかにならないが、豪華絵本や絵巻ばかりに出てくる筆跡である。他の絵巻類との比較から、江戸時代前期の成立であることは確実である。『太平記絵巻』の絵師は海北友雪という説もあり、まさにその時代に制作された作品なのである。

もちろん、絵師を海北友雪と断定できるわけではないが、友雪は若い頃に、絵草紙屋と同様な組織と考えられる絵屋にいた人物である。これらの絵巻が、水戸徳川家の注文によって、京都の絵草紙屋周辺で作成された可能性は大きいであろう。ちなみに、この江戸時代前期の水戸徳川家当主としては、徳川光圀が著名である。

この『源平盛衰記絵巻』と『太平記絵巻』と、本文筆者が共通する作品には、海の見える杜美術館所蔵の『保元平治物語絵巻』十二軸が存在する。こちらは、『保元物語』『平治物語』の本文が比較的に短いこともあって、本文全文を有し、十二軸で作られている。絵の霞上に文字を書くことはしていないが、『源平盛衰記絵巻』等と同じ十二軸であり、本文筆者も同一であることを考えると、何らかの関係があると思われるが、旧蔵者等の詳細は不明である。

同じ本文筆跡を有する豪華絵本としては、プリンストン大学が所蔵する奈良絵本の『平家物語』三十冊があり、縦が三十糎を超す特大本である。絵巻も縦が三十糎を超す程度の大きさであるから、絵巻に準ずる絵本と考えて良いであろう。残念ながら、この絵本の旧蔵者も明らかではない。

4 軍記物語周辺の作品

このプリンストン大学蔵『平家物語』とよく似た絵本は、軍記物語には入らないが、幸若舞曲の絵本に見ることができる。その本文の筆跡が同一であり、絵本としての体裁も近似している。一部を欠いているが、この海の見える杜美術館蔵『舞の本』は、四十冊を超える大作である。軍記物語ではないが、軍記物語から派生した話が多く記されている。面白いことに、海の見える杜美術館本は、大分の府内藩の印記が押されているので、府内藩旧蔵と考えるべきであるが、これも、越前松平家の末裔の家なのである。越前松平家の系統は、十七世紀においては、絵本や絵巻の大作を作らせた家であったのである。

絵本としての類似から、作成したのは、これまでと同じような京都の絵草紙屋であったろう。このように見てくると、十七世紀後半には、絵草紙屋が大名家等からの注文を受け、豪華な絵巻や絵本を作成していたことが、諸伝本を並べただけでも分かるのである。

これらは、基礎的な絵巻や絵本の制作の問題であるが、このようにして、制作時期や制作地を明らかにした上で、その内容の研究を進めるのが最も良いであろう。よく絵巻や絵本には、注文主の意向が反映されると言われるが、どちらかと言えば、本文筆者や絵師等、作り手側の意向が反映されていることの方が多い、と思われる。

ともかくも、このような基礎的な研究を踏まえた上で、本文や絵画部分の研究を進めるべき、と考えている。例えば、『平家物語』の奈良絵本は数多く存在し、その本文は大差ないが、絵には大きな違いがあることが多い。その『平家物語』から派生した作品群も、豪華絵巻や絵本にされていることが多いので、同じ題材であっても、異なるジャンルの作品群の比較もできる。絵本や絵巻は今後も多く見出されるであろうから、新たな作品も含めた絵本・絵巻の研究が進むことを願って、本稿を閉じたい。

（いしかわ とおる、慶應義塾大学教授）

ウェブ記事　https://kachosha.com/gunki2019080501/

二　神田本の補入箇所と天正本

二・一　補入箇所の語法

神田本の本文を取り扱う際、切り継ぎによる天正本系統の本文を補入した箇所とそれ以外の原態神田本の箇所とで、語法の差異が見られるかどうか、補入箇所の言語量は少ないが、確認しておく必要がある。そこで、久曾神昇・長谷川端［一九七二］の補入箇所の指摘に基づいて確認したが、特に差異は見いだせなかった。ただ一点、補入箇所には、近世前期に一般的となる上二段活用が一段化した例のように見える例がある点が注意される程度である。

1佐々木さとの大夫判官《ハ》高氏橋渡ノ使ニてかうさうキレイなりとて累代累職ソノ名ニ恥《チ》ルト見物ノきせんハ申相けり（神田本、巻二、15下⑭、47頁）

この例を「恥ぢる」の例と見れば一段化の例となるが、天正本の対応箇所は、「累代（累）職その名に恥ぢずとぞ見物の貴賤は申し合ひぬ」（55頁）とあって、見物の人々が賞讃するという文脈からも、「恥ぢず」とあるべきところである。したがって、神田本が天正本系統の本文を取り入れる際に誤写した箇所と考えられ、補入箇所に一段化の例があるとは言いにくい例である。このように、神田本には書写時の不注意による誤りと考えられるところが散見する。例えば、「南都ノ行幸よりゆゝ敷《キ》大儀なりしに」（巻二、16下⑭、51頁）は、天正本「南都の行幸こそ由々しき大儀なりしに」（57頁）のようにあるのが本来である。「より」は平仮名による連綿で書かれており、「こそ」を連綿で書く場合と形が類似することによる誤りであると思われる。「こそ」を見逃したように、神田本の書写者は係り結びには無頓着なところがあるが、補入箇所以外の原態神田本の箇所にも、「さこそ［叡襟／御心］ヲなやマ［サル／ス］らんと」（巻三十二、537下⑭、922頁、永和本「サコソ御心ヲ悩サルラメト」）のように、係り結びの破格が見られるので、補入箇所とそれ以外との言語の問題とはなりそうもない。[*1]

二・二　天正本の語法　――「――死にに失す」「腹を召す」――

右に見たように、補入箇所に新しい語法を観察することはできなかったが、天正本のその他の箇所には、神田本にはない新しい語法が見られる。例えば、天正本には「――死にに失す」という表現があることが注目される。

2三日の間苦痛を責めて、つひに吠死にこそ失せにけれ。（天正本、巻二十二、91頁）

他本の対応箇所を見ると、梵舜本（6・69頁）、教運本（1523頁）、慶長八年古活字本（2・371頁）に同じ表現が見られるが、神田本「吠死ニコソ死ニけれ」（巻二十三、369下⑯、670頁）、西源院本「吠《ホエ》死ニコソ死《ニ》ケレ」（645頁、4ウ）、神宮徴古館本「吠死にこそ死にけれ」（686頁）、玄玖本「ホヘ死ニコソ為タリケレ」（7オ）のように異なった表現をしている。吉田永弘［二〇一五］では、平家物語諸本の「――死にに」の表現を扱い、A「――死にに死ぬ」、B「――死ににす」、C「――死にに失す」の順に出現したと考えられることを述べた。これを太平記諸本に照らしてみると、神田本、西源院本、神宮徴古館本が古いA型、玄玖本がB型であるのに対して、天正本、梵舜本、慶長八年古活字本は新しいC型で表しており、天正本の新しさを示す例であると言うことができる。なお、神田本は、他の箇所でもA型の例しか見られない（425上⑥、559下⑦、565下②、593上⑧）。

また、天正本には、次のように「自害する」意を表す「腹を召す」という表現が現れる。

3愁ひなる軍して云ふ甲斐なき敵に逢はんよりは、御腹を召さんと仰せられけるを、（天正本、巻十六、277頁、教運本「御腹ヲ可ㇾ被《シ》ㇾ召ト被ㇾ仰ケルヲ」1064頁）

この箇所は、神田本「将軍已ニ自害ヲせん」（巻十五、221上⑩、429頁）、西源院本「已《ニ》自害ヲセハヤ」（423頁、60ウ）、神宮徴古館本「已に自害をせはや」（456頁）、梵舜本「腹ヲ切ン」（4・155頁）とあるように、「自害す」「腹を切る」

という表現が対応している。

その他、神田本の欠巻箇所や対応箇所がない天正本独自記事などにこの表現が現れる。西源院本、神宮徴古館本に対応箇所がある場合でも、「腹を召す」の表現は用いていない。[*2]

「召す」は本来「取り寄せる」「呼び寄せる」意を表し、中世後期には「する」意をも表すようになるが、「腹を召す」は「召す」の原義からかなり離れた用法である。『日本国語大辞典 第二版』（以下『日国』）では、古活字本『平治物語』の例を最初に挙げ（ただし、金刀比羅本、学習院大学本の対応箇所には「腹を召す」の例はない）、次に永禄八年（一五六五）の「上杉家文書」の例を挙げる。また、『時代別国語大辞典 室町時代編』では、天正十八年（一五九〇）の「豊臣秀吉朱印状」を挙げる。古文書の例を東京大学史料編纂所の「古文書フルテキストデータベース」で検索すると、

4大覚寺殿御事、於于日向国櫛間、被召御腹候（大内持世書状、嘉吉元年〈一四四一〉四月十四日、島津家文書之一）

5明智め河内へ令乱入、はや大坂を取巻、御腹をめさすへきの由、八日之酉刻ニ風之便ニ御注進候之間、若信孝御腹を被召候てハ（豊臣秀吉披露状写、天正十年〈一五八二〉十月十八日、浅野家文書）

6関白殿御逆意ニ付、御腹召候（安宅秀安書状、文禄四年〈一五九五〉九月八日、相良家文書二）

7さてこそふせんとのはや御はらめされたるよ（桐原惣右衛門覚書、慶長十年〈一六〇五〉、熊谷家文書）

のような例がある。右のように、十五世紀中頃の例が一例確認できるほかは、十六世紀後半に用例を多くみるところから、天正本の「腹を召す」の例は、天正本の書写時頃の表現が反映しているように思われる。

以上のように、神田本の補入箇所の本文に新しい要素は見いだせないものの、天正本には神田本より新しい要素が含まれているとは言えそうである。神田本が参照した天正本系統の本文に「――死にに失す」「腹を召す」の表現が含まれていたか否かは知る術もないが、今後も神田本の補入箇所の言語について注意深く分析する必要がある。

三　太平記の中世語

中世語とは中世に使われた日本語の総体を指すが、ここで問題としたい中世語は、前代までに観察されず、中世になって初めて観察される語法である。これまでにも、佐藤喜代治［一九六六］、西田直敏［一九九一］などに指摘があるが、本節では、神田本に含まれる中世語のうち、延慶本平家物語（延慶二－三年〈一三〇九－一〇〉本奥書、応永二十六－七年〈一四一九－二〇〉書写奥書）、覚一本平家物語（応安四年〈一三七一〉跋文）に見られるかどうかという点から観察していく。延慶本・覚一本に見られる語法を示すことで、神田本が中世語の資料として活用できることを確認し、延慶本・覚一本に見られない語法を示すことで、より新しい語法であることを示す。また、それらが太平記諸本に見られることを示し、太平記の成立時に遡り得る語法と考えてよいことを確認する。

三・一　平家物語に見られる語法

三・一・一　助動詞「ぬ」「つ」

「ぬ」「つ」の新たな語法として、おもに「ぬと思ふ」「つと思ふ」の形で、未来時の事態実現を表した例がある（小田勝［二〇一五・一三五頁］）。「ぬ」の方が目につくが、次のように延慶本（8a）と覚一本（8b）では、同じ環境で、延慶本が「ぬ」、覚一本が「つ」を用いている。

8 a猶モ北面ノ下臈共カ諫申事ナムトアラハ、当家追討ノ院宣被下サヌト覚ソ。（延慶本、1末40オ）

b此後も讒奏する者あらば、当家追討の院宣下されつとおぼゆるぞ。（覚一本、巻二、170頁）

9我此人ヲ助スハ只今ノ程ニカワユキ目ヲ見ヌト思ケレハ御心安おほしメサレ候へ（神田本、巻二、30下⑧、88頁、

神宮徴古館本「われ此児を資すは只今の程に悲き目を見ぬと思けれは」40頁）

10将軍［僅ナル／纔言ニ］小勢ニて山名か大勢ニ打負なバ天下ヲ一時ニ傾《ラ》れヌと、京中ノかせんハ中々あしかりぬと思慮旁《タ》ふかゝりケ［ル間／レハ］（神田本、巻三十二、554上⑤、954頁、永和本「将軍纔ナル小勢ニテ京中ノ合戦ハ中々アシカリヌト思慮旁深カリケレハ」）

11中将殿、もし讒人の申旨ニ付て細河畠山ニ御内通の事ありなハ、外さまの兵いかさま弐心ありつと覚ユレハ（神田本、巻三十五、619下①、1046頁、神宮徴古館本「御内通の事ありなは、外様の兵何様二心あつと覚れは」1041頁）

これらの「ぬ」「つ」は「陳述の意味を強めた用い方」（日本古典文学大系『平家物語 上』一七〇頁頭注二）とか、「確述」（菅原範夫［一九八七］）とかの説明がなされているが、「ぬ」「つ」単独ではなく、「ぬと」「つと」に心情・知覚の表現が続く場合に用いられる語法のようである。

三・一・二　転化形　――「てんげり」「ごさんなれ」「つらぬかつて」――

「てけり」から転じた「てんげり」、「にこそあんなれ（めれ）」から転じた「ごさんなれ（めれ）」が用いられている。このような融合形は、諸本間で本文が揺れている。

12 a心替シテ返中シテンケレハ（延慶本、6本34ウ）

b三日か間ニネンナクほり崩しテンゲリ（神田本、巻七、53上⑪、147頁、神宮徴古館本「念なく堀倒けり」172頁、西源院本「ネム《ナ》ナク堀クツシテケリ」160頁、9ウ）

13 a見ルベキ程ノ事ハミツ。今ハカウコサンナレトテ被立タリケルニ（延慶本、6本41オ）

bさてハ討死せよとの勅定ゴサンなれとて（神田本、巻十六、234下⑯、446頁、西源院本「勅定コサムナレ」444頁、10オ、神宮徴古館本「勅定御察なれ」479頁、玄玖本「ゴサンナレハ」16ウ）

c長山ノ遠江守［ニてゾアルラン／ごさメレ］（神田本、巻三十二、542下⑤、931頁、永和本「コサンメレ」）

次の「貫かつて」は延慶本には見られない形であるが、覚一本には三例用いられており、「貫かれて」が転じた形と考えられている（日本古典文学大系『平家物語 上』三一六頁頭注一五、森田穣二［一九八九］）。この表現は、太平記では神田本にのみ見られるようで、十四世紀後半頃の表現が反映した箇所であるのかもしれない。

14ａうつぶさまにつらぬかてぞうせられける。（覚一本、巻四、316頁）

ｂうつぶしニつらぬかつてゾ死ニける（神田本、巻十七、281下⑩、539頁、神宮徴古館本「伏になりて被貫てそ死にける」540頁、西源院本「ウツ臥《ニ》貫テコソ死《ニ》ケレ」503頁、46ウ、天正本「覆しに貫いてぞ死にける」397頁）

三・一・三　助詞 ――「ばし」「によつて」――

中世に新たに現れた「ばし」の例があり、打消接続の「で」に承接している。この承接例は延慶本・覚一本には見られないが、延慶本には「て」に承接した例は見られる。

15ａ只御方勢《ニノ》候ワヌ時憶《ニ》シテハシソ被思食候ラム（延慶本、5本30オ）

ｂ旁存知候ハでバシかやうニ道ヲふさがれ候やらん（神田本、巻十七、284下⑪、544頁、神宮徴古館本「方々存知候はてはし、彼様に道を被塞候やらむ」544頁）

また、「によつて」は中世後期に一般的な接続助詞となるが、延慶本にはそのはやい例と考えられる、主題の「は」が「によつて」節中に現れた例がある（吉田永弘［二〇一九・第3章］）。神田本にも一例見られる。

16雲ハ、天グノ乗物なるニよつてかの在所ニハ居住スル也（神田本、巻二十七、487下⑬、841頁、西源院本「雲ハ、天狗之乗物ナルニ依テ、彼在所ニハ居住スル也」778頁、44オ）

三・一・四　副詞「たとひ」

副詞「たとひ」の照応形式に着目すると、延慶本には「とても」「未然形＋ば」と照応した例がある点で特徴的である（吉田永弘［二〇一九・第6章］）。「とても」と照応した例は、中世に現れる形式であるが、未然形と照応した例は珍しい。神田本には、どちらの例も見られる。ただし、神田本の「たとひ」は仮名書きされるが、未然形と照応した例は漢字表記の「仮令」の例なので、漢語「仮令」の例で「たとひ」の例ではない可能性もある。

17たとひ先帝ノ綸旨とて尊氏卿申なされたりとても思慮あらん人ハ用ルニたらぬ所なりと思フベシ（神田本、巻十七、283下⑧、542頁、神宮徴古館本「縦先帝の綸旨とて尊氏申成たりとても」543頁、西源院本「縦先帝ノ綸旨トテ、尊氏申成レタリ共」505頁、48オ）

18仮令河ふかうして馬人共に沈マバ後陣ノ勢それヲ橋にふんでわたれかしとて（神田本、巻十四184上②、379頁、神宮徴古館本「仮令河深して、馬・人共に沈は」409頁、西源院本対応箇所ナシ382頁）

三・一・五　敬語法　――「御＋形容詞」「御渡りあり」――

延慶本には、「御心安し」のように名詞を語構成要素に持つ形容詞に「御」を冠した例は見られるものの、単独の形容詞に御を冠した例は見られないが、覚一本には見られる。反対に、延慶本には、補助動詞「あり」の主体敬語として「御渡りあり」を用いた例は見られるが、覚一本には見られない。神田本にはともに見られる。

19a先帝の昔もや御恋しくおぼしめされけん、（覚一本、巻一、110頁）

b御いたハしく候ニ（神田本、巻二十四、382下⑰、694頁、神宮徴古館本「御痛しく候に」703頁、西源院本「御痛ハシク候《ニ》」663頁、14オ）

20a上人《ハ》誰人ニテ御渡候ヤラム（延慶本、5末11オ）

b大臣皆諛ツて幸ニ皇太子ニて御「わたり／座」候らへハ、丹朱ニこそ御ゆづり候らハメト申けるヲ、（神田本、巻三十二、550下⑪、947頁、永和本「御渡候へハ」）

三・二　平家物語に見られない語法

太平記の中世語の中で最も目につくのは敬語であり、西源院本の敬語を概観した桜井光昭［一九六九］もあるが、本節では、延慶本・覚一本には見られない例をとりあげる。まず、補助動詞「あり」の主体敬語として「御座あり」が用いられている点が注目される（用例20b「御座候らへハ」も参照のこと）。「御座あり」は延慶本にはなく、覚一本には二例見られるが独立動詞としての例であり、補助動詞の例はない。

三・二・一　敬語法　――「御座あり」「て給はり候へ」――

21淡路ノム嶋と云所《フ》ニ未生《タキ》て御ザ有《リ》と聞えけれハ、（神田本、巻十八、318下④、592頁、神宮徴古館本「未生て御座あり」587頁、西源院本「未生テ御坐有」549頁、74ウ）

次に注目されるのは、受益敬語である。中世には「てたべ」「てたび給へ」などの受益敬語の専用形式が成立するが、岡崎正継［二〇一六・第五章］は、延慶本には見られない「て給はり候へ」「て給はれ」が西源院本（巻二十605頁、33オ、巻四82頁、4ウ）に見られることを指摘している。神田本には、「て給はれ」の例は見当たらないが（西源院本の例のある巻四は欠巻。神宮徴古館本にはある〈巻四84頁〉）、「て給はり候へ」の例は見られる。

22申定メける由ヲ伝へて給はり候《ラ》へ。（神田本、巻二十、362上⑤、655頁、神宮徴古館本「申置ける由を伝て給はり候へ」646頁）

三・二・二　反実仮想「しかば」

過去の「き」の已然形「しか」を用いた反実仮想の表現が注目される。神宮徴古館本・西源院本には副詞「もし」と照応した「もし――たりしかば」の表現になっている。

23此時将軍ノ大勢、跡より追懸《ツケ》てバシよせたりしかハ、京勢ハ一人もなく亡フべかりしヲ（神田本、巻十四、177下⑬、370頁、神宮徴古館本「若将軍の御勢跡より追懸てはし寄たりしかは、京勢は一人もなく亡へかりしを」401頁、西源院本「若

将軍ノ大勢、跡ヨリ追懸テ寄タリシカハ、京勢ハ一人モナク亡フヘカリシヲ」375頁、31ウ）

平家物語では、延慶本・覚一本には見られないが、斯道本（室町時代後期写）に見られることを、小林賢次［一九九六・一四五頁］が指摘している。その他、屋代本にも見られ、屋代本の後代的な性格を表す例と言える。

24誰モサダニ承テ候シカハ、立聞仕ヘウ候物ヲ（斯道本、巻十、九十四句、591頁）

25源氏驄テツ、ヒテ責《セメ》シカハ、平家ハ其年皆滅ヘカリシヲ、（屋代本、巻十、737頁）

四　神田本の語法

最後に神田本特有の言語事象に着目する。神宮徴古館本、西源院本の対応箇所に同じ形が見られず、神田本の書写年代を測る要素となりうる事象をとりあげる。

四・一「連体形＋の＋名詞」の語法

26忠功タニコトナルノ由ヲ（巻二十三、370上⑰、673頁、神宮徴古館本「忠功他ニ異なる由を」687頁、西源院本「忠功異二于他ニ一由ヲ」646頁、5オ）

神宮徴古館本の対応箇所が「異なる由」であるように、「連体形＋名詞」とあるのが本来の語法である。この「活用語連体形＋の＋名詞」は、漢文訓読で不読字の「之」を訓読することによって生じた語法で、十六世紀の初頭に現れるのがはやいようである（小林芳規［一九五九］、吉田永弘［二〇〇二］）。この例とは反対に、神宮徴古館本、西源院本で「連体形＋の＋名詞」とある箇所を、神田本が「連体形＋名詞」とした例もある。

27a此所を可給のよしを（神宮徴古館本、巻二十七、794頁）

b此所ヲ給フベキ由ヲ（神田本、巻二十七、461上⑤、812頁、西源院本「此所ヲ可レ賜フ由ヲ」747頁、25ウ）

28 a尊氏卿義詮朝臣以下之逆徒退治スヘキノ由ノ綸旨ヲ下賜テ（西源院本、巻三十二、909頁、8ウ）

b尊氏卿義詮朝臣已下の逆徒ヲ不日ニ退治すベキ由の綸旨ヲ下し給ハつて（神田本、547下⑧、941頁、永和本「退治スヘキ由」、神宮徴古館本「退治すへき由」955頁）

したがって、「連体形＋の＋名詞」の語法は太平記成立時のものを引き継いでいるのではなく、それぞれの書写時の段階での語法の反映だと考えられる。すなわち、神田本は十六世紀に入ってからの書写本だと考えられる。

四・二　濁音形の問題　――「防ぐ」「べロべロ矢」「がし」――

神田本には二点の濁点が多く付されている。巻一・二では左肩、巻七以降は右肩に付すなどの特徴が指摘されている（小秋元段［二〇一六］）。本節では、清濁が問題になりそうな語に注目して検討していく。

まず、「防グベキやう」「防ギ矢」（巻二十四、394上⑫⑯、708頁）、「防がスベシ」（巻二十五、412上⑧、734頁）、「ふせげ共」（巻三十二、548上⑥、942頁）、「ふせギ矢」（巻三十二、565上、975頁）のように、「防ぐ」の例が見られる点が注目される。「防ぐ」の清濁については、『日国』語誌欄に「「名義抄」では諸本すべてフセクであり、「平家正節」にも清符が付されており、室町時代の節用集には、フセクとフセグが混在している。このことから、南北朝時代頃までは、清音であったと推定される。「日葡辞書」やロドリゲス「日本大文典」になると、フセグだけを載せている」と簡潔にまとめられている。『天正十八年本節用集』（一五九〇）に「防　フセグ」とあるのが、刊行年が明確な節用集の中ではやいようである。平家物語の中で濁点が多くついている屋代本には「防ゲトモ」（巻一、39頁）のように「防ぐ」の例がある。

また、勢いの弱い矢をいう「べロ〳〵矢」（巻二十四、395上⑦、709頁）という表現がある。『日国』は「へろへろ矢」

として立項し、保元物語（大系84頁、新大系32頁）を挙げているが、神宮徴古館本（716頁）、玄玖本（18ウ）の対応箇所にも「ベ」に濁点があるので、十六世紀中頃には濁音形の例があったのである。

そして、最も注目されるのは、終助詞「かし」が濁音化した「がし」の例が見られることである。「アハレ同心スル人ノアレがし」（巻十八、295下⑨、564頁）、「あれがし」（巻二十三、378上③、685頁〈図版参照〉）、「恥ヲ見ンよりハ死ネがし」（巻二十七、462上⑨、814頁）のように複数例見られるので、「がし」の確例と考えてよいだろう。

「がし」は、「江戸時代に終助詞「かし」が濁音化してできた語」（『日本語文法大辞典』明治書院、二〇〇一）と言われている。キリシタン資料では、『日葡辞書（補遺）』（一六〇四）に「Caxi.」、ロドリゲス『日本大文典』（一六〇四-八）に「Caxi」（命令法、土井忠生訳62頁等）とあるように、「かし」の例しか見られない。湯澤幸吉郎［一九三六］では近松と西鶴から、「いねがし」（傾城壬生大念仏、元禄十五年〈一七〇二〉）、「是見よがし」（鑓の権三重帷子、享保二年〈一七一七〉）、「人に聞がしに咄す」（好色二代男、貞享元年〈一六八四〉）の例を挙げる。『日国』（「がし」の項）の初出例は、終助詞として、歌謡『松の葉』（元禄十六年〈一七〇三〉）の「梅が咲けがし」、接尾語として、先掲の好色二代男の例を挙げている。また、『時代別国語大辞典』（「かし」の項）では、濁音化の例として、用例29の寛永頃丹緑本『三人法師』の例を挙げている。用例29の直前にも「がし」の例がある（用例30）。寛永年間（一六二四-四四）の例であるとすると、現時点で最も古い報告例ということになる。

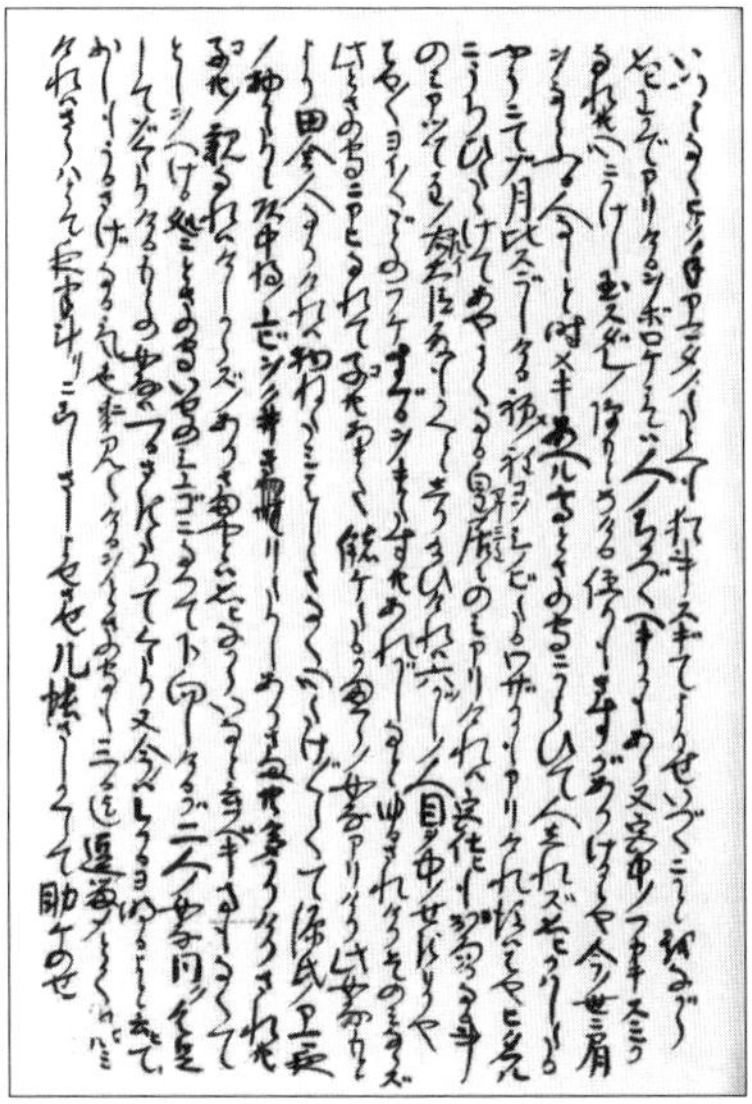

神田本太平記（古典研究会叢書第二期『神田本太平記　下巻』汲古書院）

29　せめて今一たび、出させ給へがし。（三人法師、室

町時代物語大成6、二一四頁上⑤）

30御ともの、すき候へがしと、存し候て、（同、二一三頁下⑧）

右のような状況から、神田本の「がし」を十五世紀に遡る例と見ることには問題が残る。十六世紀中後期の例と見たとしても「がし」の最古例ということになる。

以上のように、濁音形の問題は、室町時代中頃から江戸時代にかけての状況を反映しているように見える。書写を十七世紀までくだるものと見るか、濁点が本文より後に付されたものと見るかの可能性も考慮に入れておかなければならないだろう。室町時代後期の清濁の調査を俟って、改めて考える必要のある事象である。

五　おわりに

本稿では、神田本を中心に太平記諸本の語法を観察し、以下の点を指摘した。

1切り継ぎによる天正本系統の本文の補入箇所とそれ以外の原態神田本の箇所とで差異は見いだせないが、天正本の本文には「――死にに失す」「腹を召す」という神田本より新しい表現が見られる。

2太平記には、敬語法と反実仮想の形式に、延慶本・覚一本平家物語には見られない新しい語法が見られる。

3神田本に特有な事象として「連体形＋の＋名詞」の語法、終助詞「がし」の例が見られるという点において、従来の想定よりも書写年代がくだる可能性がある。

以上、太平記の言語の分析に諸本の比較が有効であることを示したが、本稿で扱った範囲に限っても、神田本の濁音形の問題を初めとして残された課題は多い。

引用本文

太平記……神田本（国書刊行会翻刻、汲古書院影印）、西源院本（刀江書院翻刻、クレス出版影印）、神宮徴古館本（和泉書院翻刻）、玄玖本（勉誠社影印）、梵舜本（古典文庫影印）、天正本（小学館新編日本古典文学全集、底本は漢字片仮名交用）、教運本（『義輝本太平記』勉誠社影印）、慶長八年古活字版（岩波書店日本古典文学大系）、永和本（国文学研究資料館「新日本古典籍総合データベース」）

平家物語……延慶本（汲古書院影印）、覚一本（岩波書店日本古典文学大系）、斯道本（汲古書院影印）、屋代本（角川書店影印）

注

＊1　西田直敏［一九九一］は平家物語と比べて係り結びの例が少ないことを指摘しているが、係り結びの破格の語法は、太平記の持つ問題というよりも個別の本文の問題であり、それぞれの調査が必要である。

＊2　天正本は、他に、巻五・二六〇頁、巻十三・一二〇頁、巻二十一・七二頁七六頁、巻二十八・四三五頁に例がある。なお、慶長八年古活字本には「御腹被召候ハゞ」（巻十、三四六頁）のように「腹を召す」の表現が現れる。川岸敬子［一九九二］では、覚一本平家物語と慶長八年古活字本太平記の「召す」の用法の対照表を掲げ、「腹を切る」意が平家物語にはない意味であることが示されている。

参考文献

岡崎正継［二〇一六］『中古中世語論攷』和泉書院
小田勝［二〇一五］『実例詳解古典文法総覧』和泉書院
川岸敬子［一九九二］「『太平記』の「召ス」「召サル」」『文学・語学』136
久曾神昇・長谷川端［一九七二］「神田本太平記解題」『神田本太平記 下巻』古典研究会叢書第二期（国文学）、汲古書院
小秋元段［二〇一六］「神田本『太平記』の表記に関する覚書―片仮名・平仮名混用と濁点使用を中心に―」『太平記をとらえる 第三巻』笠間書院

小林賢次［一九九六］『日本語条件表現史の研究』ひつじ書房
小林芳規［一九五九］「「花を見るの記」の言い方の成立追考」『文学論藻』14
桜井光昭［一九六九］「西源院本太平記の敬語通覧」『軍記物とその周辺―佐々木八郎博士古稀記念論文集―』早稲田大学出版会
佐藤喜代治［一九六六］『日本文章史の研究』明治書院
菅原範夫［一九八七］「太平記の語法」『国文法講座5　時代と文法―近代語』明治書院
鈴木孝庸［二〇一六］「神田本太平記の引用符号」『太平記をとらえる 第三巻』笠間書院
鈴木登美恵［一九七五］「玄玖本太平記解題」『玄玖本太平記（五）』勉誠社
長坂成行［二〇一四］「神田本『太平記』に関する基礎的問題」『太平記をとらえる 第一巻』笠間書院
西田直敏［一九九一］「『太平記』の文体と語法」『国文学解釈と鑑賞』56巻8号
長谷川端［一九九八］「解説」『太平記④』新編日本古典文学全集、小学館
森田穣二［一九八九］「「貫かつて」三考―「木曾の最期」―」『解釈』35巻1号
湯澤幸吉郎［一九三六］『徳川時代言語の研究』刀江書院、風間書房一九七〇年版に拠った。
吉田永弘［二〇〇二］「屋代本平家物語の語法覚書―書写年代推定の試み―」『徳江元正退職記念鎌倉室町文学論纂』三弥井書店
吉田永弘［二〇一五］「『源平盛衰記』語法研究の視点」松尾葦江編『文化現象としての源平盛衰記』笠間書院
吉田永弘［二〇一九］『転換する日本語文法』和泉書院

類書・注釈書と『太平記』の関係

――『壒嚢鈔』の『太平記』利用――

小助川　元太

一　はじめに

『太平記』に引用される故事説話が中世の学問と交渉を持っていたことについては、夙《つと》に伊藤正義氏[*1]や黒田彰氏[*2]らによって指摘されているが、これは『太平記』に限ったことではない。古今集注釈書や和漢朗詠注といった注釈書や唱導資料の中で様々な変奏を見せる和漢及び仏教の故事説話が、中世の知的基盤を作り、様々な文芸を生み出したことは、今や中世文学研究の常識となっている。

ところで、室町期においては、種々雑多な知に関心が集まり、『壒嚢鈔《あいのうしょう》』『塵荊鈔《じんけいしょう》』『榻鴫暁筆《とうでんぎょうひつ》』『月庵酔醒記《げつあんすいせいき》』といった百科全書的な特徴を持つ作品が生み出されるようになる。中でも『壒嚢鈔』は、先行する和書・漢籍・仏教経典の類を引用しながら言葉や物事に関する丁寧な注釈・考証を行っているところに特徴があるが、そこで比較的高い頻度で利用されている和書の一つとして『太平記』が挙げられる。

そこで、本稿では、中世の学問の世界を背景に持つ『太平記』が、室町時代を代表する百科全書的作品である『壒嚢鈔』の中でどのように利用されたのかという問題について考察する。

二　『壒嚢鈔』と『太平記』

1　『壒嚢鈔』について

『壒嚢鈔』は文安二〜三年（一四四五―一四四六）に真言僧行誉によって編述された百科全書的作品である。種々雑多な問いに対して、様々な書物や説話を引用しながら答えていくという問答体形式を持ち、注釈・考証されている事項は五三五項目にも及ぶため、類書の一種ともいわれている。ただし、問答体で連想的に展開する形式のためか、唐の欧陽詢『芸文類聚』に代表される中国の類書や『明文抄』『拾芥抄』といった和製の類書とは異なり、「天」「地」「歳時」「帝王」などといった系統的な分類項目は持たない。強いて挙げるならば、巻一から巻四までが素問（一般的事柄に関する問い）、巻五から巻七までを緇問《しもん》（仏教に関する問い）とするといった大雑把な分類に過ぎない。また、ところどころに編者行誉の主張が見られ、ときおり本来の問いの内容とは関係のない方向に脱線すること、引用資料が原拠のままの形で引用されているわけではなく、行誉の都合によって適宜書き換えや切り接ぎが行われていることなど、類書というよりも、むしろ随筆に近い内容を持っている。[*3]

本来七巻構成であるが、江戸時代に入り、正保三年（一六四六）十五冊で刊行され、現在もそれが通行本となっている。[*4]また、天文元年（一五三二）、釈氏某比丘により、鎌倉時代の『塵袋《ちりぶくろ》』と『壒嚢鈔』を取り合わせた『塵添《じんてん》壒嚢鈔《あいのうしょう》』全二十巻が編纂され、やはり江戸時代に入り出版されたが、こちらの方が語彙が豊富なためか、『壒嚢鈔』よりも広く読まれ、『壒嚢鈔』といえば、『塵添壒嚢鈔』を指すほどまでになったようである。[*5]なお、『塵添壒嚢鈔』は巻の分け方から、十五冊本の『壒嚢鈔』をベースとしていることがわかるが、『壒嚢鈔』の奥書をそのまま載せており、しかももととなった『壒囊鈔』の記事には手を加えていないため、全くの別の作品ではなく、書名どおり『塵袋』の記事が付け加えられた『壒囊鈔』と考えた方が良い。[*6]

編者行誉については、『壒囊鈔』の奥書に「北山観勝寺」とあることから、かつて京都東山にあった観勝寺の住侶であったとされてきた。そして、その観勝寺は応仁の乱の影響で衰退し、近代に入って退転したことが知られているが、東岩蔵寺はその別名と理解されてきた。稿者も基本的にはその理解のもと、醍醐寺所蔵『僧某年譜』[*7]が行誉自筆の自伝的年譜であることを報告し、行誉が観勝寺＝東岩蔵寺の中の光明院の院主補佐の立場にあった可能性が高いことや、管領畠山氏の被官出身であったらしいことなどを指摘したが[*8]、その後、細川武稔氏が、行誉の所属する真言寺院は観勝寺ではなく、東岩蔵寺の真性院であり、観勝寺は東岩蔵寺の末寺であったことを明らかにされた[*9]。また、氏は、行誉が光明院ではなく東岩蔵寺の中心的な院家であった真性院の一の和尚という寺領の管理にあたる有力者であったこと、さらには当時東岩蔵寺には足利尊氏の木像と分骨が安置されており、そのことから東岩蔵寺が将軍家菩提寺に準ずる存在として認識されていた可能性があることなどを報告されている。[*10]

2　『壒囊鈔』の『太平記』利用

ところで、『僧某年譜』には、父親が亡くなった際の仏事を行うための費用を購うために、手持ちの「毛詩・左伝等」を売り払ったことが記されており[*11]、『壒囊鈔』編述を支えた行誉の蔵書の実際を窺い知ることができるが、『壒囊鈔』からは、行誉の手許には漢籍のみならず、かなりの数の和書もあったことが窺える。その中でも、比較的多くの引用がなされる書物の一つに『太平記』があった。『壒囊鈔』と『太平記』の関係については、夙に高橋貞一氏[*12]、増田欣氏[*13]による言及があるが、近年では小秋元段氏が詳細な分析に基づく卓見を示されている。[*14]本稿ではそうした先学の研究成果を踏まえた上で、『壒囊鈔』研究の立場から、行誉の『太平記』利用の特徴について私見を述べてみたい。

以下、断らない限り、『塩嚢鈔』本文は正保三年刊本[*15]により、読解の便を考慮して、適宜句読点や濁点、カギ括弧を補っている。また、記事引用の際には、本来の形態である七巻本の巻番号や条番号で記事を示すべきであるが、通行本が十五冊本であることに鑑み、十五冊本の巻番号・条番号で記事を示している。また、『太平記』の引用は、小秋元氏が『塩嚢鈔』が用いているテキストに最も近いと推定された西源院本を用い、適宜神田本、米沢本、玄久本、天正本、神宮徴古館本、流布本等を確認している。

三　言葉の注釈と書名の明記

1　『太平記』の書名の明記

『塩嚢鈔』には、「太平記ニ…」として『太平記』の記事や語彙を引用する部分と、書名を明記せずに『太平記』が引用する故事を利用している部分が見られる。[*16]現在確認できるところでは、『塩嚢鈔』における『太平記』利用は四十一項目四十五例[*17]であるが、そのうち、「太平記ナンドニ」「太平記ニモ」という形で出典を明記するものは以下の九例のみである。

①「ウツホト云字ハ何ゾ」（巻一-六三条）
②「太平記ナンドニモ、人転漕ニ疲ルトアルハ何事ゾ」（巻三-二九条）
③「ニツコトワライト云、何ノ字ゾ。」（巻三-三六条）
④「クタビル、ト云ハ、何ノ字ゾ」（巻三-三九条）
⑤「物ノサハヤカナト云ハ、何レノ字ゾ」（巻三-四一条）
⑥「不浄ナル水ヲ、セ、ナキト云ハ何ノ字ゾ。又片言歟」（巻三-二八条）

⑦「諸寺ノ門ニ立ヲ、二王ト云ハ、其名如何。并標示何事ゾ」（巻一一―一七条）
⑧「足モ無クテ大ナル太刀ヲ野太刀ト云ハ鷹野ナトニ持太刀歟」（巻一―六六条）
⑨「過去ノ人名ヲ書ク、イハキト云ハ何ノ字ゾ」（巻一一―七条）

右のうち、①～⑤までが漢字表記の用例として『太平記』の事例を挙げるものである。具体的に示すと、①「ウツホト云字ハ何ゾ」（巻一―六三条）の場合、その答えとして、「此字已来ノ沙汰也。尻籠、箙ハ常ニ用フ同体ノ物ナレ共、日本ニテ構出《かまへいだ》ス物ニヤ。文字不レ慥《たしかナラ》」とし、「慥ナル字モ無《なき》ガ故ニ太平記ニモ色々ニ書用ユ」とする。つまり、「ウツホ」はその文字がはっきりとしないため、様々な漢字で表現されるとし、その事例として、「太平記」での用法を挙げるのである。また、③「ニツコトワライト云、何ノ字ゾ」では、「莞爾ト書テ、ニコヤカ也トヨム。仍《よりて》莞尓ノ二字ヲ太平記ナドニモ、ニコトワラフトヨマセタリ」と答える。④⑤においても『太平記』の用い方は同様である。②はそもそも問いの部分に「太平記ナンドニモ」とあるので、他の四例とはやや異なるが、漢字表記の用例として「太平記」が挙げられている点では共通する。

2　言葉の用例として――セセラキ・仁王――

①～⑤までが漢字表記の用例として『太平記』が用いられているとすれば、⑥～⑨まではどうであろうか。結論を先に言うと、まず、⑥と⑦は、言葉とその用法の誤りを示すために『太平記』での用例を引き合いに出したケース、⑧と⑨はその物がどのようなもので、いつ頃から用いられていたのかを示すためのサンプルとして『太平記』が用いられたケースと考えられる。

まず、⑥の場合は、「セ、ナキトハ誤リ也。セ、ラキト云ベシ」と言葉の誤りを指摘し、その後、『白氏文集』の事例を挙げて漢字を挙げ、さらに必ずしも「不浄水」のことをいうわけではなく、「小水ノ心」であると意味の誤りを正した上で、「太平記ニモセ、ラキ水ニ馬ノ足冷シテト書ケリ。只小河也」とする。つまり、この場合は単純な漢字表記ではなく、言葉の用法としての用例となっていることがわかる。

また、⑦は「諸寺ノ門ニ立ヲ、二王ト云ハ、其名如何」という質問に対して、まず「左金剛《ハコンカウ》右力士《ハリキシ》」という回答を示す。この答えの根拠となっているのは「註梵網経疏」の説であり、ある王の千人の王子のうち、長男と次男が「千仏法」を護らんとの誓いを立て「神主」となり、「大兄ヲ云二金剛一ト、次ヲ云二力士一ト。」とする説であった。[*18] 次に、典拠は示されないものの、「又或ハ左右共ニ金剛力士ト云歟ト云云」とする説を挙げ、その根拠として『秘蔵記』の説を引用する。さらに「秘蔵記ノ聞書」が引用する「或記」の説として、大門に立つ二体の像を「二王」とする説そのものが「僻事」であり、それらは「金剛形像」であるとする説を述べる。また、「秘蔵記」の記事にも「金剛形像」とあることを引き合いに出し、その例証として、

> サレバニヤ、太平記ニ東寺ヘ赤松ガ攻入リケル時、播磨国之妻鹿孫三郎長宗ト云、大力ノ男アリ。搔楯《かいだて》ヲ引破テ、南大門ニ走リ上タレバ、其長《たけ》両金剛ニ等《ひとし》キ由ヲ書ケリ。

とし、「俗猶ヲ能ク弁ヘテ、金剛ト書テ二王トハ不レ曰。世流布ニ、二王ト云ハ誤リ也。」と結論づける。このように、行誉は「俗猶ヲ能ク弁ヘテ」として、俗書である『太平記』の用例を自らの説を補強する有力な証拠とする姿勢を示すのである。なお、ここは純粋な引用ではなく、概要を述べたところであるが、『太平記』の該当部分を見ると、実は現存する『太平記』諸本では、「両金剛ノ前ニ太刀ヲ倒《さかさま》ニツキ、ウハクヒシテ立タリケレバ、何レヲ二王、何レヲ孫三郎[*19]トモ分兼《わけかね》タリ」（西源院本『太平記』巻第九「五月七日合戦事同六波羅落事」）としており、「両金剛」の前に立っている妻鹿孫三郎の姿について、どれが「二王」でどれが妻鹿孫三郎なのか、見分けがつかなかったと述べている。つまり、少なくとも現存する『太平記』の文脈では、「両金剛」と「二王」は同義で用いられているのであり、「二王」説を否定する材料とはなりえないのである。このあたりの齟齬については、九例のうちこの部分のみが本文か

らの純粋な引用ではないこともあり、行誉の記憶違いである可能性もあるが、行誉の手許にあった『太平記』には「二王」という言葉がなく、そこが「金剛」となっていたという可能性も考える必要があろう。

ともあれ、⑦も⑥と同様に、言葉の意味や用法を考察するための資料として『太平記』が用いられているという点では変わりはないものと考えられる。

3　語史を考証するための用例として——位牌・太刀——

⑧は「足モ無クテ大ナル太刀ヲ野太刀ト云ハ鷹野ナトニ持《もつ》太刀歟」という問いに対して、「野太刀ト書ク事不レ見レ及バ」と「野太刀」という表記そのものは見ないが、「三宝名義鈔」「順和名」（和名類聚鈔）には「短刀」「野剱」を「ノダチ」と読む事例があると答える。その後の考証を経て、「今ノ打刀《うちがたな》ナルベキ歟」という結論に至り、建武の頃からそうした「大太刀」が増えたとし、

太平記ニモ元弘元年ニ山徒ノ都ヘ寄タリシニ、丹波ノ国住人佐治ノ孫三郎ガ太刀ヲバ其比《そのころ》曽テナガ、《（ママ）》リシ、五尺三寸ノ太刀ト書リ。

という事例を挙げる。ここは『太平記』では、

丹波国住人佐治孫五郎ト云ケル兵、西門前ニ馬ヲ引《ひか》ヘ、其比カツテ無リシ五尺三寸ノ太刀ヲ以テ敵三人カケズ同《（胴）》切テ、太刀ノ少シノリタルヲ門ノ扉ニアテ、推《おし》直シ、猶モ敵ヲ相待テ西頭《にしかしら》ニ馬ヲゾ引ヘタル。

（西源院本『太平記』巻第八「山門寄京都事」）

となっており、先の⑦のように『太平記』に描かれている場面の簡単な説明を示した上で、『太平記』の表現を抜き出したものであることがわかる。

最後に⑨であるが、以下に本文を挙げる。

⑨『塵嚢鈔』巻一一‐七条「過去ノ人名ヲ書ク、イハヰト云ハ何ノ字ゾ」

（1）位牌《イハイ》ト書也。位牌ノ上《ニ》物故ト書ニ付テ。物《トト》没同ト云ヘドモ。位牌ニハ必ズ物ヲ用ト云説アリ。其故アル歟。但シ位牌ト云事、禅家ニ好用ル儀歟。正道ノ古所ニ無事ト云リ。先代ノ中比ヨリ早《ハヤ》アリケルニヤ。

（2）太平記ニ、西明寺ノ時頼禅門、心許《ばか》リ、政道正シクシ給ヒケレ共、尚遠境《ナヲエンキャウ》ノ訴《ウッタ》ヘ、不レ達窮《キウ》民ノ愁《ウレ》ヘ、不レ散事ヲ思《ヒ》、身ヲ窶《ヤツシ》テ普ク六十餘州ヲ修行シ給ニ、或時摂津国難波ノ浦ニ至ヌ。巳ニ暮ケレバ、荒タル家ニ宿ヲスルニ、主ジノ尼公、手《テヅカラ》飯柄《ガイ》取テ、椎ノ葉折敷《おりしき》テ、飯ヲ持テ出タリ。甲斐々々敷《しく》ハ見ヘナガラ、シナレヌ態ノ程、不審《ヲボツカナク》テ、委ク問給ニ、尼公ノ云ク、「我ハ親ノ譲ヲ得テ、此所ノ一分ノ地頭也。然共、子共ニ別レテ後、惣領某《なにがし》シ、関東奉公ノ権威ヲ以、押領セラレテ候」ト申シケレバ、誠ニサモアルラント思給テ、ソコニ見ヘケル位牌ノ裏ニ、一首ノ歌ヲ書付ラル。

難波潟塩干《シホヒ》ニ遠キ月影ノ又本ノ江ニスマザラメヤハ

ト云云。斗藪《トソウ》終テ鎌倉ニ帰テ、此位牌ヲ召出シテ、押領人ノ所帯《ショタイ》ヲ、本領ノ上ニ添テ。彼尼公ニ給リケルト也。

（3）其比ヨリハヤ、位牌ハアリケルト覚ヘタリ。

『塵嚢鈔』では、「過去ノ人名ヲ書ク、イハヰト云ハ何ノ字ゾ」についての質問に、まず、（1）でその表記と位牌には「物故」と書くこと、位牌は禅家によく用いられるものであり、「正道ノ古所」（天台宗・真言宗などの昔からある寺院のことか）にはないことを答える。そして、「位牌」が「先代ノ中比」、すなわち鎌倉時代の中頃からあった事例として、（2）で『太平記』巻三五の西明寺北条時頼のエピソードを挙げ、「其比ヨリハヤ、位牌ハアリケルト覚ヘタリ」と結ぶ。つまり、（1）の末尾と（3）が呼応しており、結局のところ（2）は「位牌」が鎌倉時代の中頃からあった事例を示すために引き合いに出されたに過ぎないということがわかる。

以上の事例からわかることは、『壒嚢鈔』が『太平記』からの記事であることを明記するのは、言葉の用例として『太平記』を利用したときに限られるというものであった。このことは、行誉が鎌倉時代から南北朝時代にかけての言葉の使用事例を示す資料であるという点に『太平記』の利用価値を見いだしていたことを示している。

ところで、⑨は他の八つの事例と同様、言葉の使用例としての『太平記』利用であることに間違いはないのだが、これまでの①〜⑧までとは異なり、引用された部分がまとまった説話となっている。気になるのは、行誉が『太平記』からの記事であることを明記する場合は、①〜⑥のように『太平記』の中からサンプルとしての表現のみを抜き出すか、⑦⑧のように、その場面の簡単な説明を加えたうえで該当する表現を示すかのいずれかであったのに対して、⑨のみは、要約はされてはいるものの、まとまった説話となっている点である。

その理由としては、⑨の時頼廻国説話の主題が、理想的な政道のあり方を語ったものであるという点が考えられる。『壒嚢鈔』では、問いに対する答えの部分が脱線して勧学や政道論に展開するケースがよく見られる。*20 本話も、『太平記』には見られない「政道正シクシ給ヒケレ共」という言説から始まっているように、行誉にとって理想的な政道を行った事例として、読者に知っておいてもらいたい故事であった可能性が高い。つまり、⑨の場合、基本的には出典を明記する他の事例と同様、あくまでも言葉の使用例としての『太平記』利用でありつつも、その文脈から逸脱しない範囲で、説話の素材として『太平記』を利用しているケースと考えられる。

四　説話が用いられる文脈《コンテキスト》

1　『壒嚢鈔』の説話引用態度

さて、前節において、『壒嚢鈔』の説話の素材としての『太平記』の利用について触れたが、行誉が言葉の使用例として『太平記』を引用する場合は出典を明記するのに対して、説話の素材として『太平記』を利用する場合は、基本的には出典を明記しない。この利用態度の違いはどのようなことを意味しているのであろうか。そこで、素材となった『太平記』における説話引用のあり方とそれを再利用した『壒嚢鈔』の説話引用態度とを比較してみたい。

2　『太平記』における韓昌黎説話

『太平記』の説話引用の形態については、増田欣氏がI作者によって地の文に挿入されたものと、II作中人物によって引用されたもの、の二つに分け、さらにそれらを（A）～（E）の五つの型に分けて考察されている。とくに多いのは（A）型「事件や人物の行為に対する『太平記』作者の感想批評を述べる文章中に引かれたもの」と（C）型「前文〔結論の提示〕・故事の叙述・後文〔結論の再叙〕の三段構成を有する説話」に多く集まっており、両者ともに『太平記』作者の歴史把握の拠り所として引かれたものが多いとされる。*21

故事説話が地の文に引かれる例として、『太平記』巻一「昌黎文集談義事」がある。これは後醍醐天皇が倒幕運動に失敗した正中の変（一三二四）にまつわる出来事を描いた章段である。後醍醐天皇の側近の日野資朝らが倒幕の密議をカムフラージュするために、当時「才学無双」と言われていた知識人玄恵法印を招いて『韓昌黎文集』の講義を聴講していたところ、韓昌黎が左遷の憂き目に遭う「昌黎赴《ク》二潮州《ニ》一云長篇」を玄恵が取り上げたために、聴講していた者たちが「是ハ不吉之事也、呉氏孫氏六韜三略ナンドコソ可《キ》レ然当用之文ナレ」と言って談義を中止してしまったというものである。『太平記』では、人々が玄恵の談義を中止させたことを述べた後に、長々と「昌黎赴《ク》二潮州《ニ》一云長篇」に関わる韓昌黎の説話を引用して、「誠ナル哉、癡人之面前ニ不《ト》レ説《トカ》レ夢《ヲ》言事ヲ、此談義ヲ聞ケル人々ノ忌思《イミ》イ（ママ）ケルコソ愚《ヨロソカ》ナレ」と結ぶ。この「癡人之面前ニ不説夢」という言葉は、黄庭堅『予章黄先生文集』二十六その他に見えるもので、*22「ばか者はとんでもない誤解をするから、その面前でめったに夢の話をしてはならない」という意味であるという。[23] 増田欣氏はここを「この結末は、韓愈と韓湘の話を読み進めて来た者に、いかにも唐突な印象を与える。その唐突さは、儒・道二教の相剋としての韓愈と韓湘の話の文脈に沿っていない、つまりその次元を異にしているところから生じていると考えられる」と指摘される。[24]

3　『壒嚢鈔』における韓昌黎説話

ところで、『壒嚢鈔』巻八―三一条「不堪所学《フカンノシヨガク》ヲハ改ムト云説アリ。又功《コウ》ヲ空クスレバ、途《ト》中ニシテ失ノ両端《タン》ヲ共云」では、この『太平記』の韓昌黎の故事が引用されているが、その文脈は『太平記』とは全く異なるものであった。内容や典拠に従って（1）～（9）の段落に分け、その流れを示すと、以下のようになる。

問い「不堪所学《フカンノシヨガク》ヲハ改ムト云説アリ。又功《コウ》ヲ空クスレバ、途《ト》中ニシテ失フ両端《タンヲ》共云。」

（1）答え「所《シヨ》学ハ尤可択用共云云。器《キ》学不当《レバ》、雖《ドモ》学《スト》功寡《スクナキ》者也。」

（2）修学院の勝筭の説話。

（3）（2）の説話に対する行誉の評。

（4）常喜院心覚の説話。

（5）（4）の説話に対する行誉の評。

（6）弘法大師による綜芸種智院設立について。

（7）韓昌黎説話（太平記）。

（8）（7）の説話に対する行誉の評。

（9）まとめ「縦《ヒ》雖不尓《ラ》不堪ノ処ニ不留、随器《ニ》改《ルハ》学《ヲ》、其益不《ト》可空《カル》云云。」

『壒嚢鈔』では、「不堪所学《フカンノシヨガク》ヲハ改ムト云説」についての質問に、まず（1）「所《シヨ》学ハ尤可択用共云云。」という言葉を引用し、本人の適性と学ぶ内容とが合わなければ、せっかく学んでも効果は少ないものだと答える。その事例として、(2)源信に論破された修学院の勝算が、顕教から密教に鞍替えしたことで、加持の名人となり、源信の妹安養の尼を蘇生させた話を挙げ、(3)「是能択ビ励ムニ非ズヤ。若不《バ》二択《ビ》移《ラ》一、豈恵《ニ》心《ノ》拝ヲ受給ンヤ。恵心ノ拝ヲ不二受《ンハ》給《ハ》一、旧憤《キウフン》亦不《ン》レ散歟。憤怨《エン》不《ンバ》レ散《セ》罪障ナルベシ。誠ニ二世ノ益《ヤク》有《ル》者也。」と批評する。次に(4)常喜院心覚が三論の珍海已講に論破された後、密宗に鞍替えして名匠となった話を挙げ、(5)「機《キ》教相応セバ、必《ズ》可レ有レ誉《レ》也」と、衆生の機と仏の教えとが合致相応することを意味する「機教相応」という言葉を用いて、その者の能力に合った修行の仕方と出会えば、必ず成功することができるとまとめる。続く(6)では、弘法大師の建てた綜芸種智院が「諸博士」を置くことで、諸々の達人を育成した事例を示す。そして、次の(7)が『太平記』からの説話となる。

又、韓昌黎《カンショウレイガ》猶子韓湘《シヤウ》ハ唐《タウ》代《ノ》儒業《ジユケウ》ヲ捨《ステ》、仙術《ジユツ》ヲ学ケリ。是其器《キ》道教ニ叶《フ》故也。然ニ伯父《ヲヂ》韓昌黎《レイ》ト云ハ無双《ブサウ》ノ名儒也。盛《セイ》唐ノ季《キ》ニ出テ、文才優《ユウ》長ノ者也。猶子韓湘《ガ》棄《ステ、》二文学《ヲ》一、嗜《ン》二道術《ヲ》一事ヲ怒《イカリ》、時々諫《イサメテ》云ク、「汝《ヂ》天地ノ中ニ生長シテ、仁義ノ外ニ逍遥《セウヨウ》スル」ト。韓湘答曰《テ》、「仁義ハ大道ノ廃《スタル》所ニ出ヅ。学教《ケウ》ハ大偽《ギノ》起時盛也。仍我《ハ》欲《ス》レ専《セント》二造化《クワヲ》一」。伯父重云《テ》、「尓ラハ造化ノ工《コウ》ナル事ヲ見ン」ト。韓湘《カンシヤウ》即、前ニ置タル瑠璃《ルリノ》盆ヲ覆《ウツブセ》テ、又軈《ヤカ》テ又引仰ケタルヲ見レハ、牡丹花一枝アリ。其中ニ金字ニ書タル一連ノ詩アリ。

雲横《テ》二秦嶺《ニ》一家何《クニカ》在《ル》　雪擁《シテ》二藍《ラン》関《ニ》一馬不レ前《スヽマ》

雖レ歴《ト》二一覧《ヲ》一、未《ダ》レ得二其意《ヲ》一。欲《ハ》レ取《ント》レ手《ニ》忽《ニ》消失ヌ。其後無二幾程一、昌黎破二仏法一、可レ被《ル》レ専《ラニ》二儒教《ジユケウヲ》一由、奏《ソウ》状ヲ奉ル。此咎《トガニ》依テ、趙《テウ》州ヘ被レ流。日暮《レ》馬泥《ナヅンテ》、故郷ヲ顧《レバ》、秦嶺《シンレイ》ニ雲横リ、藍関ニ雪満テ前途迷処《フ》ニ、韓湘忽《コツ》然トシテ在レ前、涙ヲ流シテ立リ。昌黎爰ニ旧諫《キウカン》ノ詩ヲ不レ悟《サトラ》事ヲ恥ト云云。

内容は、『太平記』の内容を短縮したものであり、儒教を学ぶことをやめ、自らの適性に叶った道教で道を究めた韓湘が、「無双ノ名儒」であった伯父韓昌黎にそのことを諫められた際に、その術によって伯父の将来の左遷流謫を予見するというエピソードである。説話自体は基本的に同じ内容であるが、『太平記』とは異なり、『壒嚢鈔』ではこの話を（8）「韓湘ハ三年前ニ此事ヲ知ナルベシ。是仙術ノ徳也。其学ヲ不ハレ改メ、左遷ノ患ヲ同セン者歟」として、もしも韓湘が道教に鞍替えしていなかったならば、韓昌黎と同じ左遷の憂き目に遭っていたのではないかと結んでいる。つまり、『壒嚢鈔』の中の韓昌黎説話は、（1）から続く、自らの能力に合わない学問は捨て、自分に合った学問に鞍替えすることの利点を論じる文脈の中にしっかりと位置づけられていることがわかるのである。

4　『壒嚢鈔』における慈童説話

同様の例として、『壒嚢鈔』巻一―一条「五節句ト云ハ何々ソ。并ニ其由来如何」に引用される、いわゆる慈童説話[*25]が挙げられる。

『太平記』巻一三「天馬事」では、塩冶判官高貞によって竜馬が献じられたことを喜ぶ後醍醐天皇に対して、洞院公賢が「天馬ノ聖代ニ来ル事ハ第一ノ嘉祥也」として、この慈童説話を語る。その内容は、周の穆王の代に八疋の天馬が現れ、穆王がそれに乗って中天竺舎衛国まで至り、釈迦より法華経の「四要品ノ中ノ八句ノ偈」を授かったこと、穆王が寵愛した慈童が王の枕を超えた科《とが》により酈県に流された際に、そのうちの二句を穆王から授けられた慈童が、菊の葉にその句を書き付け、その葉に置いた露の落ちた川の水を飲んだことにより仙人となったこと、仙人となった慈童が彭祖と名を改め、魏の文帝に二句の偈を授けたことが重陽の宴の起源となり、さらには日本における即位の儀式として残っていることなどを述べるものであった。ところが、『太平記』の文脈では、この公賢が主張する「嘉祥」の根拠としての慈童説話は、次に天皇から意見を求められた藤原藤房によって最終的には否定されてしまう。藤房は、公賢の語った「八疋の駒」は「房星ト云星降テ」なったものであり、穆王が八疋の天馬を愛したため、「周室是ヨリ傾ニケリ」とする。そしてそれを踏まえて「政道ノ正シカラザル所ニ依テ、房星ノ精化シテ此馬ト成テ、人ノ心ヲ蕩《とらか》サムスル者也」と諫言する。実際、『白氏文集』「新楽府」の「八駿図」は穆王の故事を通して天子の奇物愛玩を諷刺したものであった。[26] つまり、『太平記』の文脈においては、作者の主張を代弁するのは藤房の主張の方であり、公賢が持ち出した穆王の八駿の話は「嘉祥」の例としては否定されてしまうものであった。

それに対して、『壒嚢鈔』では五節句の解説の中の重陽の節句由来を説明する際の故事説話として、『太平記』の慈童説話が引用される。以下にその内容を示すが、紙面の都合上、慈童説話の内容については先に挙げた概要に譲り、本文は省略する。

(1) 九月九日菊花《ノ》彼《ハ》鬼《ノ》眉トテ酒《ニ》入テ飲㆑之《ヲ》。

(2) 万病《ヲ》去テ命長《ニシテ》 菊花薬ナル由緒《ヲ》云ハ、 昔魏《ノ》文帝七歳《ニシテ》 即位給《シフ》。或時相者《ノ》云、御寿十五《ニ》不㆑可㆑過ト。王叡聞有テ歎《キ》給時、彭祖《ト》云仙人、帝徳《ヲ》奉㆑感《シ》。酈県《ノ》菊《ヲ》折テ献㆑之《ヲ》。帝是《ヲ》服御《シテ》 命ヲ延給事七十歳。

(3) 彼菊ノ薬ナル因縁ハ、（以下省略。『太平記』の慈童説話とほぼ同内容）。其源《ハ》仏《ノ》威力《トシテ》 菊花ノ徳如㆑此。

(1)では九月九日に菊の花を酒に入れて飲む風習の意味を説明し、(2)では、傍線部のように、菊が万病に効き、長寿の薬となることの由緒として、十五歳まで生きられないと宣言された魏文帝のもとに仙人彭祖が訪れ、酈県の菊を献じたところ、七十まで生きることができたという説話が語られる。続く(3)では、酈県の菊が長寿の薬となった由来として、『太平記』で洞院公賢が語った慈童説話とほぼ同内容の説話が示される。[27] ただし、『太平記』のまったくの引き写しではなく、異なるところもある。たとえば『太平記』では、「八足ノ天馬」の名前を列挙するのに対して、『壒嚢鈔』では天馬の名前を記さない。また、末尾の傍線部「其源《ハ》仏《ノ》威力《トシテ》 菊花ノ徳如㆑此」も『太平記』にはない言説である。この違いは『壒嚢鈔』の慈童説話が、竜馬（天馬）の出現の意味を語る『太平記』の文脈とは異なり、重陽の節句に菊を浮かべた酒を飲むことの由来という文脈の中に位置づけられていること、そして、真言僧である行誉が、重陽の節句に仏教の「威力」が関わっていることを強調したかったことによるのであろう。

ところで、『壒嚢鈔』では、重陽の節句の由来譚が、(2)の彭祖による魏文帝への酈県の菊の献上という起源譚から、(3)の彭祖が不老長寿となったいきさつへという自然な流れで語られているが、(2)は『太平記』には見られないものである。実は慈童説話が天台即位灌頂に関わる口決《くけつ》の類をもとにしたものであることを最初に指摘された伊藤正義氏が、神宮文庫蔵『天台方御即位法』を紹介されているが、[*28]そこには『太平記』や『壒嚢鈔』の(3)に似た慈童説話（〔甲〕）と、「又一説云」として重陽の節句の由来を示す説（〔乙〕）が示されており、『壒嚢鈔』の(2)は表現も含めて、まるで後者を切り詰めて要約したかのような内容となっている。[*29]このことから、『壒嚢鈔』では、『太平記』の慈童説話に、注釈書の世界で語られる(2)のような彭祖と魏文王の邂逅説話を組み合わせつつ、重陽の節句の由来を説明していることがわかる。つまり、行誉は『太平記』に引用される慈童説話を、『壒嚢鈔』の文脈に合うように巧みに取り込み、仏教の威力を源とした重陽の節句の由来を語るものとして再生しているのである。

五　おわりに

以上、室町時代を代表する類書・百科全書的作品『壒嚢鈔』における『太平記』利用の実際を、いくつかの事例を挙げながら見てきたが、『太平記』からの引用であることを明記する記事は、言葉の表記や読み、語史を考証するための用例として用いられたものに限られており、『太平記』を説話の素材として利用する場合は、基本的には書名を明記せず、問答の文脈に合うように加工して使用するといったものであったことを指摘した。

『壒嚢鈔』が『太平記』から説話を引用する場合、原拠の漢籍等を参照して『太平記』の誤りを修正する傾向にあることは、小秋元氏や田中尚子氏によって指摘されているところであるが[*30]、書名を明記しないのは、そうした引用姿勢にも関わっているのではないだろうか。つまり、本稿でも示したとおり、行誉が『太平記』の説話を利用する場合、『太平記』の文脈とは切り離して、みずからの文脈に合わせて加工することを前提としているため、出典を明記する必要はないと判断していた可能性がある。

また、行誉が先行作品の説話の出典を示すのは、その作品に当該説話があることを示す必要がある場合であった可能性もある。たとえば、巻一四―一〇条「当寺建立ハ何比ゾ、并本願上人御事如何」では、東岩蔵寺中興の祖大円上人の事跡が語られるが、その中に『元亨釈書』と『沙石集』からの引用であることを明記する記事がある[*31]。これらは同時代の大円の評価を証明する資料であったために、あえて出典を明記した可能性が高い。

いずれにせよ、『壒嚢鈔』における先行作品の説話利用については、『太平記』以外の作品も含めて、さらなる分析と検証が必要であろう。今後の課題としたい。

注

＊1　伊藤正義「慈童説話考」（『国語国文』第四九巻十一号、一九八〇年一一月）

＊2　黒田彰『中世説話の文学史的環境』（和泉書院、一九八八年）並びに同『中世説話の文学史的環境〈続〉』（和泉書院、一九九五年）

＊3　拙著『行誉編『壒嚢鈔』の研究』（三弥井書店、二〇〇六年）ならびに拙論「中世後期の類書と随筆―『壒嚢鈔』を中心に―」（荒木浩編『中世の随筆　成立・展開と文体（中世文学と隣接諸学10）』竹林舎、二〇一四年）

＊4　浜田敦・佐竹昭広編『塵添壒嚢鈔・壒嚢鈔』（臨川書店、一九六八年）に影印あり。

＊5　前掲注＊4解説（笹川祥生氏）。

＊6　前掲注＊3拙著。

＊7　田中稔「醍醐寺所蔵『僧某年譜』」(『研究紀要』八号、醍醐寺文化財研究所、一九八六年)に翻刻あり。

＊8　「醍醐寺所蔵『僧某年譜』考―『壒囊鈔』編者に関する一級資料発見―」(『国語国文』第七七―二号、二〇〇八年二月)

＊9　『京都の寺社と室町幕府』(吉川弘文館、二〇一〇年)第三章「東岩蔵寺と室町幕府―尊氏像を安置した寺院の実態―」

＊10　細川氏前掲注＊9。

＊11　「嘉吉二年壬戌五月十八日、慈父常祐庵主円寂、七十五歳、借テ二清水潮音庵ヲ一、老母兄弟皆一所ニシテ、五旬ノ勤行沙汰之、此時予毛詩・左伝ノ等ノ文本ヲ沽却シテ、成二仏事料一ト者也」(醍醐寺所蔵『僧某年譜』(『行誉年譜』))

＊12　『太平記諸本の研究』(思文閣出版、一九八〇年)第一章・四「壒囊鈔と太平記」、初出は『国語と国文学』第三六巻八号(一九五九年八月)

＊13　『『太平記』の比較文学的研究』(角川書店、一九七六年)、『中世文藝比較文学論考』(汲古書院、二〇〇二年)

＊14　「『壒囊鈔』の中の『太平記』(上)」(『江戸川女子短期大学紀要』第一一号、一九九六年三月)、「『壒囊鈔』の中の『太平記』(下)」(『駒木原国文』第七号、一九九六年三月)

＊15　前掲注＊4の影印による。ただし、読解の便を考慮して、漢字はできるだけ通行の文字に改め、適宜句読点等を施している。また、印刷不明瞭な部分については、同書の『塵添壒囊鈔』の影印によって校訂している。

＊16　前掲注＊12高橋氏論文、注＊13増田氏著書、注＊14小秋元氏論文など。

＊17　小秋元氏前掲注＊14「『壒囊鈔』の中の『太平記』(上)」に一覧表あり。なお、氏は、『壒囊鈔』の中の『太平記』との関係が認められる記事を四十一項目挙げられ、それらをA『太平記』の本文を引用するもの、B『太平記』の記事を踏まえるもの、C『太平記』中の用字・用語を引用するもの、の三種に分類されたが、本稿では氏とはやや違う観点から分類している。

＊18　『梵網戒本疏日珠鈔』巻第八や『秘蔵記聞書』三には、千二人の王子のうちの二人が金剛力士となった説を載せる。

＊19　米沢本では「孫三郎」を「長宗」とする。

＊20　前掲注＊3拙著。

＊21　増田『中世文藝比較文学論考』第一章・一「中世軍記物語における説話引用の形態」
＊22　山下宏明『太平記』一（新潮日本古典集成）頭注。並びに長谷川端『太平記』①（新編日本古典文学全集）頭注。
＊23　前掲注＊22山下氏頭注。
＊24　増田氏前掲注＊13『『太平記』の比較文学的研究』第一章・五「太平記作者の思想」
＊25　前掲注＊1ならびに、阿部泰郎「慈童説話の形成（上）」（『国語国文』第五三巻八号、一九八四年八月）、同「慈童説話の形成（下）」（『国語国文』第五三巻九号、一九八四年九月）、松田宣史「慈童説話の成立」（『国語国文』第八〇巻一〇号、二〇一一年一〇月）
＊26　たとえば源頼政の乱のきっかけとして息仲綱と平宗盛の馬を巡る諍いを批判する『源平盛衰記』巻一四「周朝八疋馬」も白楽天「八駿図」を踏まえたものである。
＊27　ここが『太平記』からの引用であることは、高橋氏前掲注＊12論文ですでに指摘されている。
＊28　前掲注＊1。
＊29　前掲注＊1。
＊30　前掲注＊14並びに田中『三国志受容史論考』（汲古書院、二〇〇七年）第一部第一章・二「『太平記』中の三国志説話の利用」
＊31　前掲注＊3拙著『行誉編『壒嚢鈔』の研究』第三編―一「『壒嚢鈔』の〈観勝寺縁起〉」

参考資料

黒田彰『中世説話の文学史的環境』（和泉書院、一九八八年）
黒田彰『中世説話の文学史的環境〈続〉』（和泉書院、一九九五年）
増田欣『中世文藝比較文学論考』（汲古書院、二〇〇二年）
小助川元太『行誉編『壒嚢鈔』の研究』（三弥井書店、二〇〇六年）
田中尚子『三国志受容史論考』（汲古書院、二〇〇七年）

『太平記』と兵法書
――「七書」の受容をめぐって――

山田 尚子

一 はじめに

『太平記』には、その淵源を漢籍に持つ語や表現、説話などを至るところに見出すことができる。増田欣氏は、『太平記』の作者が直接に親しみ、その思想形成に深く関わった漢籍が、『太平記賢愚鈔』や『太平記鈔』に引かれた書目のうちの頻度の高いものと重なり合う部分が多いことを予想し、その頻度の高いものとして順に『史記』『論語』『文選』『漢書』『春秋（左伝）』『孟子』『尚書』『礼記』『白氏文集』を挙げた上で、特にこのうちの『史記』『論語』『文選』『孟子』『白氏文集』『孝経』『貞観政要』の諸書を、作者の教養を培った、より重要な漢籍として挙げた。[*1]

一方で増田氏は、如上の漢籍には含まれないものの、『太平記』に漢籍の兵法書が用いられた例を精査し、作品におけるそうした記述の機能を本文に即して考察している。[*2] そこで本稿では、特に兵法書のうちでも『施氏七書講義《せしちしょこうぎ》』の受容という観点から、増田氏が言及した例を含めて整理し、『太平記』がそこから何を得たのか、改めて考えてみたい。

二　『施氏七書講義』について

『平家物語』以前の軍記物語においては、合戦の成否は将がどのように作戦を立て、兵を動かすかにかかっていると見るような、兵法・軍学的視点からの批評的叙述が未だ発達していないことについて、佐伯真一氏に指摘がある。[*3] 増田欣氏は、『太平記』で描かれる合戦の性格を「個人の功名より集団の戦闘が重視されるようになった時代の合戦である」と位置づけ、戦いの勝敗が軍略の差異へ、軍略の差異が将の器量に対する論評へ、そうした論評が将を起用する朝廷や幕府の政道に対する批判へと発展することが多いことを指摘する。こうした論理展開は、多くの場合、漢籍の発想によって支えられており、兵法書もまた、そのような論理展開を支える機能を担うものであった。『三略』や『六韜《りくとう》』『孫子』など、古く中国でまとめられた兵法書は、如何に戦うか、を述べる一方、如何に戦わずして勝つか、ということや、如何に軍を運営するか、ひいては軍を運営する者としてどうあるべきか、をしばしば述べる。『三略』『六韜』などの兵法書が『群書治要』に引かれることが端的に示唆するように、兵法書もまた、如何に世を治めるかという問題意識と密接に関わるものなのであった。

阿部隆一氏は、『三略』について調査し、鎌倉期以降は「武経七書」の一として流布した『三略』が、平安期においては、全く別系統のテキストに拠って読まれていたことを明らかにした。[*4]『三略』は、『六韜』とともに太公望呂尚の作った兵法書とされる（『施氏三略講義』題注など）。平安期の『三略』のテキストは『藝文類聚』『初学記』『太平御覧』などの類書や『後漢書』、『文選』李善注、『群書治要』などに佚文として引かれるもので、それらの佚文には「黄石公記」「三略」「黄石公記三略」「黄石公三略」と題が付されており、阿部氏はこの系統の『三略』を「黄石公記」系統本と仮称している。『明文抄』（藤原孝範撰）、『管蠡抄《かんれいしょう》』（菅原為長撰）、『玉函秘抄』（藤原良経撰）などの鎌倉初期成立の国書（類書）に『三略』が引かれる例が見えるが、いずれも本系統の本文だと考えられる。

また、『六韜』においても、同様の経緯があったものと推測される。清の孫星衍は、『群書治要』や『文選』注、『意林』『通典』『太平御覧』などに引用される『六韜』の文に、現行の「武経七書」系統の『六韜』に存在しない佚文が甚だ多いことを考慮し、『六韜逸文』一巻を編纂させている（平津館叢書）。

ところが、平安期には主流であったと考えられる如上の『三略』（恐らく『六韜』も）の本文は、鎌倉期になって『施氏七書講義』（『武学上舎施氏七書講義』）が伝来すると、次第に消滅していったようである。*5 南宋の晁公武『郡斎読書志』によれば、北宋の神宗の元豊年間（一〇七九〜一〇八五）に、元来単行の七種の兵法書、すなわち『六韜』『孫子』『呉子』『司馬法』『黄石公三略』『尉繚子《うつりょうし》』『李衛公問対《りえいこうもんたい》』を「七書」と呼んで習学させたという。現存する古い七書本として、静嘉堂文庫蔵陸心源旧蔵南宋刊「武経七書」があるが、阿部氏によれば、この宋刊本の『三略』の本文は、『施氏七書講義』の『三略』の本文に極めて近く、後出の明刊本（直解本）とはやや遠いものの、総じて宋以前の「黄石公記」本と宋以後の現行本との差異がより大きいとされる。

『施氏七書講義』四十二巻は、宋代の施子美による「七書」の注釈書であるが、*6『施氏孫子講義』『施氏呉子講義』『施氏司馬法講義』『施氏尉繚子講義』『施氏三略講義』『施氏六韜講義』『施氏問対講義』から成る。中国においては早くに散佚して、ほとんど普及しなかったのに対し、日本では、伝来以降、比較的広く普及したものと考えられる。現存する『三略』の古鈔本は大凡この注釈書の本文に拠り、日本で作られた『三略』の注釈書もこれに拠って作られたと考えられる。完本として、足利学校遺蹟図書館蔵室町末写本があるほか、古活字版に慶長元和刊本・元和七年刊本の二種があり、整版には寛永十一年刊本・文久三年官板がある。後に、明の劉寅が撰述した新たな注釈書『武経直解』（『七書直解』）が伝わり、清原宣賢が『講義』に『直解』を併せて参照するようになったが、鎌倉期から室町期を通じて、『三略』のみならず、「七書」に収められた兵法書については、『施氏七書講義』の本文とその注に拠って読まれたものと考えられる。

こうした状況を如実に物語る、その証左の一つに金沢文庫本『施氏七書講義』の存在がある。[*7] 建治二年（一二七六）、北条実時が平政連から宋刊本を借り受け、息男の顕時に書写させたもので、現存するのはいずれも断簡（『施氏問対講義』の断簡・『施氏孫子講義』の断簡）であるが、元来四十二巻全てが完備していたものと考えられている。

三 『太平記』における「七書」

後掲する⑨に「夫《それ》武の七書にいへる事あり」（巻十七「二度京軍事」）として、『三略』上略の一節を引用することから、『太平記』製作の場において、『三略』『六韜』などの兵法書が「七書」に収められた本（七書本）に拠って参照されているのは、ほぼ間違いないと考えられる。すなわちその本文は、少なくとも、古く平安期に読まれた「黄石公記」のごとき系統の本文ではなく（ただし、この系統の本文が類書等を媒介として引かれる可能性はある）、宋代に「七書」としてまとめられた本文であり、鎌倉期の「七書」の受容のあり方からして、それは『施氏七書講義』の本文だったと考えられる。勿論原典としての『施氏七書講義』と『太平記』との間に媒介となる書物が存する可能性はあるが、『講義』が宋代に成立した注釈書であることからすると、『文選』などの古く日本に受容された書物に比べ、『太平記』との距離は比較的近いのではないかと推測される。

ただし、後述のように、『三略』『六韜』については、その内容に言及する記述が見えることから、『太平記』の製作者が実際に見ていた可能性を想定することができるが、「七書」に収められた兵法書のうちの『三略』『六韜』以外の書については、そのように想定するのが難しい。以下に、『太平記』の中で、『三略』『六韜』以外の「七書」の兵法書に言及する例を掲げる。[*8]

①彼文集に「昌黎 赴《オモムク》二潮《テウ》州《ニ》一」といふ長篇あり、此所にいたつて談義をきく人々、「是は不吉の書なり、呉子・孫子・六韜・三略等こそ然るべき当用の文なれ」とて、昌黎文集の談義を止てけり。（巻一「無礼講事付談義事」）

②寄手は騎馬の兵少《すくなく》して陸立《かちだち》の射手多ければ、小路々々を立塞で楯の外《はづれ》より散々にゐる。六波羅勢は陸立少して騎馬多ければ、懸違々々敵を中に取籠《とりこめん》とす。孫氏が千変の謀、呉子が八陣の法、互に知たる道なれば、共に破れず囲れず、只命を際の戦にて、更に勝負も無かりけり。（巻八「四月三日京軍事付妻鹿孫三郎事」）

③事新しく耳にたちて承る秋山殿の御詞かな、是は執事の御内に阿保肥前守忠実と申者にて候。幼稚の昔より東国に居住して、明暮は山野の獣をおひ、江河の鱗をつかんで業とせし間、石公張良が兵書も、呉子・孫子が所伝をも曾て名をだに聞かず、然而反化時に応じて懸挽あらん処は、勇士の己と心に得たる道なれば、元弘建武より後数百箇度の合戦に、敵をなびけ寄《みかた》をたすけ、強をやぶり堅をくだく事其数をしらず。

（巻二十九「将軍親子御上洛事付阿保秋山河原合戦事」）

④我曾て兵の凶器なる事を不知《しらず》、少《わか》かりし時好て兵書をまなびき。智は性の所嗜《たしなむところ》にいづる者なれば、呉子・孫子が所秘《ひするところ》の道、尉繚・李衛が所難《かたしとするところ》の術、其一をあげて占すれば、則三をかへして悟き。

（巻三十八「年号改元事付大元軍事」）

①は、後醍醐天皇らが幕府転覆の計画を練るために行った無礼講で、玄恵法印を請じ韓愈の別集である『昌黎文集』を講義させたところ、「昌黎潮州に赴く」という詩について、人々がこれを不吉だとし、『呉子』『孫子』『六韜』『三略』などの兵法書こそ、ここでの談義にふさわしいと言う場面である。②は、官軍と六波羅軍との合戦の場面。「孫氏（孫子）」と「呉子」が対語となって、それぞれの「千変の謀」と「八陣の法」とが、その前の「小路々々を立塞で楯の外より散々にゐる」と「懸違々々敵を中に取籠とす」とに対応するように作られたものと考えられる。従って「千変の謀」と「八陣の法」とは、それぞれが『孫子』『呉子』に実際に見える戦略というよりは、具体的

な状況を説明する表現に引かれ、そうした状況説明に見合った、それでいて一見『孫子』『呉子』にふさわしい表現が選ばれ、それを『孫子』『呉子』に当てたのではないかと考えられる。③は、秋山光政と阿保忠実との一騎打ちで、東国で漁猟をして生きて来た阿保が『孫子』や『呉子』など学んだことがないという場面。増田欣氏が指摘するように、ここでは剛勇ぶりを強調するために、古典的な兵法を否定的に用いているものと考えられる。④は、宋と元との戦を記した逸話の中で、翁が自分の身上を語った、その語りの一節。学んだ兵法書の代表例として、『呉子』『孫子』『尉繚子』『李衛公問対』という、いずれも「七書」に収められている諸書を挙げているものである。

「七書」に収められた兵法書のうち、『三略』『六韜』以外の書について、『太平記』の中で書名が掲げられる如上の例を見ると、いずれの場合においても、それぞれの書物の内容については言及せず、その書名を掲げることを目的とするものだと考えられる。こうした例からすると、果たして『太平記』が『孫子』や『呉子』などの『三略』『六韜』以外の書を実際に読んでいるのか、疑問に感じざるを得ない。

阿部隆一氏は、日本における『三略』の受容をめぐって、以下のように述べる。

兵法七書といえば、我々が先ず念頭に浮ぶのは孫子で、現在でも兵書中では孫子は比較的広く読まれている。孫子は単なる兵法技術者としてではなく、先秦の思想家として評価されているからでもある。中国に於ても同様である。勿論我が国でも室町時代に至るまで、孫・呉の名は著名で、「異制庭訓往来」は「兵法書雖レ多、不レ過二六韜三略呉子孫子司馬法一、此書皆是述二以レ武治レ国、以レ文修レ徳之枢要一也（返点は稿者が付した）」と述べ、また勧学教養の書を列挙した中に兵書では「呉子孫子」を録し、一条兼良の「尺素往来」も著名典籍中に「呉子孫子六韜三略」をあげている。しかし最も読まれてしかるべきと思われる孫子は全く読まれなかったとは言い得まいが、実際は講読の証跡が殆どない。兵書類の現存の我が旧鈔本は三略及び七書講義を除いては、いずれも室町以降の書写にかかる。最も多いのは三略で、六韜之に次ぎ、他は寥々たるものである。しかも室町時代の仮名抄に於て兵書にあっては、六韜は清原宣賢の抄が伝えられている程度であるが、三略はその数が比較的多い。この様に我が国で講読された兵書の大部分は六韜・三略であって、孫子が盛に読まれるようになったのは江戸時代に入ってからである。

阿部氏の指摘に照らして前掲①〜④の例を見れば、『太平記』の作成においてもまた、「七書」のうち、主として『三略』『六韜』が参照され、（「七書」のうちの）それ以外の兵書については、あまり参照されなかったのではないかと考えられる。この点について、節を改めて今少し検討してみたい。

四　『六韜』の利用

巻三十四「龍泉城合戦事」で、南軍の和田・楠木が木々の梢などに旗を結い付けて大勢が立っているように見せかけたのを、寄手の土岐の桔梗一揆の中の「ちと青才覚有ける老武者」が見破った際、『六韜』虎韜「塁虚」の「其の塁上を望むに飛鳥多くして驚かず、上に雰気無くば必ず敵詐《いつは》りて偶人を為《つく》れりと知れ」[*9]を引いたことについて、増田欣氏は、この『六韜』の発想と同じものが、『孫子』行軍篇にも「鳥集まるは虚しきなり」と見えるのに、『太平記』の老武者が引いたのは『孫子』ではなく、『六韜』だったことを指摘する。

『孫子』と『六韜』との双方に同じ発想が見える場合に、『孫子』ではなく、むしろ『六韜』を参照してその表現を用いていることが推測される例は他にもある。次に掲げるのは、天王寺に陣を張る楠木正成が、宇都宮公綱の決死の覚悟を知り、宇都宮との戦いを敢えて避け、戦わずに天王寺から退こうと語った、その語りの一節である。

⑤「良将は不闘《たたかはず》して勝」と申事候へば、正成明日は態《わざ》と此陣をさつて引退き、敵に一面目ある様に思はせて、四五日を経てのち、方々の峯に遠篝をたきて一むし蒸《むす》程ならば、坂東武者の習、程なく機疲れて、

（巻六「楠出張天王寺事」）

傍線部分の「良将は不闘して勝」は、『孫子』謀攻篇に「百たび戦ひて百たび勝つは善の善なる者にあらず。戦はずして人の兵を屈する善の善なる者なり」とあるのに発想としては極めて近い。ただし、「良将」の資質について問題にしている点からすれば、『六韜』龍韜「軍勢」に「上戦は与《とも》に戦ふこと無し。故に勝つことを白刃の前に争ふ者は良将にあらず」とあるのが注目される。この箇所に付された『施氏六韜講義』の施子美の注（施氏注）は、前半の「上戦は与に戦ふこと無し」について先に掲げた『孫子』謀攻篇の一節を引用した上で、後半の「勝つことを白刃～」について「此れ言ふこころは謀《はかりごと》無くして力を以て争はんとす。上兵は謀を伐つ、其の次は兵を伐つ。戦ひて以て勝つことを求むるは豈に良将ならんや」と述べる。つまり、この施氏注は、戦って勝つことを求めるのが必ずしも「良将」ではないことを先掲の『孫子』謀攻篇の一節を引きながら論証しているのであり、「良将は不闘して勝」の典拠としては、この『六韜』の一節および施氏注がよりふさわしいと考える。そして、以上の例からすると、『太平記』製作においては、『孫子』よりもむしろ『六韜』が参照されたのではないかと考えられる。

ところで、『太平記』における『六韜』についての理解は、かなり深いところにまで及んでいるのではないかと考えられる。以下に掲げるのは、赤松と六波羅勢との一連の戦いの中で、敗れた赤松が敗軍の士卒を集めて少数精鋭で瀬川の六波羅の陣に攻め込んで六波羅勢を京に追い返したときの場面である。

⑥赤松入道円心は、手負・生捕の首三百十二、宿河原の東に切懸させて、又摩耶え引返《ひきかへさ》むとしけるを、則祐律師進出て申けるは、「軍の利、勝に乗るときに北《にぐる》をおふに如ず、今度寄手の名字をきくに、京都の勢は数をつくして向て候ける。此勢共今四五日は、長途の負軍《まけいくさ》にくたびれて人馬共に物の用に立べからず。臆病神の覚ぬ先に続て責る程ならば、何か六波羅を一戦の中に責落《せめおとさ》では候ふべき、是太公が兵書にいでて、子房が心に所秘《ひするところ》にて候はずや」　（巻八「三月十二日京軍事」）

負傷者や生捕った者の首を宿河原に立てかけて摩耶城に帰還しようとする円心に対して、則祐は勝ちに乗じて逃げる敵を追うべきだと主張する。その根拠は傍線部分に示されており、さらにそれは「太公が兵書にいでて、子房が心に所秘」であると言う。

傍線部分に該当するのは『六韜』犬韜「武鋒」で、周の武王が太公望に向かって、相手に攻撃を仕掛けるタイミングについて尋ねたときの太公望の言だと考えられる。太公望は、敵の「十四変」を察して、それが敵に見えたときに攻撃すれば敵は必ず敗れると言い、以下のごとき「十四変」を掲げる（原文を訓読して掲げる）。すなわち（1）敵人新たに集まる、（2）人馬未だ食せざる、（3）天の時順《したが》へざる、（4）地形未だ得ざる、（5）奔り走る、（6）戒めざる、（7）疲れ労れたる、（8）将、士卒を離れたる、（9）長路を渉る、（10）水を済《わた》る、（11）暇あらざる、（12）阻難狭路、（13）行を乱るる、（14）心に怖るる、という十四変である。このうち、赤松則祐の言にある「長途の負軍にくたびれて人馬共に物の用に立べからず。臆病神の覚ぬ先に続て責る」という六波羅勢の様子は、（7）（9）（14）に該当しよう。つまり則祐は、原典である『六韜』では「十四変」として箇条書きに掲げられていた事柄を咀嚼し、それをその場の状況判断と自らの理解に従って運用していることが見て取れるのである。また、『太平記』巻十三「高氏卿関東下向事付時行滅亡事」で、中先代の乱に際し、鎌倉を出立した名越式部大夫が昼夜を分かたず攻め上ってきたのを聞いた尊氏の言には、以下のように前掲「十四変」の（9）を引く。

⑦足利卿公此由を聞たまひて、「六韜十四変に、渉《カクル》二長路《ヲ》一可レ撃《ウツ》といへり、是武成王（＝太公望のこと）の所教《をしふるところ》の兵法なり」とて、同八日卯時に、平家の陣え推寄《おしよせ》て終日に闘暮さる。

『六韜』犬韜「武鋒」の「十四変」が、戦術としてよく知られていたものであった可能性もあろう。

五　『六韜講義』（施氏注）の利用

前節の⑤からすると、『太平記』製作の場においては、（『施氏六韜講義』を用いているからには当然のことながら）施子美の注に従って『六韜』が学ばれていたものと考えられる。そのことが顕著に窺われる例に言及しておきたい。

『太平記』巻三十三、畠山道誓が竹沢右京亮に命じて新田義興の暗殺を図ったときの件りで、竹沢が義興に取り入るために「或宮の御所より少将殿と申ける上臈女房の、年十六七計《ばかり》なりけるが、容色類なく心操《やさし》情く御座ける」という女性を義興に差し出したところ、義興は元来好色であったために、竹沢の思いどおり、その女性に夢中になった。こうした竹沢のやり方について、『太平記』は以下のように述べる。

⑧されば太公望が「利をこのむ者には財をあたえて是をまよはし、色をこのむ者には女をあたえて是をまどはせ」と、敵をはかる道をおしえしを不知《しらざり》けるこそ愚なれ。（巻三十三「新田左兵衛佐義興自害事」）

この箇所の典拠として、増田欣氏は、「この詞は、そのままの形では見出せないが」と前置きして、『六韜』武韜「文伐」の、武力によらず敵を伐つ法として挙げられている十二箇条のうちの以下の二条を要約したものではないかと推測する。

（1）四に曰はく、其の淫楽を輔《たす》けて以て其の志を広うし、厚く珠玉を賄《まひな》ひ、娯しましむるに美人を以てし、辞《ことば》を卑《いや》しうし聴を委ね命に順ひて、合《かな》へば彼れ将《まさ》に争はずして奸節乃ち定まらんとす。

（2）十有二に曰はく、其の乱臣を養ひて以て之れを迷はし、美女淫声を進めて以て之れを惑はし、良き犬馬を遺《や》りて以て之れを労せしめ、時に大勢を与へて以て之れを誘《あざむ》く。上察して天下とともに之れを図る。

確かにこの二条は、いずれも女色を以て敵を陥れることを述べており、両者を合わせて要約することで、⑧の太公望の教えに近いものとなる。特に（1）の第四条の「其の淫楽を輔けて以て其の志を広うし」は、相手の生来のあり方を助長する意である点で、⑧の「利をこのむ者には財をあたえ」、「色をこのむ者には女をあたえ」るということに近いと解釈されよう。しかしながら、第四条に付された施氏注を合わせて参照すれば、『六韜』本文に対する理解は、さらに『太平記』の本文に近づく。

（3）其の四は、則ち其の好む所に因りて以て之れに逢ふ。彼れ惟だ志 淫楽に在れば、吾れ則ち之れを輔《たす》けて楽しびに貪らしむ。彼れ惟だ貨《たから》を好めば、吾れ則ち之れを賂《まひな》ふに珠玉を以てす。彼れ惟だ色を好めば、吾れ則ち之れを娯しましむるに美人を以てす。彼れが心、既に我が為に役《えき》せらる、吾れ又た能く辞を卑しうして以て之れに下り、身を委ねて以て之れを聴き、其の命に順ひて其の意に迎合す。

以上のことから、『太平記』作者が施氏注に従って『六韜』を理解していたことが窺われよう。

六　『六韜講義』と『三略講義』

ところで、『施氏三略講義』の冒頭にある題注には「六韜・三略は太公が兵法なり」とあり、『六韜』と『三略』とは、いずれも太公望の兵法書だとされる。また、既に阿部隆一氏が指摘するように、両書はその思想上共通する所が多いと考えられる。そこで考えてみたいのは、両書を学ぶ者にとって、それらが如何に結びついていたのか、という点である。

『太平記』巻十七「二度京軍事」では、足利尊氏の叡山攻めの後、宮方（叡山方）は二条師基の軍勢が来たのに力を得て、東西から京をはさんで攻める作戦を立てて押し寄せたが、作戦が漏れて京都方（尊氏方）に敗れてしまう。この件りの末尾には以下の評語および後日談が見える。

⑨夫《それ》武の七書にいへる事あり。「謀泄《モル、トキハ》則軍無レ利、闚《ウカヾウトキハ》レ内則禍不レ制」と、這回《このたび》洛中の合戦に官軍打負《うちまけ》ぬる事、只敵《てきに》内通の者共寄《みかた》に有ける故也とて、互に心を置合り。　（巻十七「二度京軍事」）

自分たちの敗戦の原因が情報の漏洩にあるとし、互いに疑心暗鬼に陥ったという。「武の七書」とはいうものの、ここに引用されているのは、以下に掲げる『三略』の一節である。

（1）軍讖《ぐんしん》に曰はく、将の謀は密ならんことを欲ふ、士衆は一ならんことを欲ふ、敵を攻むることは疾《と》からんことを欲ふ、将謀の密なるときは奸心閉づ、士衆一なるときは軍心結ぶ、敵を攻むること疾きときは備へ設くるに及ばず。軍に此の三つの者有るときは、計りごと奪はれじ。将の謀泄《も》るれば軍に勢無し、外内を闚《うかが》へば禍制せられず。財営に入れば衆奸会す。将に此の三つの者有れば軍必ず敗る。　（『三略』「上略」）

「軍讖」は古代の兵法書とされるが未詳。施氏注には、「軍讖とは古への兵法の一書なり。三略、軍讖を挙げて以言を為す。其の古への言を以て然りとす。己が私言に非ず」とし、特に『三略』（「上略」「中略」「下略」で構成される）の中でも「上略」に多くその言が引かれる。『太平記』の傍線部分は、本文にやや異同があり、訓読にも小異を存するが、『三略』の一節がほぼそのまま引用されているのがわかる。

（1）は、（A）将官は謀りごとを秘密にすること（B）将兵は一致団結すること（C）敵を攻めるに迅速であることの三点を、表現を変えながら繰り返し述べるものだと解される。傍線部分は、（A）（B）に対応し、それを逆説的に（A）もし謀りごとが漏れてしまったら味方の戦意が無くなる、（B）もし（一致団結することなく）外部の者が内部を窺うようなことになったら不運に対処できなくなる、と述べるものである。

さて、ここで、（1）の箇所の施氏注を見たい。

（2）機、将に在りて、秘せざるべからず。而して用を致す所以は則ち心の斉《ととの》ふるに在り。心、衆に在りて、斉はざるべからず。而して戦を致す所以は、則ち又た勢ひの速かなるに在り。謀の密なるときは、是れ其の機の秘なるなり。衆の一なるときは、其の心斉ふるなり。之れを攻むること疾きときは、是の勢ひ速かなり。是の三つの者は、其の序《つい》で先後无きこと能はず。（以下に原文を示す、機在将、不可不秘。而所以致用、則在乎心之斉。心在衆、不可不斉。而所以致戦、則又在乎勢之速、謀之密、此其機秘也。衆之一、其心斉也。攻之疾、是勢速也。是三者、其序不能无先後也。）

難解で意味の取りにくいところもあるが、大凡のところ、謀りごとを敵からかくすことが味方にとって極めて重要であり、そうすることで兵の心は整い、兵の心が整うことで軍全体に勢いがつくことをいうのであろう。また、味方の謀りごとをかくすのは「機」をかくすことであり、将官は必ずそうすべきだともいう。注目したいのは、（1）には「機」の語が見えないのに対し、その注の（2）では「機」に引きつけて説明が成されている点である。

「機」をめぐって注目される例がもう一つある。前掲⑥の場面からやや時が経って、桂川を隔てて赤松勢と六波羅勢とが膠着状態に陥ったとき、事態の打開を図って一騎のみで川を渡ろうとする則祐を制し、何とか思い留まらせようとした円心に、則祐は以下のように述べる。

⑩寄《みかた》は纔《わづか》に三千余騎、敵は是に百倍せり、今闘を不決《けつせず》して、敵に無勢の程を見透かされなば、重て闘《たたかふ》とも利有べからず。されば太公が兵道の詞にも、「兵勝之術《ジユツ》密《キビシク》察《シテ》二敵人之機《キヲ》一、而速《ニ》乗《ノツトリ》二其《ノ》利《ニ》一、復《マタ》疾《トク》撃《ウテ》二其《ノ》不意《ヲ》一」といへり。是《これ》我が困兵をもて敵の強陣をやぶる謀にて候はずや。

（巻八「三月十二日京軍事」）

傍線部分は、以下のごとく、『六韜』文韜「兵道」にそのまま見える。

（3）武王曰はく、敵我が情を知り、我が謀に通ぜば、之れを為さんこと奈何。太公が曰はく、兵勝の術は、密《ひそ》かに敵人の機を察して速かに其の利に乗り、復た疾く其の不意を撃つと。

（『六韜』文韜「兵道」）

（3）の主張を前掲（1）（2）の『三略』の本文および注に照らしてみれば、味方の「機」は敵に知られないようにし、敵の「機」はそれを察することが兵法の術においては重要だということになる。「機」とは、好機、機会、兆しといった事柄だと考えるのがわかりやすいが、より抽象的で、状態や変化を総体として捉えた語彙だとするほうが、さらに適当であろう。以上のことは、以下に掲げる（3）の施氏注に一層明確に記される。

（4）兵を用ふるの法、大抵は機に乗る。其の機に乗らずして徒《た》だに力を以て争はんとすれば、勝負何に自《よ》つてか決せんや。孫子に曰へること有り、兵の情は速かに人の及ばざるに乗ることを主《つかさど》る。又た曰はく、其の不意に出づ、是れ皆な機に乗るの説なり。李靖が曰はく、兵は機事なり、速かなるを以て神とす。呉明徹が曰はく、兵は速かに在ることを貴ぶ、亦た機に乗るの説なり。太公の意武王をして其の機を得て之れに乗らしめんとするにあらずや。既に其の機を得て復た加ふるに速かなることを以てす、宜なり其れ以て其の不意を撃つべきなり。

『三略』と『六韜』は、「機」を説く点で共通しており、両書は互いに補完的な機能を以て享受されていたものと考えられる。両書および施氏注においては、主張を支える基盤として「機」がしばしば取り上げられる。兵法における「機」の在り方は、両書を同時に学ぶことによってより立体的に浮かび上がってくることになろう。

「機」をめぐって佐倉由泰氏は『太平記』における「気（機）」について詳細に分析し、その概念の重要性を指摘した。[*10] また、森田貴之氏は『太平記』において「兵法談義とは、その実、「機」への関わり方の提示ではないのか」と示唆している。[*11] こうした指摘・示唆を念頭に、改めて『施氏三略講義』『施氏六韜講義』の『太平記』との関わりを精査する必要があると考える。

七　おわりに

本稿では、兵法書、就中『太平記』における「七書」の享受について考察した。増田欣氏は、「七書」をめぐる考察について、「『武七書』の思想と共通する記事を、『太平記』の叙述から掘り起こす作業は、『太平記』という作品を兵法書の知識で解析し、兵略の見地から批評することに繋がる」と述べた上で、考察の対象を典拠の特定に役立つ徴証をとどめている叙述に限る必要性を述べる。兵法書の受容の問題は、兵法書自体にはほぼ文脈がなく、文言を変えた同内容の記述を別々の書物に頻繁に見出す場合が多いこと、兵書が往々にして思想的で難解な表現を用いていることなどの困難さを伴う。今後、こうした点に留意しつつ、考察する必要があると考える。

付記

本稿は、第四一六回軍記・語り物研究会例会（二〇一八年一月二十八日於早稲田大学）での同題の口頭発表に基づく。席上、貴重なご意見を賜った先生方に心より感謝申し上げます。

注

＊1　増田欣『『太平記』の比較文学的研究』（角川書店、一九七六年）

＊2　増田欣「太平記と六韜―特にその兵法批判について―」（『中世文藝比較文学論考』汲古書院、二〇〇二年、初出は一九九八年）。以下、特に断らない限り、増田氏の論はすべてこれによる。

＊3　佐伯真一「『太平記』の「良将」に関する覚書」（『太平記』国際研究集会編『『太平記』をとらえる』第二巻、笠間書院、二〇一五年）

＊4　阿部隆一「三略源流考附三略校勘記・擬定黄石公記佚文集」（『斯道文庫論集』第八号、一九六九年）。本節の『三略』および「七書」についての記述は、これによる。また、特に断らない限り、阿部氏の論はすべてこれによる。

＊5　阿部隆一氏は、前掲注＊4で現行『三略』と「黄石公記」との間の文字の異同の多さから「唐代には三略にはいくつかのテキストが存していたことを想察せしめる」とし、「その中で最も盛行したのが「成氏注黄石公記三略」であるが、現行「三略」系、或はそれに近いテキストも存していたのではあるまいか」と述べる。

＊6　施子美について、『施氏七書講義』の巻初に存する「同郡江伯虎序」に「三山施子美」とあるほか、明代の方孝孺の別集『遜志斎集』に「読三略」「読尉繚子」の作品が見え、そこにやはり「三山施子美」とある。

＊7　阿部隆一「金沢文庫本「施氏七書講義」残巻について―新出の孫子講義零巻を主として―」（『阿部隆一遺稿集』第二巻、汲古書院、一九八五年、初出は一九七〇年）。佐藤道生「「佐保切」追跡―大燈国師を伝称筆者とする書蹟に関する考察―」（『臨済宗妙心寺派教学研究紀要』第七号、二〇〇九年）

＊8　『太平記』の本文は、『神宮徴古館本　太平記』（和泉書院、一九九四年）による。なお、適宜私に濁点やルビなどを付した。その他の仮名遣いについては訂することをせず、原文のまま掲出した。

＊9　『施子七書講義』（『孫子』『三略』『六韜』および施氏注）の本文は、寛永十一年豊雪斎道伴刊『（武学上舎）施氏七書講義』（金程宇編『和刻本中国古逸書叢刊』鳳凰出版社）および京都大学清家文庫所蔵、清原宣賢等写『施氏三略講義』による。なお、訓読も可能な限りこれらの書により、掲出に際しては訓読文にて示した。ただし、寛永刊本と室町写本とでは訓読の仕方に相違がある。本稿では、『施氏七書講義』の本文の意図をできる限り明示する為に訓読文を提示したが、『施氏七書講義』の本文および訓読については、伝本間の異同を含め、別に精査を要する。

＊10　佐倉由泰「『太平記』と「気」」（佐伯真一編『中世の軍記物語と歴史叙述』竹林舎、二〇一一年）

＊11　森田貴之「『太平記』の兵法談義―その位置づけをめぐって―」（『太平記』国際研究集会編『『太平記』をとらえる』第三巻、笠間書院、二〇一六年）

参考資料

増田欣『『太平記』の比較文学的研究』（角川書店、一九七六年）
増田欣「太平記と六韜―特にその兵法批判について―」（『中世文藝比較文学論考』汲古書院、二〇〇二年、初出は一九九八年）
阿部隆一「三略源流考附三略校勘記・擬定黄石公記佚文集」（『斯道文庫論集』第八号、一九六九年）

『理尽鈔』『難太平記』から見た「青野原合戦」

――『太平記』注釈書としての『理尽鈔』の可能性――

今井正之助

一　はじめに

「太平記評判」には多くの類縁書があるが、最初に現れた『太平記秘伝理尽鈔』（『理尽鈔』と略称）を問題とする。平凡社・東洋文庫『太平記秘伝理尽鈔』の本文を用い（括弧内は底本の版本の該当箇所）、『太平記』については岩波書店・日本古典文学大系（流布本。理尽鈔の拠った太平記に近い）を用いる。

『理尽鈔』は『太平記』の記事をとりあげ、事件の〝真相〟を縷述する。しかし、『太平記』に登場する「散所法師」（巻一四・六四頁）を「散所寺法師」と解し、「散所寺」のいわれを語る（巻一四77ウ）など、多くの場合、『太平記』注解には使えない。ただし、次のような例もある。「白地《アカラサマ》ニ出京ノ蹤《アト》ニ」笠置が落城した（巻四・一二七頁）という「出京」を、ほとんどの注釈書は〝京都から出る〟ととるが、『理尽鈔』は、笠置を支援する勢力を募るため、良忠が「笠置を出て都に入る」（巻四3オ）ととる。良忠は笠置参内を自ら認めており、かつ笠置ではなく洛中で捕縛されているのだから、この方が理にかなう。東洋文庫巻四後注七に述べたように、「出京」には「洛中へ出掛けていくこと」

の意味もある。『日本国語大辞典』が用例にあげる『園太暦』の他にも、四部合戦状本『平家物語』巻四「後三条院の宮の事」に「時々は御出京なんども候へかし」とあり、延慶本はこれを「時々ハ京ナドヘモ出サセ給ヘカシ」と記す。時代が下るが『信長公記』（角川文庫）巻一三「八月十七日、信長公、大坂より御出京。京都にて、御家老林佐渡守・安藤伊賀父子・丹羽右近、遠国へ追失せらるる子細は…」という用例もある（立正大学十六世紀史研究会発行『『信長公記』語彙索引』によれば七例あるが、すべて上洛の意と思われる）。

『太平記』読解に際しても、『理尽鈔』参照がまったく無駄というわけでもないのである。以下、『太平記』巻一九「青野原《アヲノガハラ》軍《イクサノ》事」を対象として、『理尽鈔』の一側面を考える。新田義貞が越前に勢威を振るう中、奥州から快進撃してきた北畠顕家の大軍が美濃での戦闘の結果、進路を伊勢に転じ、南朝の京都回復の期待もしぼむ。この合戦は情勢に大きな変化をつげるものであるが、『太平記』の描く合戦の経緯自体にさまざまな問題をはらむ。その問題点は、『理尽鈔』の記述を参照すると、より鮮やかに浮かびあがってくる。

あわせて、『太平記』とは異なる「青野原合戦」の次第を描く『難太平記』を問題とする。これまでも『難太平記』への言及はあったが、「故殿」すなわち今川了俊の父範国の記述が問題とされ、合戦の全体像を『太平記』とつき合わせて検討することは充分なされていない。引用本文は、内閣文庫林家旧蔵写本（函号一六七・七九）の公開画像に拠り、句読点、濁点、発語（心内語を含む）を示す「 」、原文の注記的記述を示す〈 〉を施した。漢文表記部分は訓み開いた。また漢字の一部に送り仮名を補った。（ ）内は引用者の注記である。

二　土岐頼遠はどこで合流したのか

『太平記』は、顕家勢を追撃する足利勢が「美濃ノ洲俣」（天正本は「美濃ノ墨俣川」）に着き、土岐頼遠七百余騎が合流した（岩波大系巻一九・二九〇頁）と記し、続く「青野原軍事」の冒頭でも「坂東ヨリノ後攻ノ勢、美濃国ニ著テ評定シケルハ」と描く。ところが、顕家は足利勢が近づいたと知ると、先陣がすでに「垂井・赤坂辺」に着いていたにもかかわらず、「三里引返シテ、美濃・尾張両国ノ間」に布陣する。その後にくり広げられる五番に及ぶ合戦のうち、一番から三番は美濃・尾張の国境（境川・墨俣川）の渡河点が戦場となっている。この渡河戦について、「西上をめざす北畠顕家軍を阻止すべく、足利方の小笠原貞宗・芳賀禅可は当地でこれを迎え撃ったが敗れた（『太平記』巻一九）」（日本歴史地名大系『岐阜県の地名』下印食村）などと説明されることがあるが、『太平記』の波線部に注意すれば、攻守は逆で、渡河しようとする足利勢を顕家勢が迎え撃ったのである。足利勢一番の小笠原・芳賀、二番の高大和守、三番の今河・三浦のうち、小笠原の合流場所は不明であるが、他は関東または道中で追撃勢に加わった面々である。美濃・尾張の国境で顕家軍を迎え撃ったのならば、いつの間にか顕家軍を追い越したことになるが、そのような記述はない。また、足利勢五番の桃井・土岐が青野原で「敵ヲ西北ニ請《ウケ》テ」位置したという記述があり、これも先行する（西にいる）顕家勢に追撃勢が迫った、という構図である。[*1]

そうなると、先に「美濃ノ墨俣」「美濃国」とあったこととつじつまがあわない。『理尽鈔』が「後攻の兵尾州一の宮に陣したりと聞こへければ、土岐は一宮に行きて評定を加へ……」（47オ）と、土岐の合流場所を尾張とするのも、『太平記』の齟齬を問題としたからであろう。

土岐の合流場所にはもう一説ある。

> 建武四年やらん、康永元年やらんに、奥勢とて、北畠源大納言入道の子息顕家卿、三十万騎にて押て上洛せしに、桃井駿河守〈今に播磨守〉、宇津宮勢、三浦介以下、御方として跡より、をそひ上りしに、故入道殿（今川範国）は、其時は遠江国三倉山に陣とりて、此御方に馳加て、海道所々にて合戦なり。
> 参河国より、又、吉良右兵衛督〈時に兵衛佐〉満義、朝直、高刑部大輔、三河勢など馳加て、二千余騎にて、

美濃国黒田に着けるに、当国の守護人土岐弾正少弼頼遠、「土岐山よりうち出て、青野原にてもみ合べし」と申けるに、「明日の合戦一大事」とて、海道勢三手に合（分）て、一二三番の鬮を取て「入替入替せらるべし」とて、くじをとられしに、桃井・宇津宮勢は一くじ、故殿・三浦介は二の鬮、吉良・三河勢・高刑部は三鬮也。[*2]

右のように、『難太平記』は「美濃国黒田」とする。『難太平記』版本は「美濃国黒血」とするが、内閣文庫本の他、長谷川端・他『難太平記』下巻」（『中京大学文学部紀要』第42巻第2号、二〇〇八年。以下「長谷川校注」）によれば、尊経閣文庫本・京都大学附属図書館谷村文庫本・多和文庫本も「黒田」である。先行する顕家勢との衝突なくして、追撃勢が「黒血」に着くことは不可能であるから、「黒血」ではありえない。

『難太平記』に「黒田」の地名は、他に二箇所登場する。

故入道殿（今川範国）入替られて、敵山内と云けるもの以下打取給て、西のなはて口にて、ほろかけ武者二騎を故殿射落し給ひし也。猶敵支ける間、くゐ瀬川の堤の上に非人の家有けるにおりゐ給ひけり。夜に入て雨降しかば、敵重てかゝらぬ時、黒田の御方に加り給ふべし」と人々申けるを、「只是にて明日（やって来る）御方を待べし」と仰せられければ、米倉八郎左衛門、手負ながら有けるが云、「かくの如きおこがましき大将をば、焼殺にしかじ」とて（非人の家に）火を付ければ、力なく此あかりにて黒田に加られけり。

今川範国が杭瀬川に退き、「黒田」の御方に合流したというのだが、「黒血」では杭瀬川との間に先刻戦った顕家の大軍がひかえているはずである。尾張国黒田（現一宮市木曽川町黒田）もあるが、範国らは杭瀬川の堤にあった非人の家に火を付けて、その灯りをたよりに「黒田」に戻ったとあるから、尾張国黒田では遠すぎる（夜間に境川・墨俣川の大河を渡ることにもなる）。したがって、杭瀬川近辺に「美濃国黒田」があったと考えられる。

【付図】に揖斐川支流粕川の左岸に「黒田」を表示した。他には該当する地名が見あたらないのだが、『角川日本地名大辞典21岐阜県』「黒田〈揖斐川町〉」によれば、天正十九年の文書に「黒坪村」とみえ、「江戸初期に黒土《くろど》を

【付図】「青野原合戦」関連地名・地形図

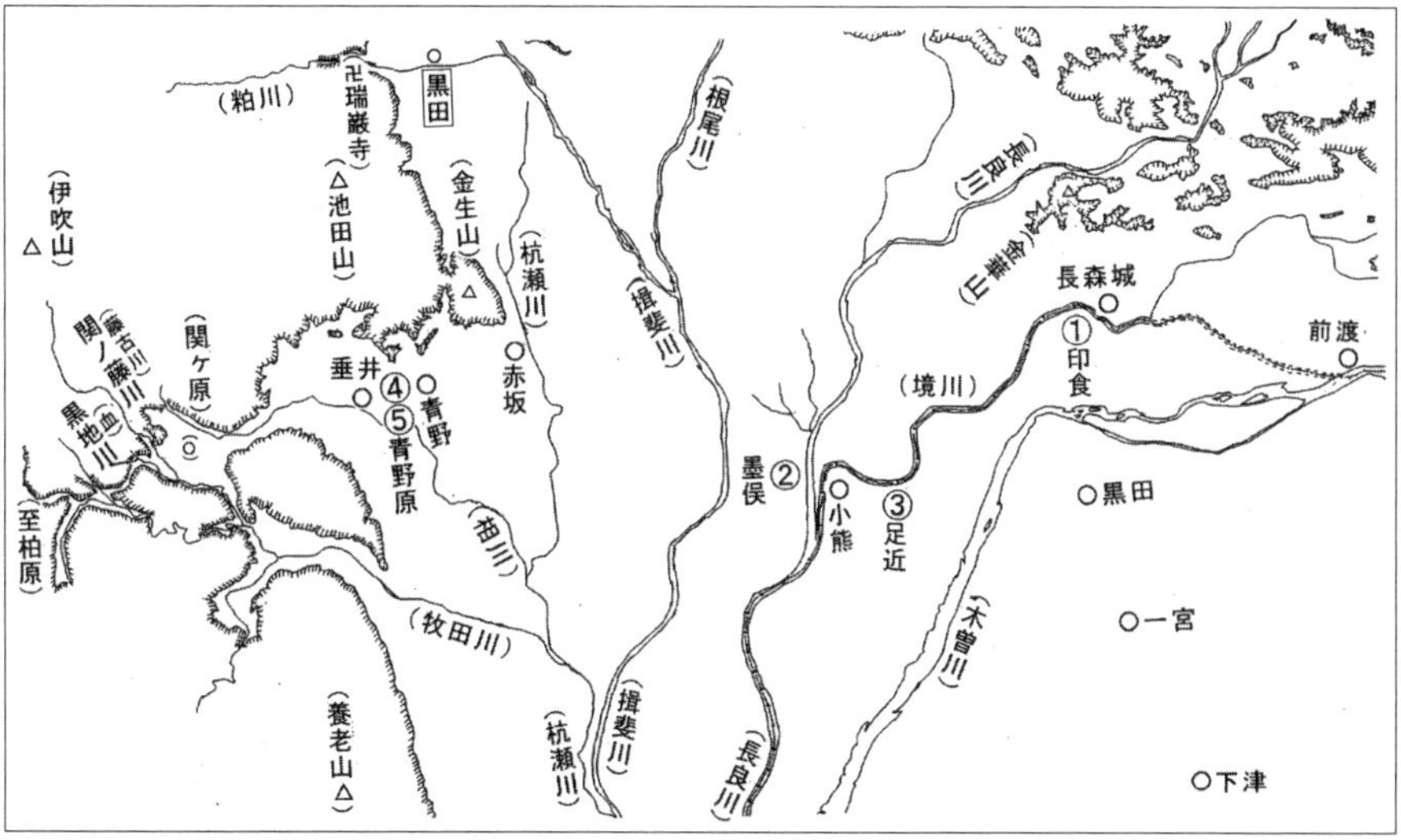

〔凡例〕

- 国土地理院五万分一地形図（岐阜・名古屋北部・大垣・津島・長浜・彦根東部）により作図した。
- 山地の表示はおおむね百メートルの等高線によった。
- 『太平記』『難太平記』「青野原合戦」において問題となる大河は、境川（当時の木曽川流路。印食の先から前渡にいたる部分は推定)、長良川（墨俣川)、杭瀬川（当時は揖斐川の本流）の三つである。現在の木曽川への流路変更（天正十四年洪水説は文献的には確証が無い。洪水によって新たな流れが誕生したとはいえない）など複雑な問題があるが（注＊1榎原著参照)、ここでは立ちいらない。
- 境川と墨俣川が濃尾の国境をなしていたことを示すため、境川は現況よりも太く表示している。
- 中小の河川は数多くあるが、必要な部分に限った。青野原から関ヶ原にかけてやや詳しくなったのは、足利勢が防御を固めた「関ノ藤川」「黒血川」を表示したためである。
- ①〜⑤は、『太平記』の足利勢が五手に分かれ、籤によって決めたとする攻撃の順とその場所である。

称し、正保から延宝年間に黒田村と改称」したとある。したがって『難太平記』の「美濃国黒田」を揖斐川町黒田に比定してよいか問題が残る。しかし、尾張黒田を飛鳥井雅有『春の深山路』が「黒戸」と表記している例（『愛知県史通史編2中世1』四五三頁）もある。美濃黒田も江戸期以降に生まれた表記とは限らないだろう。

この揖斐川町黒田の地とすれば、範国らが川面に映る火影をたよりに杭瀬川の岸をさかのぼり、黒田にたどり着くことは不可能ではない。さらに、今川勢の若者が、一番勢に先んじようとして「桃井より先に赤坂口あめ牛山」に馳せ上った、という記事がある。「あめ牛山」は、長谷川校注の指摘するように、他の史料に「赤坂北山」とあり、金生山とみてよいだろう。赤坂から垂井方面に控えていたであろう顕家勢に、足利勢が東側から攻撃をしかける場合、敵の目前でわざわざ山に上る意図がわからない。一方、揖斐川町黒田から南進して（進撃の様子を隠して）、「赤坂北山」から一挙に駆け下り敵勢に突入するという策は十分にありそうである。「美濃国黒田」を現揖斐川町黒田の地とみなして不都合はないといえよう。

また、今谷明・藤枝文忠編『室町幕府守護職家事典下巻』（新人物往来社、一九八八年）「土岐頼雄」（頼遠の甥）の項に「東の金華山から西の池田山までの美濃平野は土岐守護家の基盤であった。」とある。青野原合戦当時の頼遠の居城は、『太平記』によれば長森城であったと思われるが、建武三年に急死した、頼遠の兄頼清の墓所（瑞巌寺。建立したのは頼清の子頼康）も黒田にほど近い場所にあり、頼遠の時代にあっても黒田一帯は土岐氏の息のかかった場所であったと思われる。

「美濃国黒田」を現揖斐川町黒田とみなすならば、この地は墨俣から赤坂、垂井を経て近江に向かう、中世の東海道（注＊1榎原著四七頁、中公新書四二頁参照）からは大きく外れている。足利の追撃勢（海道勢）が黒田に着いたのは、頼遠の積極的な誘引によるものであり、事前に使者を交わしていたのであろう。頼遠は当初から青野原での戦闘を予定し、準備していたと思われる。

一方、『太平記』は次のように記す。京都の足利尊氏らは、土岐敗退の報に狼狽。高師泰の主張により、美濃・近江に派兵を決定。軍勢は二月六日の早旦にようやく黒地川に着き、決死の陣を敷いた、と。しかし、実際には、顕家勢が美濃に近づく以前の一月二十日頃、直義の指示により「黒血要害」が固められている(吉川家什書、三刀屋文書。大日本史料六編四、六六七・六六八頁)。地形的に見て「黒血要害」を撃ち破ることは、大軍勢をもってしても容易なことではない。頼遠が青野原での戦闘を予定した背景には、顕家勢がしばらく垂井あたりに滞留せざるをえない、とふんでいたとも想像される。頼遠の功績は、青野原の戦闘での自らも負傷するほどの奮戦ぶりにとどまらず、合戦の立案から遂行にいたる全局面を覆う重要なものであったことになる。

三　青野原での戦闘はどのようにして可能となったのか

五手に分けた『太平記』の追撃勢の戦いを略記すると次のようになる。戦闘場所(括弧内は本稿・付図の表記)、対戦者(足利勢/顕家勢)の順に示す。

一番：志貴ノ渡(印食)。小笠原信濃守・芳賀禅可/伊達・信夫。
二番：洲俣河(墨俣)。高大和守/相模時行。
三番：阿字賀(足近)。今河五郎入道・三浦新介/南部・下山・結城入道。
四番：青野原。上杉民部大輔・同宮内少輔/新田徳寿丸・宇都宮紀清両党。
五番：青野原。桃井直常・土岐頼遠/北畠顕家・顕信。

前節でふれたように、小笠原の合流した場所は不明であるが、洲俣で七百余騎で加わったという土岐も含め、傍線を付した足利勢はいずれも関東または道中で追撃勢に加わった面々である。そして、一番から五番まですべて足利勢が敗退している。中西達治「太平記における青野原合戦」（『太平記論序説』桜楓社、一九八五年所収。初出一九八二年三月）六〇頁が「地形的に見れば、負け軍を続けながら足利側の軍勢は、徐々に奥州軍の本営に迫っている」と指摘するように、これは不思議な光景である。四・五番の上杉兄弟、桃井・土岐らは、一番から三番が敗退する中、どうやって青野原に軍勢を進めていたのであろうか。

足利勢と奥州勢の攻守が逆であれば、理解は容易である。もともと美濃に集結していた足利勢が、近づく奥州勢をまずは美濃・尾張の国境（一番から三番）で食い止めようとして、はたせず後退し、青野原（四番・五番）で最後の決戦を挑んだ、という具合である。しかし、くり返すが『太平記』の記述はそのようにはなっていない。『太平記』の攻守の構図と勝敗とを変えることなく、『太平記』の記述を理解しようとするとどうなるか。『理尽鈔』は以下のように説明する。

上杉・桃井は土岐と一つに成て、北美濃に回り、「追手の合戦の半ならんずる頃をひ、顕家卿の兵皆追手へと向かはん。残り留まる兵少なからんずれば、押し寄せて顕家卿を討奉らん」と謀りける。（巻一九48ウ）

四番の上杉兄弟、五番の土岐・桃井は、〈追手（一番から三番の国境方面）の合戦が激しさを増すころ、美濃の府（47オ。垂井）に陣取る顕家の守りは手薄となるだろうから、そこを狙って顕家を討とう〉と謀ったという。すなわち、四番・五番は〝搦手〟として敵の本陣（顕家）を襲おうとしたというのである。「北美濃」に回ったというのも、土岐らの評議の場所は尾張一宮（47オ）であるから、印食（一番）、足近（三番）などとは別の、たとえば前渡《まえど》などを渡り、顕家勢に気づかれないように、山際に迂回して垂井を目ざした、とみなすのであろう。しかし、顕家は、正成と親しく、兵書にも詳しかったので、三万余騎は追手へ派遣したが、「宗徒の兵十万計をば、垂井・赤坂・青野が原に」（49オ）備えており、足利方のもくろみは失敗に終わった。

また、『太平記』は、桃井・土岐が一千余騎の小勢で攻撃を仕掛けた、と記す。とくに土岐の手勢が「領内であるにもかかわらず」「少なすぎる」（中西『太平記論序説』六〇頁）と疑問が投げかけられているが、この点についても、『理尽鈔』は、桃井直常の思わくが次のようなものだったと説明する。〈小勢で向かえば、敵はあなどって隊列を乱して向かってくる。そこを撃ち破れば、後陣は浮き足立つ。それに、勇敢な兵は「追手」へ向かい、青野原には役立たずの兵が残っているだけだ〉（50ォ）。しかし、顕家は「四方面」にして隙無く構えており、直常らは散々な目にあうほかなかった。これは、直常がかつて正成から授けられた策を生半可な理解のまま用いたからであり、顕家は先刻承知していた（51ゥ～52ォ）。直常の「生兵法」批判はともかくも、ここにも「追手」の語が用いられていることに注意したい。

四　五手（五番）に分ける目的は何だったのか

たしかに『理尽鈔』のように、追手（一～三番）、搦手（四・五番）とみなすと合戦の全体像はわかりやすい。しかし、『太平記』そのものに追手・搦手という記述があるわけではない。かりに追手・搦手に分けるとして、追手の何番手、搦手の何番手という取りきめではなく、なぜ、両手を通しての順序付けが必要なのだろうか。

『太平記』には、他にも軍勢を複数の手（番）に分けて戦ったという記述がある。

・巻一四「矢矧、鷺坂、手超河原闘事」（官軍対足利。矢作川。一～三番）
・巻一四「将軍御進発大渡・山崎等合戦事」（足利対官軍。山崎。一、二番）
・巻一五「三井寺合戦事」（官軍対細川。三井寺。一～三番）
・巻一六「新田殿湊河合戦事」（新田義貞対足利。湊川。一～三番）
・巻一八「越前府軍并金崎後攻事」（里見対今河。金崎。一、二番）

・巻二〇「黒丸城初度軍事付足羽度々軍事」（義貞対足利高経。黒丸城とその支城。一〜三番）
・巻二六「四条縄手合戦事付上山討死事」（楠正行対高師直。四条畷。一〜三番）
・巻三一「武蔵野合戦事」（新田義興ら対尊氏。小手差原。一〜三番）
・巻三一「笛吹峠軍事」（尊氏対新田義宗ら。笛吹峠。一、二番）
・巻三三「菊池合戦事」（菊池対小弐。筑後川近辺。一〜三番）

「青野原合戦事」以外の、右十例はおおむね限定された場所での波状攻撃とみなされる。たとえば巻一五の三井寺合戦では、一番が「後陣ニ譲テ引退ク」ところに、二番が「入替ヘ乱合テ責戦フ」。他の例も波状攻撃とはいえないまでも、順序だった戦闘がなされている。そのためには味方の軍勢の動向を知る必要があろう。ところが、「青野原合戦事」の場合、一番の印食と二番の墨俣とは十キロメートル近く離れている。二番の墨俣と四・五番の青野原も十二キロメートル近い隔たりがある（『太平記』も、頸家勢が「三里」引き返したという）。右十例の中では、巻二〇の黒丸城攻防が現在の福井市とその周辺に及ぶやや広い地域を舞台としているが、これは本営の黒丸城という集約点がある。「青野原合戦」のように、広大な範囲を、一度の評議で手分けして合戦に及んでいる例は他にはないのである。

さらに、青野原で敗れた土岐が長森城に、桃井が洲俣河に退いたという。すでに指摘のあるように（中西『太平記論序説』六〇頁）、青野原と長森城との間には追撃勢一番に勝利した頸家勢が、同じく洲俣河との間には二番・三番を撃破した頸家勢が控えていたはずである。そのことがまったく念頭にない記述といわざるをえない。一〜三番（渡河戦）と四・五番（青野原合戦）とは、実質的なつながりを失っている。[*3]

五　今川範国はどこで戦ったのか

連携をとることが困難と思われる広域を舞台にした手分け自体に、疑問があることを述べた。『太平記』が五手に分かつところを、『難太平記』（第二節引用箇所）は「海道勢三手に分て、（中略）桃井・宇津宮勢は一くじ、故殿（今川範国）・三浦介は二の鬮、吉良・三河勢・高刑部は三鬮也」と記す。三手の中に土岐が入っていないが、土岐は海道勢（関東から追撃してきた軍勢）ではなく、地元美濃の軍勢として独自に一隊をなしたのであろう。

『難太平記』の足利勢は「入替入替せらるべし」という統制のとれた攻撃を目的としており、場所も青野原に限定されている。美濃・尾張の国境から青野原にいたる広域を舞台とし、五手全体の戦略も不明瞭な『太平記』「青野原軍事」にくらべて説得力がある。

さて、『太平記』は五手、『難太平記』は三手と異なるが、両書の二番、三番の武将名には共通性もある（高刑部と高大和守と正確には一致しないが、他と同様、高一族もまとまって戦ったであろう）。

二番ニ高大和守三千余騎ニテ、洲俣河ヲ渡ル所ニ、渡シモ立《タテ》ズ、相摸次郎時行五千余騎ニテ乱合《ミダレアヒ》、互ニ笠符ヲシルベニテ組デ落、々重《オチカサナツ》テ頚ヲ取リ、半時バカリ戦タルニ、大和守ガ憑切タル兵三百余人討レニケレバ、東西ニ散靡《アラケ》テ山ヲ便《タヨリ》ニ引退ク。

三番ニ今河五郎入道・三浦新介、阿字賀ニ打出テ、横逢《ヨコアヒ》ニ懸ル所ヲ、南部・下山・結城入道、一万余騎ニテ懸合《カケアヒ》、火出《イヅル》程ニ戦タリ。今河・三浦元来小勢ナレバ、打負テ河ヨリ東ヘ引退ク。

とくに、今川・三浦の組み合わせの一致が目につく。ただし、戦った場所は、『難太平記』が青野原、『太平記』が阿字賀（足近）と異なる。今川範国の戦ったのが赤坂（広くいえば青野原）であったことは、次の文書の裏づけもあり、確かであろう。[*4]

奥州前国司顕家卿攻め上る間、彼の後迫として、御発向の間、御手に属し奉り、今年正月廿八日、美濃赤坂北山并に西縄手にて合戦し、先を懸け軍忠を致す間……〔蠹簡集《とかんしゅう》残編（山城国御家人松井助宗軍忠状。今川範国判）。大日本史料六編四、六六九頁〕

さらに、『太平記』のように足近で戦ったとすると、「横逢ニ懸ル所ヲ」（側面に攻撃をしかけたところ）という表現も不審である。『太平記』の二番墨俣川と三番足近とは、それぞれの正確な位置関係は不明だが、二キロメートル前後は離れている。二番の高大和守を退けた相模次郎時行の側面を突くためには、今川も墨俣川の渡河が必要であり、攻撃目標に到達する前に気づかれ、迎え撃たれる。『太平記』の今川の相手をした南部・下山・結城は最初から足近を守備していた軍勢だと思われ、なおさら側面をつくことは困難であろう。

『難太平記』は、一番勢が杭瀬川に退いた後、二番勢の今川が入れ替って奮戦したと記す。

一番勢合戦始けるに、桃井・宇津宮勢うち負しかば、赤坂宿の南を、くゐ瀬川に退けり。故入道殿（今川範国）入替られて、敵山内と云けるもの以下打取給て、西のなはて口にて、ほろかけ武者二騎を故殿射落し給ひし也。猶敵支ける間、くゐ瀬川の堤の上に非人の家有けるにおりゐ給ひけり。（後略。第二節引用部分）

この状況ならば、側面攻撃と表現してもおかしくはない。『太平記』に「打負テ河ヨリ東ヘ」引き退いたとある「河」も、青野原での戦闘であれば、杭瀬川のこととなる。

『太平記』の二番、敗れた高大和守が「東西ニ散靡テ山ヲ便ニ引退ク」とある記述も、場所が墨俣であるならば、理解しがたい（付図参照）。『難太平記』は高一族らの戦闘を記していないが、青野原での戦いであれば、「山ヲ便ニ」という表現も了解できよう。

ちなみに、二番の「山ヲ便ニ」や三番の「横逢（合）ニ」という表現は、「〇番ニ」を積み重ねる合戦描写の定型句というわけではない。前節にあげた合戦のなかでは、巻一八「越前府軍并金崎後攻事」に「横合ニ進マレタリ」という表現があるが、乱戦のなかでのことである。「山ヲ便ニ」にいたっては他に用例が見あたらない。『太平記』が当初から、美濃・尾張境界の渡河戦を描こうとしていたとすると、近くには存在しない「山」を持ちだすのは不可思議なことである。

六　おわりに

『難太平記』に「海道所々にて合戦なり」（第二節引用部分）とあり、記録類から「阿志賀川」（足近川）や「下津《おりづ》」（現愛知県稲沢市）などで戦闘があったことが知れるが、[*5]それが追撃勢と顕家勢との戦いであったのかどうかは確認できない。関東からの追撃勢との戦いの様相を具体的にうかがうことができるのは『太平記』と『難太平記』とである。しかし、先陣がすでに垂井・赤坂辺に着いていた『太平記』の顕家勢が「三里引返シテ、美濃・尾張両国ノ間」に陣取り、追撃勢との渡河攻防戦をくり広げた、との記述には種々の疑問がある。『太平記』の描く渡河攻防戦（一番から三番）も、本来、青野原での戦闘であった可能性が高いことを述べてきた。『太平記』の数々の不審は、顕家勢の「三里引返シテ」という状況設定に始まり、国境の渡河戦と青野原での戦闘をひと続き（一番から五番）の合戦として仕立てあげようとしたことによって生じている。[*6]

『太平記』の「青野原合戦」が現存の『太平記』にいたる生成過程で大きく改変されていることは、中西『太平記論序説』がすでに指摘している。中西氏の議論は巻二二の欠巻の問題にも及ぶが、ここではそれに立ち入る用意がない。小稿は「青野原合戦」の合戦描写そのものの検討から、改変の可能性に行きついたものである。海道勢（追撃勢）と土岐との評定の場所が「美濃国黒田」であることをはじめ、『難太平記』の記述の信憑性は高いと思われる。

しかし、『難太平記』も合戦のすべてを記述しているわけではなく、三番勢の動向や、一番から三番の戦闘と土岐の出撃の関係など（同日のことと考えるが、杭瀬川の堤に退いた範国が「是にて明日御方を待べし」と述べた「御方」との関係をどのように考えるか）、なお検討すべき点が残る。

『理尽鈔』の問題に立ちかえれば、同書は編者による『太平記』読み込みの所産であり、作業に際して、『太平記』以外の当時のしかるべき史料を用いたと確認できる事例はほとんどない。その意味で、『太平記』注釈に直接資するところは多いとはいえないが、利用の仕方によっては、時に思いがけない着眼点を与えてくれるのである。

注

＊1　榎原雅治『中世の東海道をゆく』（吉川弘文館、二〇一九年。五九頁。元版の中公新書五六頁）も美濃に近づく顕家勢を足利方が迎え撃った、と理解する。顕家が結城親朝に「阿志賀川を渡し、凶徒を退治す」と報じているように（白河証古文書。大日本史料六編四、六六六頁）、顕家勢が美濃に向かって渡河した際にも何らかの戦闘はあったであろうが、それと『太平記』巻一九が描く合戦とを同一視はできない。また、榎原著五九頁（中公新書五六、五七頁）は「阿字賀」で戦った南部・下山・結城入道を「甲斐の兵」とする。しかし、『太平記』巻一九・二八五頁の記述によるかぎり、南部・下山らは奥州勢である。顕家本隊が印食（『太平記』「一番」の戦闘場所）を渡河したとは確定できず、したがって、「印食のあたりを流れる川が南北朝時代には『足近川』と呼ばれていた」とも決定はできない。実は、日本歴史地名大系や榎原著のように読みたくなる原因が『太平記』にはあるのだが、その点は後述（第三節）。

＊2　「土岐山よりうち出て」を、長谷川校注の通釈は「根拠地の土岐山（岐阜県多治見市渓山町）より出てきて、」と地の文と解釈する。一方、長谷川校注の注記では「土岐山…現岐阜県土岐市周辺か」とする。「土岐山」については確認できないのだが、「赤坂口あめ牛山」「赤坂北山」が問題になっていることから、「土岐山から出撃して、青野原で乱戦に持ち込もう」という頼遠の発言の一部と解した。あるいは池田山を土岐山と呼んだか。

＊3　『難太平記』によれば、桃井の退いた場所は杭瀬川である。この方が信憑性が高いが、そうなると土岐が「長森城」

に引き籠もったということも疑う余地がある。『難太平記』も土岐負傷をいうが、敗走したとは述べていない。顕家勢の伊勢転進を、新井孝重『悪党の世紀』（吉川弘文館、一九九七年。一二六、一二七頁）は、進撃しつづける軍勢の規模が掠奪によってまかなえる水準をこえてしまうと、あとは自壊する以外にない、と指摘し、「土岐頼遠らの攻撃を、ようやくのことで薙ぎ払ったが、もはや黒血川を突破する力はなかった。おそらくこの時点で、奥州軍は大崩壊していたのである」という。大局的には妥当な見解と思うが、伊勢雲津川では顕家勢が勝利しており、余力はまだあった。『難太平記』は青野原合戦の経過を次のように記す。

　土岐打出しかば、（西の）黒地は京都より切ふさぎて支へ、海道（東の赤坂方面）は御方もみ合しかば、奥勢は青野原の後、伊勢路にかゝりて、（中略）青野原の軍は、土岐頼遠一人高名と聞えし也。

「土岐山よりうち出て、青野原にてもみ合べし」（第二節に引用）という頼遠のねらい通りの戦況となり、前進も後退もならない奥勢は、伊勢方面に向かうほかなかった。頼遠が負傷するくらいであるから損害も甚大であったであろうが、戦略的には足利勢の勝利であったといえよう。疑うべきは、『太平記』「頼遠既ニ青野原ノ合戦ニ打負テ、行方知ラズトモ聞へ、又ハ討レタリ共披露アリケレバ」（二九三頁）の方である。

＊4　和田琢磨「今川了俊と『太平記』」（『『太平記』をとらえる3』笠間書院、二〇一六年）は「了俊は『太平記』を必ずしも精読していたわけではないようである」と指摘するが、このこともその一例とできよう。軍功の主張に際し、戦った場所をおろそかにすることは、本来ありえないはずである。

＊5　『大日本史料』六編四は「尊氏、尾張美濃ノ戦捷ヲ鎮西ノ諸氏ニ報ズ」と綱文を立て「陸奥前国司〈顕家卿〉已下の凶徒、下津・赤坂にて誅伐の事、今月三日御教書今日〈十六日戌刻〉到来…」（岡本文書）他を載せる（七〇二頁）。

＊6　こうした設定の企図は、『太平記』の書き継ぎ・改訂の問題（足利直義が主導。その直義も失脚し、死去）と不可分であり、別に検討が必要である。ここでは以下の二点を指摘しておきたい。（1）のちに直義によって処刑される土岐頼遠の功績を矮小化する。（2）新田義貞は、京都への進撃を中断し足利高経の足羽城攻略にこだわった結果、無意味な討死をとげた（巻二〇・三二一頁「サシモナキ戦場ニ赴テ」）。史実と異なり、『太平記』の足利方の黒地防備はにわか仕立てであった。顕家勢が黒地を目前にして、引き返して追撃勢との合戦を優先したのは、義貞の行為に似る。『太平記』は、南朝方が京都回復の絶好機をみずからふいにした、と描こうとしている。

参考資料

兵藤裕己『太平記〈よみ〉の可能性—歴史という物語』(講談社学術文庫、二〇〇五年。初版一九九五年)
加美宏『太平記の受容と変容』(翰林書房、一九九七年)
若尾政希『「太平記読み」の時代—近世政治思想史の構想』(平凡社ライブラリー、二〇一二年。初版一九九九年)
樋口大祐『「乱世」のエクリチュール—転形期の人と文化』(森話社、二〇〇九年)
今井正之助『『太平記秘伝理尽鈔』研究』(汲古書院、二〇一二年)

近世演劇と『太平記』

――『仮名手本忠臣蔵』成立まで――

黒石陽子

一　はじめに

『太平記』は近世演劇の歌舞伎・人形浄瑠璃にとって主要な取材源の一つであった。歌舞伎作者の虎の巻としての性格を持つ『世界綱目』が作られるようになるのは、寛政三年（一七七一）以前とされている。[*1]「世界」とは、作品の背景となる時代や事件を意味する演劇用語で、全部で百以上の項目があり、それぞれに登場する役名が列挙され、参考文献が示されている。このうち「歌舞妓時代狂言世界之部」として、「保元物語」「平治物語」「平家物語」「義経記」「曾我」等々の項目と並んで「太平記」がある。『世界綱目』が確固とした形で確立した時期は明確ではないが、歌舞伎と人形浄瑠璃の成熟の過程を考えれば、宝暦から天明年間（一七五一～一七八九）にかけての両者の交流や、歌舞伎における上方と江戸との影響関係も含めて、この期間に作られた作品の蓄積や経験から「世界」の意識が次第にできあがっていったことが想定される。

歌舞伎が元禄歌舞伎の終焉を迎え、人形浄瑠璃の影響を強く受け始める時期の宝永末年から延享年間（一七一〇

浄瑠璃作品を歌舞伎化したものが多い。一方、江戸では二代目市川団十郎が顔見世狂言の「暫」の場面で篠塚五郎を中心に新田四天王に扮して荒事の芸で人気を博していた。[*2] それに対して人形浄瑠璃は大坂の竹本・豊竹両座で近松門左衛門、文耕堂、西沢一風、並木宗輔らが『太平記』に取材した作品を書いていた。

ところで『太平記』を時代背景とする近世演劇として、すぐに思い起こされるのは『仮名手本忠臣蔵』であろう。『世界綱目』で『仮名手本忠臣蔵』の扱いを確認すると「御家狂言之内　敵討之部并に類」のうち、「義士伝」の項目の中の「義太夫」の一つとして挙げられていることが分かる。ちなみに『世界綱目』は、各「世界」の参考文献として「引書」と「義太夫」の項目を立てており「引書」は通俗歴史書や軍書を、続けて「義太夫」がその「世界」に関係する義太夫節浄瑠璃の作品名を挙げる。この事から考えると『世界綱目』ができあがっていく中で、『仮名手本忠臣蔵』は『太平記』を「世界」とする義太夫節浄瑠璃作品として扱われるのではなく、独立した別の分類として見なされ、『太平記』ものとは差別化されていったことが分かる。

この現象から推定できることは、『太平記』と近世演劇との関係を考察する上で、『仮名手本忠臣蔵』以前と以後では『太平記』の扱い方、視点が異なるということである。実際、歌舞伎も人形浄瑠璃も『仮名手本忠臣蔵』上演以降は、『仮名手本忠臣蔵』を踏まえた上で作られていく傾向が見てとれる。そこで本稿では、『仮名手本忠臣蔵』以前の近世演劇、とりわけ人形浄瑠璃の『太平記』の扱いについて検討する。[*3]

結論からいえば、『太平記』の記述を踏まえながらもかなり大胆、自由に話を膨らませ、時に意表をつく解釈も交えて、当代的な視点から作品世界を構築している。『太平記』には描かれることの無い登場人物を配し、とりわけ女性の設定やその描かれ方に特徴がある。また巻二一「塩冶判官讒死事」は特に注目された巻であり、大胆な解釈に基づく作品化が見られる。しかし『仮名手本忠臣蔵』になると「塩冶判官讒死事」を取り上げるにあたり、『太平記』そのものの解釈という意識からは離れ、赤穂浪士事件を描く上での枠組みとして活用するようになるのである。

二　近松以前の人形浄瑠璃と『太平記』

浄瑠璃において『太平記』に取材した作品は『太平記（原刻本は『楠軍記』）』七巻（元禄九年（一六九六）正月刊）のシリーズである。その後宝永四年から七年（一七〇七〜一七一〇）にかけて『追加太平記』七巻のシリーズも刊行されている。ともに梗概書の性格が強いもので、読み物として刊行されたかと思われる。[*4] また、さらに古いものとして『松平大和守日記』万治四年（一六六一）二月十三日の条の記事から、この頃既に『太平記』に依拠した浄瑠璃があったことが指摘されており、[*5] 同時期頃刊行かとされる『後醍醐天皇』は巻九「六波羅攻事」までの後醍醐天皇の動静を語りながら、児島高徳の活躍に創作を加えて作られたものもあったことが指摘されている。[*6]

上演された人形浄瑠璃としては『ひら仮名太平記』[*7] がある。内容は新田義貞と勾当内侍の恋、大塔宮を慕うあわの内侍、村上彦四郎とその女房の話が展開する。楠正成については千早城の戦いが取り上げられている。新田義貞と勾当内侍の恋については『太平記』巻十六「西国蜂起官軍進発事」に義貞が勾当内侍に恋い焦がれた様子が記されるが、本作では勾当内侍が積極的に新田義貞への思いを述べ、義貞も勾当内侍に心引かれるという形に描いている。義貞をめぐってはあわの内侍も積極的に義貞を慕っており、女性の行動力や思いの強さは『太平記』には描かれることの無いものである。

中でも注目されるのが、村上彦四郎とその女房の物語である。この部分は『太平記』巻五「大塔宮熊野落事」に取材するもので、『太平記』では仁和寺に逃れ入った大塔宮が、般若櫃《はんにゃびつ》の中に身を隠して敵を欺くという話であるが、本作では次のように設定されている。

村上彦四郎は浪々の身となって、奈良でのぞきからくりの地黄煎《じおうせん》売りとなっている。般若寺の前で子どもたちを集めていると、そこに大塔宮が南都の衆徒に追われて逃げてくる。彦四郎は大塔宮とは知らず、腰の太刀を奪おうと近づくが、大塔宮に睨まれて思わず身ぶるいし、その威力に恐れをなす。さらに大塔宮と知って一層畏怖し、自らを深く恥じるとともに、宮を守ろうと思い立ち、とっさに宮をのぞきからくりの箱の中に隠し入れ、駆けつけた追手をうまくだまし遂《おお》せる（『太平記』の般若櫃をのぞきからくりの箱へと改変）。

宮をのぞきからくりの箱に入れて帰宅すると、そこには貧しい暮らしを共にする女房が糸繰りをしながら待っていた。彦四郎は大塔宮を守るために一命を捧げるつもりだが、賤しい身の上の女房が秘密を漏らす心配はないかと、女房の気持ちを確かめようとする。一方女房は夫の覚悟に揺れがないかを確かめるために、わざと宮を匿うことを避けるように言うと、彦四郎は女房が訴人でもしかねないと殺そうとする。その様子を見た女房は夫の覚悟が固いことを知り、夫彦四郎のためならば自分が命を落とすことも惜しくないとして、女房である自分を疑った夫の心を恨み嘆く。

そこに突如南都の衆徒が宮を探してなだれ込んでくる。彦四郎は急いで宮の衣装を脱がせて、賤しい身なりにやつさせて逃がそうとする。とっさに女房は宮の衣装を身につけて、大塔宮の身替わりとなり、自分こそが大塔宮であると叫ぶと自ら太刀の切っ先を口にくわえ、真っ逆さまに落ちて自害をする。それを宮と思った衆徒が取り囲んで首を取ろうとした所に彦四郎が駆けつけ、衆徒を追い散らす。女房が宮の身替わりとなって自害したことを知り、女房の心の程を知って彦四郎は嘆き悲しむ。

この村上彦四郎の女房の死は『太平記』巻七「吉野城軍事」で、村上彦四郎が大塔宮と名乗りをあげて切腹し、身替わりになって敵を欺こうとした話を元としていると考えられる。それを本作では彦四郎の女房の、切なる夫への愛情の物語として作り直している。女房は大塔宮のために自害したのではなく、大塔宮を守ろうと覚悟した夫のために、宮の身替わりとなって自害したのである。女房の次の言葉にそれは凝縮されている。「みづからは女の身武士の道はいらざれ共。夫婦の道のふかければ命はさら〳〵おしからず。しん王様も皇様《すめら》もへちまのかは共思はぬぞや只大切なは御身也」。出自も賤しく名前も示されないこの女房の、夫彦四郎への素朴で一途で強い愛情は、思い切った大胆な行動力を彼女に与え、予想もつかなかった衆徒の急襲に瞬時に反応し、大塔宮の身替わりとなって自害するという勇猛な行動につながっているのである。

『太平記』の記事の裏側への想像力、あるいは記事を元とした新しい発想による改変のしかたは、この後の近松作品、さらにその後の浄瑠璃作品に続いていく。

三　近松作品と『太平記』

近松が『太平記』に取材して書いた浄瑠璃作品は四作品ある（上演年月日等は『義太夫年表　近世篇』による）。

『兼好法師物見車』　宝永七年（一七一〇）『碁盤太平記』以前（推定）竹本座
『碁盤太平記』　宝永七年（推定）竹本座
『吉野都女楠』　宝永七年（推定）竹本座
『相模入道千疋犬』　正徳四年（一七一四）秋以前　竹本座

先行研究により『兼好法師物見車』『碁盤太平記』は赤穂浪士事件と関係したものとされており、[*8]『相模入道千疋犬』は作中に登場する闘犬の名前が白石であることから、新井白石を意識したもので、生類憐れみの令を当て込んだ作品と指摘されている。[*9]

『兼好法師物見車』は先行浄瑠璃『吉田兼好物語（つれ〳〵草）』を受け継ぎつつ『碁盤太平記』と関連づける必要もあって巻二一「塩冶判官讒死事」を元に作られたもの。また『相模入道千疋犬』は『太平記』を元としているが、当代の生類憐れみの令の当て込みがあることから『太平記』を時代背景として借用するという性格がある。この中で純粋に『太平記』を元に作品化したのは『吉野都女楠』である。

『吉野都女楠』は『太平記』巻十六を中心に十七、十八、二十、二三を元に、全体として『太平記』の記事を基本的には忠実に押さえ、本文も『太平記』を意識した部分を設けて書いていることが窺える。『太平記』の内容を観客や読者にも十分意識させながら、そこに新たな解釈を加えて物語を広げていくところに近松の独自性を見ることができる。

一段目では後醍醐天皇重祚の後、足利高氏勢が西国より攻め上り、その情勢を新田義貞からの奏聞によって知った天皇は、楠正成を呼び、今後の対策を尋ねる。正成は後醍醐天皇に比叡山へ臨幸することを勧め、直ちに出陣することには疑念を示したのに対し、坊門の宰相が正成の発言を退ける。というように『太平記』に忠実にしたがって描いていく。

しかし、これに『太平記』には無い、大森彦七が勾当内侍に早くから恋慕しており、内侍が天皇より新田義貞に下賜された後も執心が止まないという設定が組み込まれる。これに絡んで坊門の宰相が大森彦七に内通しており、義貞の妻となっているのにも関わらず、勾当内侍を手に入れようと彦七が企んでいるのに与するという設定も加えている。これが二段目以降の話の展開に大きく関わっていく。また、坊門の宰相が大森彦七に内通していたことが原因で、正成は湊川の合戦に敗れ討死したのだとしている。一段目ではそれらの状況が説明されるとともに、出陣を余儀なくされた正成が討死を覚悟で、子息正行と別れる桜井の別れが『太平記』を踏まえて描かれる。

注目すべきは二段目である。長くなるが梗概を述べると次の通りである。

新田義貞は湊川合戦の折、兵士たちが土地の農民に被害を与えないよう、厳しく盗みを取りしまる。しかし青麦を刈る者が出てきて、義貞は下手人を取り調べる。その内の一人は女であった。言い訳もせず、すぐに自分を処罰するように恐れることもなく言う様子を義貞は不思議に思い、盗みの理由を問いただす。決して訳を言おうとしない女に対し、義貞は往還にさらして諸人に恥を知らすと言うと、女はわっと泣き出し、盗みをするも夫の恥、黙っていれば諸人に顔をさらしてさらに夫の恥になると言って、訳を話し出す。

この女の夫は足利高氏に代々仕える侍だったが、ある事柄から高氏の不興を買い、それが原因で親からも勘当を受け、土民の身となり果てている。この度の合戦では必ずや分捕り高名の誉れをあげ、主人の不興と父親の勘当を許されたいと思っている。しかし貧しい身の上で武具馬具もなく、馬はやせて軍馬にすることができない。悔しく思っている夫の様子を見るにつけ「そばで見るさへ胸せかれ。をのれやれ二世とかはした大じの男此まゝにては果てさせじ」と思案する。そして麦を盗んで兵糧にし、陣所に忍び入って、寝入っている兵共から太刀や物の具を盗んで、夫に持たせ、出陣させ、自分も夫とともに出陣しようと思って行ったことだったと説明する。しかしこのように捉えられたことは、夫の武運が尽きた証拠であるから、自分をここで殺してほしいと言って嘆く。

義貞はその女の話に感じて「あつはれ武士の妻にて有けるよ」と落涙し、罪を許して自分の着捨ての鎧と太刀を与える。しかし女は夫は高氏方の侍であり、義貞から太刀鎧を恵んでもらっては戦場で義貞に向かうことはできない。それは高氏に対して不忠になる。だからやはりここで自分を殺してほしいと願う。それを聞いた義貞はなおも女の心に感じ入り、その心を察してこそ、夫の名前も尋ねることはしないのだ。戦場では容赦はいらないと言って女に太刀鎧を与えて許す。

この後、女は夫の元に帰り、事の一部始終を話す。主君高氏の敵義貞の着捨ての鎧と聞いて、迷う夫であったが、妻の心に感じてその鎧を身につけて出陣する覚悟を決める。この夫こそ、小山田高家であった。高家は戦場で敗走している義貞と出会う。そして、自ら義貞に討たれようとするが、義貞は鎧を見て、かの女の夫であることを察し、高家を討たずにその場を去っていく。その仁心に高家は心打たれる。するとそこへ大森彦七の軍勢が押し寄せ、高家が着ている鎧から、高家を義貞と思って雨あられと矢を射かけて来る。その矢を避けるべく奮戦していた高家だが、遂に追い詰められ、「今は是迄我義貞の命にかはり。其隙にやす〳〵落し情の恩を報ぜん」と、自ら義貞と名乗って討死する。

この部分は『太平記』では次の通りである。青麦を刈ったのは小山田高家自身であり、義貞の家臣はすぐに高家を処罰するよう進言するが、義貞は安易に判断せず、高家の様子を調べさせる。すると武具馬具はきちんと備えているが、兵糧が全くないことが明らかとなる。義貞は自身の大将としての不備を恥じ、青麦を刈られた百姓への詫びをするとともに、高家へも兵糧を与える。これに恩義を感じた高家は後に合戦の折、馬を射られて乗り替えの馬を待っていた義貞の様子を遠くから見つけ、自分の馬を乗り替えとして義貞に届け、義貞を守るために、迫って来る敵と一人戦い、遂には敵に取り囲まれて討死にする。

『太平記』では、高家はそもそも新田義貞の兵として参戦していた。これを『吉野都女楠』では、高家の主君は足利高氏であり、親からの勘当を受けて十数年の貧苦の中、挽回の機会をねらっていたとする。その夫のために必死に尽くす妻を設定し、夫婦の物語とした。また高家が義貞という名将に心打たれ、恩義を感じるのは双方ともに共通しているが、『吉野都女楠』では妻の命を助け、さらに自分の命まで助けようとした義貞の大きな人間性に、敵味方を超えて心から感動する高家の姿を描く。その感動の直後、高氏方からいきなり矢を射かけられ、高家は意味が分からぬまま必死に矢を避けて攻防するうち、自分が義貞の着捨ての鎧兜を身につけているが故に、義貞と思われてねらわれることに気付く。その瞬間、高家は義貞を救うために自ら身替わりとなって命を落とすことを決意し、討死を遂げる。ここにこの作品のドラマがある。

生類憐れみの令を当て込んだとされる『相模入道千疋犬』であるが、内容は『太平記』巻五「相模入道弄田楽并闘犬事」、十「安東入道自害事付漢王陵事」、十一「五大院右衛門宗繁賺相模太郎事」等を踏まえながら、『太平記』には描かれない人間模様を描いていく。鎌倉の相模入道高時の動静を探るために、新田義貞の弟脇屋義助が安東左衛門聖秀の元に若党として入り込み、やがて聖秀の娘絵合姫と恋仲となるという設定で一段目から三段目が展開していく。次に梗概を記す。

高時は将軍である後醍醐天皇の四男成良親王をないがしろにし、奢りを極め、京都で起こっている争乱にも無頓着なありさまである。とりわけ闘犬を好み、犬を人よりも大事にするという有様で、こびへつらう大名小名は、高時にさかんに犬を献上していた。そうした中、高時の側近五大院宗重と安東左衛門聖秀は対立し、仲裁に入った高時は、宗重の子息宗房と聖秀の娘絵合姫を縁組みすることで、仲を取り持とうとした。聖秀は高時に主君であることの恩顧は認めながらも、その奢りに疑念を持ち、こびへつらう宗重には憤り、娘の縁組みについても受け入れがたい思いだった。

そうした中、若党義助に恋心を抱いていた絵合姫は縁組の話に気鬱となり、養生に向かう。その道中、犬を輿に乗せて運ぶ一行と出くわす。犬が通るので乗り物から降りるように強要され、供をしていた若党義助がそれにあらがう。姫はこれを危ういと思い、自ら乗り物を降りて礼をしてその場を収める。しかしそれを見ていた父聖秀は激怒し、姫を勘当し、義助にも暇を出す。その直後、義助は戻って犬に切りつけ、大暴れをする中、捕手に捕らえられ、由比ヶ浜の犬囲いに閉じ込められる。

絵合姫は身をやつし、犬の餌を持参すると見せかけて義助に心尽くしの食物を用意し、義助と心を通わし合う。しかしそれを見つけた宗房は、自分を嫌った姫と義助に対する嫉妬から、姫の用意した食物を地面に落として砂まみれにし、それを義助に犬食いさせるという屈辱を与える。絵合姫は宗房に切りつけるが失敗し、縛られる。義助は犬責めに合うことになり、一度目の責めには傷を受けながらも命を落とすことはなかったが、最後に白石という屈強な闘犬に責められることになる。しかし白石は義助のいましめを食い切り、義助を救った。義助は大暴れして姫を助け、白石を連れてその場を去る。

この脇屋義助と絵合姫の恋は、本作独自の設定となっているが、二人の命がけの恋と五大院側に対する激しい怒りが、二人の絆の強さを描くとともに、高時らの悪逆ぶりを浮き彫りにしている。また安東左衛門聖秀は、義貞側に就くようにという義貞からの手紙を受け入れず、武士としての道義を守って主君相模入道高時を裏切ることをしない。しかし義助を救うために義貞の使者としてやって来た娘を思い、自ら切腹して果てる。その様子は巻十「安東入道自害事付漢王陵事」を踏まえながら、娘に対する父親の恩愛の情を描く内容へと変換されている。

以上のように、近松の作品では、『太平記』の流れや状況の進行を踏まえながら、取り上げられている事柄について、そこに描かれない事情の設定や、人物関係を増幅し、武士として人としての生き方、親子・夫婦・恋人たちの恩愛や情愛の物語を描き出しているのである。

四　並木宗輔の登場と『太平記』

近松以降では文耕堂（松田和吉）や西沢一風らの作品に『太平記』に取材したものがある。『大塔宮《おおとうのみや》曦鎧《あさひのよろい》』（近松門左衛門添削、竹田出雲・松田和吉作）が享保八年（一七二三）、『車環合戦桜《くるまがえしかっせんざくら》』（文耕堂作）は享保十八年（一七三三）、『赤松円心緑陣幕』（文耕堂・三好松洛作）が元文元年（一七三六）に竹本座で上演されている。また『南北軍問答《なんぼくいくさもんどう》』（西沢一風・田中千柳作）は享保十年（一七二五）に豊竹座で上演されている。

『大塔宮曦鎧』は巻一「頼員回忠事」に取材したもので、歌舞伎でもすぐに上演され、後年になっても斎藤太郎左衛門の葛藤を描く三段目の「身替り音頭」の上演が行われた。『赤松円心緑陣幕』とともに大塔宮をめぐる展開となっている。『車環合戦桜』は楠正成敗死後、帝位を狙う大納言清忠、大塔宮の若宮立太子までを描いている。『南北軍問答』は四段目で『太平記』巻六「楠出張天王寺事付隅田高橋并宇都宮事」に書かれた内容、楠正成と宇都宮公綱との戦いについてその真偽を問い直すというもので、楠正成没後の正行と公綱を描き、高師直を天下をねらう悪の張本として描いている。

しかし近松より後に『太平記』に度々取材したのは並木宗輔である。宗輔は単独作、合作合わせて五作品を書いている（上演年月日等は『義太夫年表　近世篇』による）。なお宗輔は、宗助→宗輔→千柳と改名している。

『尊氏将軍二代鑑』	享保十三年（一七二八）二月朔日	豊竹座	並木宗助・安田蛙文
『楠正成軍法実録』	享保十五年（一七三〇）八月朔日	豊竹座	並木宗助・安田蛙文
『狭夜衣鴛鴦剣翅』	元文四年（一七三九）八月十五日	豊竹座	並木宗輔
『楠昔噺』	延享三年（一七四六）正月十四日	竹本座	並木千柳・三好松洛・竹田小出雲
『仮名手本忠臣蔵』	寛延元年（一七四八）八月十四日	竹本座	竹田出雲・三好松洛・並木千柳

『仮名手本忠臣蔵』より前の四作品について概観しておきたい。

『尊氏将軍二代鑑』は『太平記』巻二一「先帝崩御事」を踏まえ、同巻「塩冶判官讒死事」を中心に脚色している。しかし『太平記』とはそれぞれの人物の設定を大きく変えている。塩冶は帝より妻（かおよ姫）を下賜されるが、かおよには既に思い人があり、塩冶に離縁を求める。また塩冶にも子までなした岡崎の遊女繁の井がいる。さらに師直のかおよへの恋慕は、実は右大臣具親がかおよへ邪恋をしかけており、それを妨げるためであったと設定している。近松の『兼好法師物見車』では、「塩冶判官讒死事」を踏まえて師直を悪として描き、西沢一風の『南北軍問答』では師直の悪をより一層増幅して描いた。本作は『太平記』の記事は取らず師直を善者としている。その発想はそれまでの作品には無い特色である。

『楠正成軍法実録』は『太平記』の巻四「先帝遷幸事」巻六「楠出張天王寺事付隅田高橋并宇都宮事」「赤坂合戦事付人見本間抜懸事」巻七「先帝船上臨幸事」「船上合戦事」巻三「赤坂城軍事」を踏まえていると考えられるが、これも大幅に新解釈を施している。本間九郎左衛門とその子息の話、後醍醐天皇隠岐脱出に関わる隠岐判官清高と富士名四郎についての話が複雑に構成されている。この作品では特に親子の悲劇を描くことに力が入れられており、本間九郎左衛門の話は『太平記』の「赤坂合戦事付人見本間抜懸事」をかなり変化させ、本間九郎左衛門の年齢の設定も高くし、妻との葛藤や息子への思いが描かれ、それが三段目の山場、和田新発意が正成へ仕えるようになった由来譚に結びつく。隠岐判官清高も隠岐に流された後醍醐天皇を討つように命じられ、帝を救おうとする娘とその婿である備後三郎のために、自らを犠牲にするという展開にされている。

『狭夜《さよ》衣《ごろも》鴛鴦剣翅《おしどりのつるぎば》』は、巻二一「塩冶判官讒死事」巻二十「義貞首懸獄門事付勾当内侍事」巻十八「瓜生挙旗事」等が踏まえられているようで、その中でも「塩冶判官讒死事」が中心となっている。その点では先の『尊氏将軍二代鑑』と視点は共通している。しかしさらに大胆な脚色が施され、推理劇の仕掛けが巧妙で、一段目から三段目までは観客の意表をつく構成となっている。高師直が教養ある忠義の武士として設定されており、『太平記』で描かれる師直とは解釈が全く異なっている。『尊氏将軍二代鑑』でも師直を善者と解釈して描いていたが、この作品でもそれを引き継ぎ、さらに拡大しているといえるだろう。また女性の描かれ方が綿密で鮮明であり、作品の中心となっている。

『楠昔噺』は、巻三「主上御夢事付楠事」巻四「笠置囚人死罪流刑事付藤房卿事」巻六「楠出張天王寺事付隅田高橋并宇都宮事」巻七「千剣破城軍事」が踏まえられている。楠正成と宇都宮公綱の父母が重要な人物として取り上げられていることが特徴である。爺徳太夫の先妻との間に生まれた子どもが宇都宮公綱で、過去に徳太夫は公綱を勘当している。また、婆の先夫との間に生まれた娘おとわの婿が正作（楠正成）という設定になっている。仲の良い再婚同士の老夫婦であるが、ともに口にはしないが、相手の前の連れ合いとの間に生まれた子どものことを大事に思っている。互いに義理の子どもを思い、相手を思いやる老夫婦の機微を描くのがこの作品の特色である。

以上のように『太平記』を扱うに際して宗輔が関わった作品は、多様な視点から取り上げる事柄を選び、親子、夫婦を中心とする人間関係の狭間で起こる葛藤を描いている。しかし特に注目されるのは「塩冶判官讒死事」を二度にわたって取り上げ、『太平記』の記事の解釈を大幅に変えて高師直の人物像の解釈を一新させたことである。

五　「塩冶判官讒死事」の取り上げ方と『仮名手本忠臣蔵』

「塩冶判官讒死事」に取材した作品は『兼好法師物見車』『足利将軍二代鑑』『狭夜衣鴛鴦剣翅』『仮名手本忠臣蔵』である。

『兼好法師物見車』は第一で吉田兼好が出家した謂われが描かれる。『吉田兼好物語（つれ〴〵草）』の流れを踏まえて、兼好は「恋しり」であり、「恋に機転な兼よし」と後宇多院の第八の姫御子卿の宮からも慕われる存在である。その兼好が、卿の宮に言い寄る高師直の気持ちを他へ向けるために、侍従を使って塩冶判官の妻の美しさを知らせ、さらに師直の恋文まで代書して事を仕組むのである。師直は卿の宮から「むくつけなやぼてん」と言われ、兼好からも「義もわきまへぬ無道者」と言われる人物と設定されている。一方、塩冶判官とその妻の絆は強い。塩冶の妻は師直からの艶書には手も触れずに投げ返し、塩冶判官の北国への軍立の立願の三三度の瀧詣を行っている。また、塩冶判官は妻からの話で師直の邪恋を知っており、そのため、瀧詣の折にも妻の危険を察知して準備を整え、「執事にもあれ何にもあれ。首ねぢきつて捨てんず物と気もせき上る」と憤りを持って妻を師直から守ろうとするのである。

この構図は「塩冶判官讒死事」を基本的にそのまま踏まえており、師直の奢りと暴虐ぶりはそのままである。それに対し、塩冶夫婦の絆の強さ、塩冶の妻の気丈で夫への愛情の深さが加えられている。

『尊氏将軍二代鑑』では「塩冶判官讒死事」の設定をことごとく覆す操作がなされている。まず、塩冶判官と妻のかおよは、それぞれに既に深い仲となった相手が存在する。判官には遊女の繁の井が、かおよは源次郎康綱である。かおよは塩冶に本当の夫婦にはならずに離縁してほしいと望み、塩冶も理解する。そのかおよに横恋慕するのは右大臣藤原具親で、将軍職をねらう足利直義はそれを知ってかおよを略奪して具親に渡し、その見返りに将軍職を手にいれようと画策する。その主君直義の悪心を妨げるために、高師直は自分がかおよに執心していると見せかけて具親に渡さないようにしたという設定になっている。高師直については作中で「日本無双の高師直。威勢眼力名誉の勇士」「文武に名を得し高師直」とあり、教養ある優れた勇将としての設定となっている。そして最後には主君直義を諌められなかった自分の罪を詫び、直義を改心させるべく切腹する。

また塩冶判官とかおよの夫婦の関係についても複雑な設定がなされており、塩冶と子までなした遊女繁の井は、塩冶の迎えを待ち続けているが、かおよが塩冶の妻となったことを知って葛藤し、後にかおよを呪い殺すことになる。男女の愛憎劇もこの作品の特色となっている。

『狭夜衣鴛鴦剣翅』は『足利将軍二代鑑』と同じように、高師直を深慮ある勇将として設定している。新田義貞が藤島合戦の折、流れ矢に当たって自害しようとした時、高師直は新田義貞の首を取ろうと駆け寄る。義貞は師直を見込んで、錦の袋に入れて所持していた後醍醐天皇からの足利尊氏追討の綸旨を密かに勾当内侍に渡してほしいと依頼する。師直は内侍に渡すべく腐心するが、それとは知らない勾当内侍と塩冶判官かおよの夫婦は直義の内侍に対する邪恋にも抗しながら、義貞の所持していた鬼丸の太刀と錦の袋を取り返そうと算段する。「塩冶判官讒死事」の設定はそのまま使うが、師直がかおよに恋慕したのは、義貞から預かった綸旨を勾当内侍に手渡すための策略であったとする。直義が勾当内侍を我が物にしようとするのに対し塩冶判官は策を立て、内侍を守るために勾当内侍はかおよと名乗らせ、かおよは侍従と名乗らせた。師直はそれに気付き、確かめるために、かおよ（実際は勾当内侍）に恋慕したと見せかけて内侍に近づき、内侍であることを確信して綸旨を渡すことに成功する。

四段目で、かおよの両親を瓜生判官夫婦と設定する。瓜生判官は薬師寺次郎左衛門らと内通して脇屋義助を亡き者にしようと画策している。義助に仕えようとする塩冶判官とかおよはこれを知り、塩冶はかおよに瓜生判官夫婦を討つことを迫る。かおよは悩んだあげく父の身替わりになろうとするが、塩冶判官はそれを察して自ら瓜生判官を討ち、二人の夫婦の中は決裂しそうになる。新田の家臣として働くことに命をかけて生きて来た塩冶判官とかおよ夫婦が、両親の背信によって引き裂かれそうになりながらも、本懐を遂げていく話となっている。

本作では高師直、塩冶判官、脇屋義助は行動力があり、知謀にも優れた人物として描かれている。また勾当内侍、かおよ、師直の母高寿院、師直の妻当麻、塩冶夫婦の娘ゆふなぎと多くの女性が登場するが、それぞれの人物が個性豊かで強いものを持った人物として描かれている点も注目される。

以上の三作品に対し『仮名手本忠臣蔵』は、もはや「塩冶判官讒死事」を解釈しようとしてはしていない。筋そのものを借用し、権力を持つ男の邪恋と、それに翻弄されて無残に滅ぼされていく若い夫婦の関係性を事件の発端とする発想に落ち着いている。

赤穂浪士事件後、近世演劇ではこの事件を扱った作品のブームが三回起こっており[*10]、その二回目のブームの宝永七年上演の歌舞伎「太平記さざれ石」が「塩冶判官讒死事」を踏まえて、設定を若干変えながら脚色した。並木宗輔も既にこの事件を扱った『忠臣《ちゅうしん》金《こがねの》短冊《たんじゃく》』を書いているが、この時には『太平記』ではなく、小栗判官物として書いている。『仮名手本忠臣蔵』を書いた折、赤穂浪士事件を描く上で、『太平記』を選択する方が有効であるという判断が働いたものであろう。このことから『太平記』そのものを解釈して想像力を働かせる作り方から、江戸時代に起きた実際の赤穂浪士事件を、『太平記』の枠組みを借りて描くという作り方に変化していることが明らかである。

『仮名手本忠臣蔵』の成立は『太平記』を「世界」として活用することに成功した。その成功の末に「独参湯《どくじんとう》」と呼ばれて繰り返し人形浄瑠璃と歌舞伎で上演され続けることを通して、『仮名手本忠臣蔵』そのものが、やがて「世界」として成立するに至るのである。

引用本文

『近松全集　六』（岩波書店、一九八七年）、『竹本義太夫浄瑠璃正本集　下巻』（大学堂書店、一九九五年）、『義太夫節浄瑠璃未翻刻作品集成　五』（玉川大学出版部、二〇〇六年）によった。なお読み易さを考慮して一部表記を改めたものがある。

注

＊1　服部幸雄「『世界綱目』解題」（国立劇場・芸能調査室編『狂言作者資料集（一）』〈歌舞伎の文献六〉、一九七六年）

＊2　丹和浩「江戸の英雄篠塚五郎の背景　黒本・青本と二代目団十郎を中心に」（小池正胤・叢の会編『黒本・青本の研究と用語索引』国書刊行会、一九九二年）

＊3　江戸では薩摩外記による浄瑠璃『出世太平記』が当たりを取り、元禄から正徳年間にかけて正本の刊行も盛んで、歌舞伎との関係も深かったが、ここでは置く。林久美子「『源氏烏帽子折』の変容と展開」（『近世前期浄瑠璃の基礎的研究』和泉書院、一九九五年）参照。

＊4　『古浄瑠璃正本集　第七』解題（角川書店、一九七九年）

＊5　注＊4に同じ。

＊6　大橋正叔「近世文芸における『太平記』の享受―太平記的な世界の形成―」（『太平記の世界』軍記文学研究叢書九、汲古書院、二〇〇〇年）

＊7　『竹本義太夫浄瑠璃正本集　下巻』（大学堂書店、一九九五年）所収。上演は元禄十四年（一七〇一）頃か（『義太夫年表　近世篇』）。

＊8　祐田善雄「『仮名手本忠臣蔵』成立史」（『浄瑠璃史論考』中央公論社、一九七五年）

＊9　注＊6に同じ。

＊10　渡辺保『忠臣蔵―もう一つの歴史感覚』（中公文庫、一九八五年）

参考資料

新日本古典文学大系九三『竹田出雲／並木宗輔　浄瑠璃集』（岩波書店、一九九一年）
今尾哲也『吉良の首　忠臣蔵のイマジネーション』（平凡社、一九八七年）
新編日本古典文学全集七七『浄瑠璃集』（小学館、二〇〇二年）

南北朝内乱と『太平記』史観

――王権論の視点から――

呉座 勇一

一　はじめに

日本の歴史学にとって『太平記』は特別な重みを持つ。なぜなら、『太平記』批判こそが近代歴史学の出発点だったからである。

明治二十四年（一八九一）、帝国大学教授だった久米邦武は「太平記は史学に益なし」という名の論文を発表した。この中で久米は「太平記は四十巻の大部にて、しかも小島法師が、正平の初比《はじめごろ》までに書綴《かき》りたる書籍なれば、世には史学の根基とも思ふなるべし…（中略）今研究といふ正針を取りて、此書を読《よま》ば、史学の用にたゝぬことは、自《おのず》から瞭然なるべし」と述べている。[*1]

久米は当時、明治政府の官撰正史である『大日本編年史』の編纂に従事しており、そのための史料蒐集の過程で『太平記』の史料的価値を疑問視するに至った。当初、明治政府の修史事業は水戸藩の『大日本史』に続く時期（室町時代以降）を対象としていたが、『太平記』に大きく依拠した『大日本史』の記述は信頼できないとして、南北朝時代から編纂することになった。『大日本史』に代表される江戸時代の歴史研究とは異なる、近代歴史学の方法論として、軍記類の排除が打ち出されたのである。[2]

以後、歴史学では『太平記』を二次史料とみなすようになったが、一次史料だけでは南北朝内乱の全体像がなかなか見えてこない。そこで歴史研究者は、慎重に扱うという留保付きで『太平記』を利用してきた。しかし結局のところ、戦後歴史学も知らず知らずのうちに『太平記』の歴史観に影響されてきたといえよう。[3]『太平記』の影響からいかに脱するか、それが南北朝内乱史研究の最大の課題である。

ただ、『太平記』が固有の歴史観を持つことを強調する筆者らの研究姿勢には批判もある。『太平記』には、古文書・古記録などの一次史料には残りにくい具体的な身辺雑事の描写や合戦などにおける鳥瞰的な記述も多く、それらは一定の事実を反映していると考えられるので、積極的に活用すべきである、との主張である。[4]

しかし筆者は、『太平記』が南北朝期の社会の実相を解明する上で全く役に立たないと言っているわけではない。事実、南北朝期の合戦のあり方を考察する際に、一次史料だけでなく『太平記』も利用している。[5]

問題は、『太平記』の政治史的叙述である。南北朝内乱の展開という大枠の歴史叙述は、史実通りとは限らない。作者の思想・構想によって脚色・変形されている恐れが強い。[6]『平家物語』が独自の歴史観に基づき、治承・寿永内乱を源平の勢力交替の物語に組み替え、平家の敗北を必然として描いたことは広く知られている。[7]『太平記』の場合も、同様の作為を疑う必要がある。すなわち「『太平記』史観」の克服である。

二　王権の物語としての『平家』・『太平記』

右の私見に対し、仏教的無常観で作品世界が統一されている『平家物語』と異なり、『太平記』は全篇を貫く思想がないので、『太平記』史観」という問題設定は不適切である、という反論が予想される。現に近代以来、『太平記』は一貫性のなさを指摘され続けてきた。特に永積安明が一連の研究で、主題の不統一・構想の破綻を論じて以降、儒教的徳治思想や仏教的因果思想が混在した不出来な文学作品という評価が定着したという。[*8]一方、歴史学の側は、思想性の低さが生み出す「リアリズム」を高く評価した。戦後すぐに南北朝封建革命説を唱えた松本新八郎は「太平記は冷ややかではあるが、突き放したような歴史にたいする冷静で大胆な目をもっていた。これは、歴史を美化し理想化して選択的に描きだした平家物語ととくに対照されるところである」と述べている。[*9]

けれども、『太平記』が『平家』(以下『平家』と略称)の影響を大きく受けたこともまた事実である。『太平記』が書かれた南北朝時代、既に『平家』は琵琶法師による語り(平曲)によって広く知られていた。実際、『太平記』には『平家』の逸話が多く引用され、また『平家』の逸話を意識して創作されたと思しき逸話が少なからず収録されている。[*10]

しかも『太平記』は『平家』の表現のみならず、歴史認識の枠組みを借用している。源平交替史観の採用は良く知られているが、[*11]物語の骨格そのものが『平家』の強い影響下にある。大津雄一氏は、『将門記』から『太平記』に至るまで、軍記類は「常に天皇王権の危機と回復を語る王土の共同体の歴史=物語であった」と指摘する。[*12]その最も完成された形をとるのは、言うまでもなく『平家』である。『平家』とは、平清盛ら平家一門という王権への反逆者(「朝敵」)が悪行の報いを受けて滅亡する物語に他ならない。[*13]『太平記』も、鎌倉幕府滅亡(いわゆる第一部)までは、〈王権への反逆者の物語〉=〈王権の絶対性の物語〉として機能している。北条高時という反逆者が後醍醐天皇を隠岐島に流すことで王権は危機に瀕し、社会は混沌に陥るが、楠木正成・新田義貞・足利尊氏といった忠臣たちが北条氏を滅ぼし、再び秩序をもたらす。[*14]

『太平記』が最初に設定した右の構図は、後醍醐天皇に反逆した足利尊氏が勝利することで破綻していく。複雑怪奇な南北朝内乱という現実を、『太平記』は捉えきれず、次々と現実解釈の枠組みを持ち出すものの、全て機能不全に陥る。だが〈王権への反逆者の物語〉という『太平記』当初の構想が、私たちの歴史認識を規定してきたことも、また事実である。本稿では、そのことを実証したい。

三　鹿ヶ谷の陰謀と正中の変

前述の通り、『平家』は〈王権への反逆者の物語〉＝〈王権の絶対性の物語〉という構想に貫かれている。『平家』における王権の中枢は、後白河法皇である。平清盛に率いられた平氏は栄華の頂点を極めるものの、諸勢力と対立し、清盛没後わずか三年で滅亡する。そして、反平氏勢力の中核には後白河法皇がいた。これが『平家』の語る平氏一門衰亡史である。そして、後白河法皇と平清盛の対立が初めて露わになった事件として『平家』が重視するのが、安元三年（一一七七）六月に起こった鹿ヶ谷の陰謀である。

『平家』によれば、京都の東郊鹿ヶ谷にある僧俊寛の山荘に、後白河法皇とその側近である西光・藤原成親・平康頼ら数名が集まり、平氏一門を討伐する計画を話し合った。実行部隊の責任者として多田行綱（摂津源氏）という武士が呼ばれたが、酒宴での一同の狂態を見て陰謀の成就は見込めぬと悟り、平清盛に密告した。この結果、西光は斬首、藤原成親は配流先で殺害、平康頼・俊寛らは流罪、という極めて重い処罰が下された。

さて『平家』、そして九条兼実の日記『玉葉』や顕広王の日記『顕広王記』などにも記されているように、当時、白山事件の処理をめぐって後白河法皇と比叡山延暦寺（山門）が対立していた。後白河が平清盛に山門攻撃を命じた翌日、清盛は西光らを逮捕している。西光の逮捕容疑は私怨から山門弾圧を後白河に讒言したことだったが、取り調べで西光が「入道相国（清盛）を危ぶむべきの由、法皇及び近臣ら謀議せしむるの由」[*15]を自白したため、大事件に発展した。清盛は西光に陰謀の参加者を列挙させ、一斉に逮捕した。そして前述のように西光らは処刑された。

以上の経過から分かるように、鹿ヶ谷の陰謀の「発覚」は、平清盛にとって実に都合が良いものだった。この陰謀がタイミング良く露見したことで、山門攻撃は中止となり、清盛は山門との対立を回避することができた。その上、平氏を敵視する後白河の側近たちを一掃することができたのである。しかも多田行綱らの僅かな武力で強大な平氏を打倒するという後白河らの計画は極めて杜撰で、とても勝算が見込めるものではなかった。

このため、日本史学界では鹿ヶ谷の陰謀の実在を疑う声が以前からあった。つまり「平氏側が院勢力を一挙につぶすために、でっち上げた疑獄事件」[*16]なのではないか、というのである。

近年は、「鹿ヶ谷の陰謀」実在論が再び力を増している。[*17]本稿ではその当否に立ち入らないが、仮に平氏打倒の謀議が実在したとしても、『平家』がそれを脚色し、誇張していることは間違いない。密室での謀議の様子など分かるはずもないが、見てきたように活き活きと描くことで、『平家』は後白河院と平清盛の対立を印象づけることに成功している。

そして『太平記』には、この『平家』の鹿ヶ谷説話と良く似た逸話がある。後醍醐天皇の「無礼講」である。『太平記』巻第一によると、後醍醐は側近の日野資朝らに倒幕の意思を打ち明けた。彼らは「無礼講」を開催して、密かに倒幕計画を相談した。

ところが元亨四年（正中元、一三二四）九月、計画に参加した武士の一人である土岐頼員が計画の成功を危ぶんだ。挙兵したら間違いなく戦死するだろうと思った頼員は、愛する妻との別れを悲しみ、計画を妻に漏らしてしまう。妻は父の斎藤利行に話し、利行が六波羅探題（鎌倉幕府が京都に置いた出先機関）に報告したため、陰謀は事前に発覚した。九月十九日、幕府は加担した武士を鎮圧した。日野資朝は流罪に処された。これを正中の変という。

右の展開は鹿ヶ谷事件と酷似している。すなわち、王権と武門の対立という政治的背景、宴会で陰謀を話し合うという状況、非現実的な武力蜂起の計画、宴会での謀議に参加した武士が陰謀を外に漏らしたため露見するという結末、の四点が共通する。

第一節で触れたように、『太平記』には『平家』の挿話を下敷きにしたと思われる逸話がしばしば見られる。とすると、無礼講での倒幕計画についても、『平家』の鹿ヶ谷説話を参考に『太平記』が創作した疑いが残るのである。

四　正中の変の実像

後醍醐天皇の倒幕計画は事前に漏れ、伝え聞いた花園上皇も計画の概要を『花園天皇日記』に記しているが、[*18]非常に杜撰で、現実味がない。[*19]後醍醐天皇が側近たちとしばしば「無礼講」を開いていたことは事実であり、[*20]その場で幕府への不満も語られたかもしれないが、倒幕を真剣に検討していたとは思えない。鹿ヶ谷事件と同様に、陰謀そのものが実在しない可能性もある。当時の天皇家（王家）は持明院統と大覚寺統の二派に分かれ、両統は天皇の位をめぐって対立していた。河内祥輔氏は、大覚寺統の後醍醐と対立する持明院統、あるいは大覚寺統内で後醍醐と対立する邦良親王派が後醍醐を皇位から引きずり下ろすために「後醍醐倒幕計画」の噂を流した可能性を指摘している。[*21]

後醍醐が即位当初から倒幕を決意していたことを示す史料的根拠は複数挙げられているが、これらの傍証に対しても近年再検討が進んでいる。

第一の根拠は、元亨四年（一三二四）三月、奈良の般若寺（西大寺の末寺）に奉納された文殊菩薩騎獅《きし》像である。その木像矧《は》ぎ面の墨書銘から、後醍醐の護持僧である文観（西大寺流の律僧）の依頼に応じて六波羅探題評定衆の伊賀兼光[*22]が奉納したことが分かる。銘文には「金輪《こんりん》聖主《しょうしゅ》御願成就」とある。

金輪聖主は至高の王を意味する仏教語であり、ここでは後醍醐を指す。半年後に正中の変が起こることから、「御願」は古くから倒幕と解釈されてきた。けれども内田啓一氏は、右の文殊菩薩は西大寺流の経蔵《きょうぞう》の本尊として造立されたもので、願文全体を読めば西大寺流の文殊信仰として理解できると説き、「文殊菩薩の作風から考えても、そこに鎌倉幕府打倒の願意を読み取ることはやや難しい」と批判している。[*23]

第二の根拠は、京都醍醐寺に伝来した「吉田定房奏状[*24]」である。天皇からの諮問を受けた廷臣（通説では吉田定房に比定されている）が自分の意見を述べた文章であり、性急な倒幕を諫める内容になっている。写であるためか、作者・作成年月日は明記されていない。なお奏状の跋文《ばつぶん》（末尾の文章）により、初稿は「去年六月廿一日」に書かれ、この奏状は改稿されたものであることが判明している。

諮問した天皇の名前も記されていないが、内容から後醍醐天皇であることは確実である。問題は作成年代である。最初に提唱されたのは元徳二年（一三三〇）説だったが、佐藤進一氏が第八条の「革命之今時」という文言に注目し、元亨四年（正中元、一三二四）の正中の変の直前に作成されたという説を唱えた。元亨四年は甲子革令の年（甲子の年は変乱が多いと考えられていた）であり、「革命の今時」とは甲子の年を指すというのである。[*25]

これに対して村井章介氏は、「革命之今時」という文言を素直に解釈するならば、辛酉革命の年（辛酉の年には王朝交替が起こると考えられていた）である元亨元年（一三二一）に引きつけて理解すべきであると主張した。村井氏による細かい考証は省略するが、氏は奏状の初稿が元応二年（一三二〇）六月に作成され、翌年の元亨元年十月〜十二月に改稿されたと論じている。[*26]

佐藤説・村井説に従えば、後醍醐天皇は早い段階から倒幕を計画しており、正中の変は冤罪ではなく現実に倒幕の陰謀であったことになる。ただ両説は「革命」の一語の解釈に依存しており、その根拠は意外に脆弱である。

辛酉革命、甲子革令という考えは讖緯《しんい》説という未来予言説に基づく。元応三年（一三二一）は辛酉の年に当たるため、改元が議論された。吉田定房ら公卿たちの議論の結果、讖緯説は聖人の説ではなく後世の俗説であること、讖緯説に基づく辛酉革命論も根拠がないと否定されたが、元亨への改元そのものは実行された。[*27]

後醍醐天皇周辺で宋学が熱心に学ばれたことは『花園天皇日記』に記述があり、古くから注目されてきた。[*28]「吉田定房奏状」にも『孟子』の引用があり、宋学の影響が顕著である。[*29] ところが宋学は辛酉革命論を否定しているのである。[*30] ゆえに奏状の「革命」の語から甲子の年や辛酉の年を引き出すことはできない。

第三の根拠は中宮御産祈禱である。『太平記』巻第一によると、後醍醐は中宮（後醍醐正室の西園寺禧子《きし》）の出産祈祷を名目に、幕府調伏の祈祷を行ったという。中宮御産祈祷は鎌倉幕府の要人である金沢貞顕の書状にも見え、後醍醐が自ら聖天供《しょうてんぐ》を行っていることを貞顕が「不審に候」と記していることから、幕府調伏《ちょうぶく》が真の目的と考えられてきた。[*31] だが兵藤裕己氏が指摘するように、右の解釈は『太平記』由来の先入観に影響されている。[*32]

聖天供は、象頭人身の抱合の様をかたどった聖天（歓喜《かんぎ》天）像を前にして行う修法である。性愛を想起させる怪異な像容に注目した網野善彦は、男女交合を説いた邪教とされる真言立川流（文観を中興の祖とする俗説がある）と結びつけ、調伏説を強く支持した。[*33] しかし聖天供は平安時代以来、貴族社会で除災・富貴を祈る正統な修法として定着しており、ことさら異端視されるべきものではない。[*34]『太平記』史観を排除すれば、後醍醐が純粋に中宮の出産を願っていたという解釈は成り立ち得る。[*35] いずれにせよ、史実では正中の変後に行われた中宮御産祈祷が、『太平記』では正中の変以前の出来事と改変されていることは、先行研究も認めるところである。[*36]

以上のように、正中の変時点で後醍醐天皇がどこまで具体的に倒幕を構想していたか、不明な点が多い。けれども『太平記』は、早い時期から倒幕を企て、何度失敗しても決して諦めない後醍醐の不撓不屈の闘志を強調するのである。

五　以仁王と護良親王

さて『太平記』が倒幕戦争における後醍醐天皇の主導性を強調するのは、実際には必ずしも主導的役割を果たしていなかったからだろう。この点は『平家』を参照することで、より鮮明になる。

先述のように『平家』は源平交替史の側面を持つが、現実に源氏の挙兵を促し内乱の契機となったのは、後白河第三皇子の以仁王が出した平氏追討の令旨《りょうじ》である。

この以仁王の令旨に後白河法皇は関与していない。以仁王は令旨において、後白河を幽閉した平氏を批判する一方で、壬申の乱で甥の大友皇子を討って皇位についた天武天皇に自らをなぞらえている。これは、以仁王が高倉上皇―安徳天皇の皇統を葬り、自らが皇位につくことを宣言するものである。[*37] 平氏のクーデターによって擁立された安徳はともかく、安徳の父である高倉（後白河第七皇子）の即位は後白河も望んだことである。以仁王の決起は後白河の意思に反するものだった。[*38] したがって、以仁王の令旨を根拠にした源頼朝の挙兵も当初は「謀叛」と捉えられた。[*39]

ところで『平家』には、伊豆に流されていた文覚上人が福原の後白河のもとを訪れて、平氏追討の院宣《いんぜん》を獲得し頼朝にもたらす、という逸話が見える。元木泰雄氏は後白河による平氏追討院宣の発給を史実とみなすが、[*40] 元木氏にしても、平氏の監視下にあった後白河に文覚が簡単に接触できた点などを疑問視し、『平家』による脚色は認めている。

なぜ『平家』は、後白河が平氏追討院宣を出したことを強調しなければならなかったのか。〈王権への反逆者の物語〉＝〈王権の絶対性の物語〉という『平家』の構想を実現するために、後白河による追討命令が不可欠だったからである。父である後白河と疎遠で親王宣下すら受けていない以仁王は、後白河王権を代表する存在にはなり得ない。以仁王の令旨によって源平合戦が始まったのでは、『平家』は王権の物語として完成されない。内乱の最終的勝者である源頼朝が実は挙兵前に院宣を密かに受けており、ゆえに頼朝は最初から朝敵ではなかった、という説明は『平家』にとって不可欠だった。[*41]

同様の事情は『太平記』にも存在する。倒幕戦争を主導したのは後醍醐天皇よりも、むしろ護良親王である。元弘元年（一三三一）九月に後醍醐天皇は山城国笠置城（現在の京都府笠置町）で幕府軍に捕らえられ、翌元弘二年三月に隠岐に配流された。一方、護良親王は幕府軍襲来前に笠置城を脱出し、畿内南部を転々としてゲリラ戦を続ける傍ら令旨を盛んに発給し、身動きのとれない後醍醐に代わって全国の武士に挙兵を呼びかけていた。

護良親王令旨の史料上の初出は元弘二年六月六日であり、[*42]後醍醐の許可を得ず独自の判断で令旨を発給していたと思われる。元弘三年五月に六波羅探題が滅亡すると、護良は「将軍宮」の名で令旨を発給し始めた。[*43]この時点で後醍醐はまだ伯耆国に留まっており、護良は後醍醐に無断で将軍を自称したことになる。[*44]

実際、建武の新政が始まってすぐに、護良親王の行動は父後醍醐の警戒を招くようになった。護良親王の征夷大将軍就任と帰京は『太平記』『増鏡』によれば元弘三年六月十三日だったようだが、九月二日より前に早くも将軍の地位を失ったと先行研究で指摘されている。[*45]彼の令旨の終見は元弘三年十月三日であり、[*46]わずか三ヶ月余りで護良は失脚し、建武政権中枢から排除されたと考えられる。そして周知のように、護良は翌年には捕らえられて鎌倉に流罪となり、完全に政治生命を絶たれた。

こうした護良の急速な転落を、『太平記』は足利尊氏の画策によって説明する。しかし後醍醐と護良の対立は倒幕戦争中から潜在していた。後醍醐は六波羅探題攻略戦で側近の千種忠顕を京都に派遣しているが、忠顕は護良親王には連絡をとらずに単独で合戦を敢行している。また忠顕は上洛の途上、後醍醐皇子の静尊法親王を上将軍に推戴した。さらに後醍醐は忠顕を通じて軍法を布告した。[*47] 後醍醐は、倒幕戦争の最終局面で自身が戦争の主体となることで、それまで倒幕戦争を主導してきた護良親王を排除しようとしたのである。[*48]

このように見ていくと、護良の令旨乱発じたい、後醍醐の意向に沿った行動だったのか、疑問に思えてくる。護良はいくつかの令旨で後醍醐の救出を大義名分に掲げているが、それを言えば以仁王の令旨も後白河の救出を謳《うた》っていたのであり、護良が後醍醐の指揮下にあったことを必ずしも意味しない。

そもそも後醍醐が護良を倒幕の戦力として養成したという歴史認識は、『太平記』史観ではないだろうか。良く知られているように、護良は幼少期に天台三門跡の一つ、梶井門跡に入り、大塔宮と呼ばれた。『太平記』巻第一は、後醍醐は聡明な護良を皇太子に考えていたが、叶わず出家させたと語り、後醍醐が護良に大きな期待を寄せていたことを喧伝する。護良は長じて梶井門跡を継承し、さらに天台座主になったが、『太平記』巻第二によれば、倒幕の挙兵に備えて仏道修行そっちのけで武芸に励んだという。また『太平記』は、元徳二年の後醍醐天皇の南都北嶺《ほくれい》行幸は、倒幕のために延暦寺・興福寺の大衆を味方につけるためとの噂が立った、と記す。先行研究もこれらの記述を史実と認めてきた。

けれども天台座主第百世の良助法親王、第百三世の覚雲法親王、第百五世の慈道法親王はそれぞれ亀山天皇の第四、第七、第十一皇子である。そして第百十三世の承覚法親王は後宇多天皇の第四皇子である。皇位継承の見込みが薄い皇子を門跡寺院に入れるのは当時の慣例であり、内田啓一氏が指摘するように、後醍醐が護良を梶井門跡に入室させたのも、祖父の亀山・父の後宇多の先例に倣っただけに思える。[*49] 倒幕準備説は、倒幕成功という結果から逆算した解釈にすぎないのではないか。

『平家』が以仁王ではなく後白河法皇を平氏追討の旗頭に選んだように、『太平記』は後醍醐天皇を倒幕戦争の主体に位置付け、護良親王を脇に追いやったのである。

六　おわりに

第二節で論及したように、『太平記』に一貫した構想を見出すことは難しい。しかし強いて軸を挙げるとしたら、それは後醍醐天皇であろう。『太平記』は何よりも帝王後醍醐の物語なのである。[*50]

だが先述した通り、倒幕戦争の実質的な指導者は後醍醐皇子の護良親王であり、その行動は後醍醐の意図を超えたものだった。この歴史的事実をそのままに叙述したら、『太平記』は王権の物語として完成しない。王権への反逆者を討つ主体は後醍醐本人でなければならない。ゆえに後醍醐が早い時期から一貫して倒幕の野望を抱いており、護良を倒幕の戦力として養成した、という筋書きが求められたのである。

正中の変、中宮御産祈祷、南都北嶺行幸などに関する『太平記』の記述が全くの虚構と断ずることはできない。けれども、それらが後醍醐を倒幕戦争の主役として印象づける機能を果たしていることは明白である。そして、その手法を『太平記』作者が、『平家』から学んだことも疑いない。したがって、後醍醐の主体性を過度に重視した従来の研究視角、すなわち『太平記』史観では南北朝政治史の実相を見誤る恐れがある。

本稿は『太平記』史観の一端に言及したに留まる。しかし右の問題意識を持って『太平記』の政治史的叙述を批判的に読み直していくことで、南北朝史研究の更なる進展が期待できよう。

注

＊1　久米邦武『久米邦武歴史著作集　第三巻　史学・史学方法論』（吉川弘文館、一九九〇年、初出一八九一年）一四五・一四六頁。

＊2　竹内光浩「久米邦武事件」（『歴史評論』七三二、二〇一一年）六・七頁。松沢裕作『重野安繹と久米邦武』（山川出版社、二〇一二年）五二～六一頁。
＊3　谷口雄太「変貌する新田氏表象」（倉本一宏編『説話研究を拓く』思文閣出版、二〇一九年）三四九頁。
＊4　市沢哲「一四世紀の内乱と赤松氏の台頭」（『大手前大学史学研究所紀要』一二、二〇一七年）八頁、同「十四世紀内乱を考えるために」（悪党研究会編『南北朝「内乱」』岩田書院、二〇一八年）一二頁。
＊5　拙稿「南北朝期の戦術と在地領主」（高橋典幸編『生活と文化の歴史学5　戦争と平和』竹林舎、二〇一四年）
＊6　正中の変と元弘の変を連続した事件であるかのように日付を操作している、光厳院が重祚したという史実に反する記述がある、などの指摘が既になされている。鈴木登美恵「太平記構想論序説―巻一の考察―」（『国文』一二、一九六〇年）四二・四三頁、中西達治「太平記における光厳院―後醍醐天皇との関係から―」（同『太平記の論』おうふう、一九九七年、初出一九九〇年）一四二頁。
＊7　川合康『源平合戦の虚像を剥ぐ』（講談社、二〇一〇年、初出一九九六年）一二・一三頁。
＊8　大森北義「『太平記』の主題論・構想論について」（長谷川端編『軍記文学研究叢書9　太平記の世界』汲古書院、二〇〇〇年）、和田琢磨「「序」の機能」（同『『太平記』生成と表現世界』新典社、二〇一五年、初出二〇一二年）などを参照のこと。
＊9　松本新八郎「永積安明氏の『太平記』をよんで」（日本文学研究資料刊行会編『戦記文学：保元物語・平治物語・太平記』有精堂出版、一九七四年、初出一九四九年）一四九頁。
＊10　永積安明『軍記物語の世界』（岩波書店、二〇〇二年、初出一九七八年）一〇六～一一七頁。
＊11　兵藤裕己『太平記〈よみ〉の可能性』（講談社、二〇〇五年、初出一九九五年）三七～四二頁。
＊12　大津雄一「イデオロギーへの沈黙」（同『軍記と王権のイデオロギー』翰林書房、二〇〇五年）一六頁。
＊13　大津雄一「義仲考」（大津前掲注＊12書、初出一九九〇年）一八一・一八二頁。
＊14　大津雄一「『太平記』あるいは〈歴史〉の責務について」（大津前掲注＊12書、初出一九九七年）二八四・二八五頁。
＊15　『玉葉』安元三年六月二日条（国書刊行会『玉葉　第二』、以下同じ）。なお原文は和製漢文だが読者の便宜を考え、書き下し文に収めた。以下同じ。

＊16　安田元久『後白河上皇』（吉川弘文館、一九八六年）一二〇頁。
＊17　川合康「「鹿ヶ谷事件」考」（『立命館文学』六二四、二〇一二年）二四三・二四四頁。元木泰雄『平清盛と後白河院』（KADOKAWA、二〇一二年）一五八・一五九頁。
＊18　『花園天皇日記』元亨四年九月十九日条裏書（史料纂集古記録編『花園天皇宸記』第三、以下同じ）
＊19　河内祥輔「後醍醐天皇の倒幕運動について」（同『日本中世の朝廷・幕府体制』吉川弘文館、二〇〇七年）三〇九頁。
＊20　『花園天皇日記』元亨四年十一月一日条。
＊21　河内前掲注＊19論文、三一三頁。
＊22　この墨書銘の「大施主」たる「前伊勢守藤原兼光」を、六波羅探題評定衆で鎌倉幕府滅亡後に建武政権で重用された伊賀兼光に比定したのは網野善彦である。網野善彦「異形の王権」（『網野善彦著作集　第六巻』岩波書店、二〇〇七年、初出一九八六年）三五一・三五二頁を参照のこと。
＊23　内田啓一『後醍醐天皇と密教』（法藏館、二〇一〇年）七一・七二頁。
＊24　「醍醐寺文書」（笠松宏至・佐藤進一・百瀬今朝雄校注『日本思想大系22　中世政治社会思想・下』岩波書店、一九八一年）一四九〜一五四頁。
＊25　佐藤進一「本書の構成について」（前掲注＊24書）三九二頁。
＊26　村井章介「吉田定房奏状はいつ書かれたか」（同『中世の国家と在地社会』校倉書房、二〇〇五年、初出一九九七年）二五一頁。
＊27　我妻建治「北畠親房の前半生」（同『神皇正統記論考』吉川弘文館、一九八一年、初出一九七三年）二七・二八頁。
＊28　和島芳男「中世における宋学の受容について」（『帝国学士院紀事』五ノ二・三、一九四七年）一二四頁。
＊29　村井章介「易姓革命の思想と天皇制」（村井前掲注＊26書、初出一九九五年）二二九頁。
＊30　我妻前掲注＊27論文、二九・三〇頁。和島芳男「宮廷の宋学」（同『日本宋学史の研究　増補版』吉川弘文館、一九八八年）一三七・一三八頁。
＊31　百瀬今朝雄「元徳元年の「中宮御懐妊」」（佐藤和彦・小林一岳編『展望日本歴史10　南北朝内乱』東京堂出版、二〇〇〇年、初出一九八五年）二一八頁。

＊32　兵藤裕己『後醍醐天皇』（岩波書店、二〇一八年）八八頁。
＊33　網野前掲注＊22論文、三五八・三六六頁。
＊34　大塚紀弘「後醍醐は、本当に〈異形〉の天皇だったのか？」（拙編『南朝研究の最前線』洋泉社、二〇一六年）二三〇頁。
＊35　河内前掲注＊19論文、三三六頁。
＊36　鈴木前掲注＊6論文、四二頁。岡見正雄校注『太平記（一）』（角川書店、一九七五年）二八四頁。
＊37　山本幸司『頼朝の精神史』（講談社、一九九八年）四一・四二頁。
＊38　河内祥輔『頼朝の時代』（平凡社、一九九〇年）七七頁。
＊39　『玉葉』治承四年九月三日条。
＊40　元木泰雄『源頼朝』（中央公論新社、二〇一八年）五五・五六頁。
＊41　大津前掲注＊13論文、一七九・一八〇頁。
＊42　『花園天皇日記』元弘二年六月六日条。
＊43　元弘三年五月十日護良親王令旨案（「勝尾寺文書」、『鎌倉遺文』三二一四六号）
＊44　森茂暁『皇子たちの後南朝』（中央公論新社、二〇〇七年、初出一九八八年）六〇頁、亀田俊和『征夷大将軍・護良親王』（戎光祥出版、二〇一七年）五九頁。
＊45　森前掲注＊44書、七〇頁。
＊46　元弘三年十月三日護良親王令旨（「久米田寺文書」、『鎌倉遺文』三二五九八号）
＊47　元弘三年四月日後醍醐天皇綸旨事書案（「光明寺残篇」、『鎌倉遺文』三二一二四号）
＊48　新井孝重『護良親王』（ミネルヴァ書房、二〇一六年）一九六・一九七頁。
＊49　内田前掲注＊23書、一一四・一一五頁。
＊50　長坂成行「帝王後醍醐の物語―『太平記』私論―」（『日本文学』三一―一、一九八二年）、五味文彦「後醍醐の物語――玄恵と恵鎮」（『国文学　解釈と教材の研究』三六―二、一九九一年）

参考資料

市沢哲編『太平記を読む』(吉川弘文館、二〇〇八年)
小秋元段『太平記・梅松論の研究』(汲古書院、二〇〇五年)
佐藤進一『南北朝の動乱』(中央公論新社、二〇〇五年、初出一九六五年)
松尾剛次『太平記　鎮魂と救済の史書』(中央公論新社、二〇〇一年)

『太平記』西源院本・天正本・流布本記事対照表

李　章姫

凡例

一、本対照表は、『太平記』の西源院本（甲類）を基準に、同じく天正本（丙類）・流布本（乙類）の記事の主要な異同を示したものである。

二、本対照表には、三本の章段名（西源院本のみ書き下し）を記したうえで、以下のとおり、異同を示した。

（ア）記事の有無は、記事名と○×によって表示した。

（イ）西源院本に対して天正本・流布本の記事が詳細な場合、記事に顕著な異同がある場合には、■によって表示した。なお、天正本・流布本のいずれかが西源院本と等しい場合には、空欄とした。

（ウ）西源院本に対して天正本・流布本の記事が簡略な場合、□によって表示した。なお、天正本・流布本いずれかが西源院本と等しい場合には、空欄とした。

（エ）記事配列の異同は矢印、または丸囲みの番号によって表示した。

三、記事中の年月日を（　）内に表示した。ただし、煩雑を避けるため、必要最小限のものにとどめ、天正本・流布本の年月日については、異同のある場合のみ表示した。なお、本文に年・月が記されていない場合、必要に応じてこれを補った。

四、西源院本は岩波文庫、天正本は新編日本古典文学全集、流布本は日本古典文学大系により、それぞれの冊・頁を表示した。

〈例〉①33＝第1冊33頁

五、西源院本は古態本の一本に位置づけられるが、古態本の典型的な本文をもたない部分もある。西源院本、または西源院本とその影響を受けた流布本（場合によっては他の乙類本も含む）が独自の特徴を示す箇所については※を付した。また、他の古態本系諸本との関係で特に説明が必要なものについては※1のごとく番号を付し、末尾に注を施した。

西源院本	天正本	流布本
【巻一】	【巻一】	【巻一】
序 ①33	序 ①19	序 ①34
後醍醐天皇武臣を亡ぼすべき御企ての事 （元亨二） ①34	相模守高時執権柄事 ①20	後醍醐天皇御治世事付武家繁昌事 ①34
	京都居両六波羅鎮西下探題事 ①22	

中宮御入内の事（文保二8・3）　①40
皇子達の御事　①43
関東調伏の法行はる事（元亨二）　①45
俊基資朝朝臣の事　①46
土岐十郎と多治見四郎と謀叛の事、付無礼講の事　①48
昌黎文集談義の事　①50
謀叛露顕の事　①54
土岐多治見討たるる事（元亨四9・19）　①58
俊基資朝召し取られ関東下向の事（正中二5・10）　①64
主上御告文関東に下さるる事　①66

飢人窮民施行事　①24
実兼公女備后妃事　①26
公廉女御寵愛事　①27
東夷調伏事　①30
俊基款状読誤之事　①31
玄恵僧都談議事　①34
土岐多治見等討死事　①38
資朝俊基囚事（元亨三5・10）　①47
主上御告文被下関東事　①48

関所停止事（元亨元）　①37
立后事付三位殿御局事　①39
儲王御事　①40
中宮御産御祈之事付俊基偽籠居事　①42
無礼講事付玄恵文談事　①44
頼員回忠事（元徳元9・19）　①47
資朝俊基関東下向事付御告文事　①53

【巻二】
南都北嶺行幸の事（元徳二3・27）　①73
×
×
×
×
×
×
×
為明卿歌の事　①77
×
両三の上人関東下向の事（6・8）　①80
×※
俊基朝臣重ねて関東下向の事（7・11）　①85
長崎新左衛門尉異見の事　①90
阿新殿の事※　①94

【巻二】
石清水幷南都北嶺行幸事　①55
石清水行幸（正中元3・23）　①55
賀茂社行幸（4・17）　①56
後宇多院崩御（6・25）　①56
南都行幸供奉人名　①56
北嶺行幸供奉人名　①58
津守国夏の登山　①60
法勝寺大乗会（元徳二3・27）　①61
東使上洛円観文観等召捕事　①62
北条高時出家（正中三3・13）　①63
波羅奈国の僧のこと　①71
俊基朝臣再関東下向事（元徳三7・11）　①73
長崎高資異見事　①78
資朝誅戮幷阿新翔事　①82

【巻二】
南都北嶺行幸事　①58
×
×
×
×
×
×
×
僧徒六波羅召捕事付為明詠歌事　①60
×
三人僧徒関東下向事　①62
○　①65
俊基朝臣再関東下向事　①67
長崎新左衛門尉意見事付阿新殿事　①70

西源院本	天正本	流布本
母の諫め ①95	□ ①82	□ ①73
本間山城の対応 ①98	□ ①83	□ ①73
×	阿新への手紙 ①86	×
阿新の敵討ち ①101	■ ①88	■ ①75
山伏の呪術 ①105	□ ①92	□ ①78
×	阿新の後日譚 ①93	×
俊基朝臣を斬り奉る事 ①108	**俊基朝臣誅戮事**■ ①94	**俊基被誅事幷助光事** ①79
東使上洛の事（元弘元8・22） ①113	**主上御出奔師賢卿天子号事** ①101	**天下怪異事** ①82
×	元弘改元 ①103	×
主上南都潜幸の事（8・27） ①116		
×	東南院僧正のこと ①105	×
尹大納言師賢卿主上に替はり山門登山の事 ①118		**師賢登山事付唐崎浜合戦事** ①85
坂本合戦の事 ①122	**東坂本合戦事** ①109	**持明院殿御幸六波羅事** ①90
	山門衆徒等心替事 ①115	**主上臨幸依非実事山門変儀事付紀信事** ①91
【巻三】	**【巻三】**	**【巻三】**
笠置臨幸の事（元弘元8・27） ①137	**先帝笠置臨幸事** ①123	**主上御夢事付楠事** ①96
笠置合戦の事（9・3） ①141	**六波羅勢責笠置事**（9・2） ①127	**笠置軍事付陶山小見山夜討事** ①98
楠謀叛の事、幷桜山謀叛の事 ①149		
東国勢上洛の事（9・20） ①150	**東国勢上洛事**（9・8） ①134	
陶山小見山夜討の事（9・晦日） ①152		
笠置没落の事 ①158	**笠置城没落事** ①141	**主上御没落笠置事** ①109
×	後醍醐の嘆き ①143	×
	先帝被囚給事 ①144	
×	主上、万里小路藤房・季房の自害を留める ①144	×

先皇六波羅還幸の事（10・1） ①162 × 三種神器を持明院殿へ渡す（10・9） ①165 **赤坂軍の事、同城落つる事** ①166 **桜山討死の事** ①177 ×	**【巻四】**※1 **万里小路大納言宣房卿の歌の事**（元弘元・9・29） ①181 × ①万里小路宣房拘禁 ①181 **宮々流し奉る事** ①182 ②東使上洛（元弘二・1・10） ①182 ③一宮・二宮の流刑 ①182 ④第四宮の流刑 ①183 ⑤第九宮の歌 ①184 ⑥峯僧正春雅の流刑 ①186 ⑦尹大納言師賢の流刑 ①186 ⑧藤房・季房兄弟の流刑 ①187 ⑨源中納言具行東国下向 ①190 ⑩源中納言具行の処刑（6・19） ①192 ⑪殿法印良忠審問（6・21） ①193 ⑫平宰相成輔の処刑 ①195 ⑬侍従中納言公明・別当実世の拘禁 ①195 **先帝遷幸の事、并俊明極参内の事**（元徳元・春） ①195 ×
六波羅北方皇居事 ①146 後醍醐と中宮の悲哀 ①149 × **桜山入道自害事** ①161 金剛山由来のこと ①162	**【巻四】** **於笠置城囚人罪責評定事** ①167 ② ①167 足助重範斬首決定（元弘二・1・8） ①167 ⑬ ①167 ① ①167 ⑨ ①168 ⑫ ①169 ⑦ ①169 ⑧ ①171 **八歳之宮御歌之事** ①174 ⑥按察大納言公敏・聖尋・春雅の流刑 ①174 ④ ①174 ⑤ ①174 **一宮并妙法院奉流事** ①177 ③ ①177 **元朝俊明極渡朝事**（元徳二・春） ①179 俊明極参内の詳細、章房のこと ①181
○ ①111 × **赤坂城軍事** ①114 **桜山自害事** ①120 ×	**【巻四】** **笠置囚人死罪流刑事付藤房卿事** ①124 ② ①124 足助重範斬首決定 ①124 ① ①124 ⑨ ①125 ⑩ ①125 ⑪ ①126 ⑫ ①128 ⑬ ①128 ⑦ ①128 ⑧ ①129 ⑥按察大納言公敏・聖尋・俊雅の流刑 ①130 ④ ①130 **八歳宮御歌事** ①131 ⑤ ①131 **一宮并妙法院二品親王御事** ①132 ③ ①132 **俊明極参内事**（元亨元・春） ①135 ×

西源院本	天正本	流布本
		中宮御歎事 ①136
×	元亨三年中秋御会 ①182	×
	先帝隠岐国遷幸事■ ①186	**先帝遷幸事** ①137
和田備後三郎落書の事 ①202	**備前国住人児島三郎高徳奉奪主上事** ①192	**備後三郎高徳事付呉越軍事** ①138
呉越闘ひの事 ①204	**呉越戦之事** ①195	
×	勾践、太子に越の再興を頼む ①208	×
×	范蠡牢獄に入る ①210	×
×	晩唐詩 ①217	×
×	姑蘇台のこと ①219	×
×	伍子胥重ねて呉王を諫める ①221	■ ①152
×	范蠡の五湖での生活 ①227	×
×	作者の批評 ①227	×
	隠州府嶋皇居之事 ①228	
×	足助重範斬首 ①230	×
	⑦ ①231	
×	尹大納言師賢の配所生活（6・2） ①231	×
	⑩ ①232	
	⑪ ①235	
【巻五】	**【巻五】**	**【巻五】**
持明院殿御即位の事（元弘二3・22） ①235	**光厳院御即位事**（元弘二3・26） ①239	**持明院殿御即位事** ①158
×	賀茂社御幸（4・12） ①239	×
×	正慶改元（4・28） ①240	×
	正慶大嘗会事 ①241	
×	大嘗会の様子 ①241	×
×	九条忠教死去のこと ①244	×
宣房卿二君に仕ふる事 ①236		**宣房卿二君奉公事** ①159

中堂常燈消ゆる事 ①239	中堂灯滅并所々怪異事 ①251	中堂新常灯消事 ①160
×	清涼寺・日吉社の怪異（5・19） ①251	×
相模入道田楽を好む事 ①240	関東田楽賞翫事□ ①254	相模入道弄田楽并闘犬事 ①161
犬の事 ①243		
弁才天影向の事 ①245	榎嶋弁才天事■ ①257	時政参籠榎嶋事 ①164
大塔宮大般若の櫃に入り替はる事 ①247	大塔宮南都御隠居後十津川御栖事 ①259	大塔宮熊野落事 ①165
大塔宮十津川御入りの事 ①250		
大塔宮、熊野の方へ向かう ①250	■ ①262	
玉木庄司宮を討ち奉らんと欲する事 ①265		
×	大峰山の霊地 ①264	×
×	大塔宮、北斗の法を修す ①268	×
野長瀬六郎宮御迎への事、并北野天神霊験の事 ①270	■ ①275	
【巻六】	【巻六】	【巻六】
民部卿三位殿御夢の事 ①275	民部卿三位殿神歌事■ ①285	民部卿三位局御夢想事■ ①182
楠天王寺に出づる事（4・17） ①279	和田楠打出事（5・17） ①289	楠出張天王寺事付隅田高橋并宇都宮事（5・17） ①185
×	北条時益・仲時の上洛 ①290	○ ①185
六波羅勢討たるる事（4・21） ①281		
宇都宮天王寺に寄する事 ①285	宇都宮天王寺発向事 ①295	
太子未来記の事（8・3） ①293	楠太子未来記拝見事■ ①301	正成天王寺未来記披見事 ①193
大塔宮吉野御出の事、并赤松禅門令旨を賜る事 ①296	赤松円心則祐賜令旨事 ①306	赤松入道円心賜大塔宮令旨事 ①195
東国勢上洛の事（10・8） ①298	兵部卿宮吉野出御事 ①307	関東大勢上洛事 ①196
金剛山攻めの事（元弘三閏2・3） ①300	東国勢攻赤坂城事（正慶二1・28） ①310	
赤坂合戦の事并人見本間討死の事 ①302	人見本間討死事 ①312	赤坂合戦事付人見本間抜懸事 ①199

西源院本	天正本	流布本
【巻七】	【巻七】	【巻七】
出羽入道吉野を攻むる事（元弘三1・16） ①321	出羽入道導藴芳野攻事（正慶二1・28） ①327	吉野城軍事 ①210
村上義光大塔宮に代はり自害の事 ①326		
村上義光、大塔宮の身代わりになる ①327	■ ①332	
村上義隆の自害※ ①329	■ ①335	■ ①215
千剣破城軍の事（3・4） ①331	諸国兵知和屋発向事 ①336	千剣破城軍事 ①216
義貞綸旨を賜る事（元弘三2・11） ①344	新田義貞賜綸旨事 ①348	新田義貞賜綸旨事 ①224
船田義昌の謀 ①346	×	○ ①224
赤松義兵を挙ぐる事 ①349	赤松円心挙義兵事 ①352	赤松蜂起事 ①227
土居得能旗を揚ぐる事（2・4） ①351	土居得能河野挙旗事 ①353	河野謀叛事 ①228
船上臨幸の事（3・23） ①352		先帝船上臨幸事 ①229
×	×	佐々木義綱、出雲へ渡る ①230
	前朝伯州船上還幸事■ ①360	
×	後醍醐の船中での祈願 ①363	×
長年御方に参る事 ①360		
船上合戦の事（3・29） ①363		船上合戦事 ①236
×	千種忠顕の子の後日譚 ①368	×
【巻八】	【巻八】	【巻八】
摩耶軍の事（3・1） ①371	摩耶合戦事（閏2・11） ①371	摩耶合戦事付酒部瀬河合戦事（閏2・11） ①240
酒部瀬川合戦の事（閏2・28） ①373		
三月十二日赤松京都に寄する事 ①378	三月十二日合戦事 ①377	三月十二日合戦事 ①244
主上両上皇六波羅臨幸の事 ①384		持明院殿行幸六波羅事 ①248
同じき十二日合戦の事 ①386		
禁裏仙洞御修法の事 ①395	山崎合戦事 ①389	禁裡仙洞御修法事付山崎合戦事 ①253
西岡合戦の事（3・15） ①396		

山門京都に寄する事（3・28） ①400	山徒寄京都事 ①393	山徒寄京都事 ①256
四月三日京軍の事 ①407	四月三日合戦事 ①400	四月三日合戦事付妻鹿孫三郎勇力事 ①260
千種殿軍の事（4・8） ①411		
妻鹿孫三郎入飛礫の事 ①415		
有元一族討死の事 ①417		
田中兄弟軍の事 ①419	千種頭中将忠顕合戦事 ①409	主上自令修金輪法給事付千種殿京合戦事 ①267
	朝忠高徳行迹事 ①413	
	内野合戦敗北事 ①414	
谷堂炎上の事（4・9） ①429	谷堂炎滅事 ①418	谷堂炎上事 ①273
【巻九】	【巻九】	【巻九】
足利殿上洛の事（4・16） ②35	関東武士上洛事■ ①423	足利殿御上洛事 ①278
×	源氏累代の白旗 ①427	○ ①281
×	海老名季行のこと ①428	×
久我縄手合戦の事（4・27） ②40		山崎攻事付久我畷合戦事 ①282
名越殿討死の事 ②43	名越尾張守打死事 ①429	
×	足利尊氏、勝持寺へ庄園を寄進 ①434	×
×	足利幸鶴丸の旗挙げ ①436	×
足利殿大江山を打ち越ゆる事 ②47		足利殿打越大江山事 ①285
五月七日合戦の事（5・7） ②50	高氏篠村八幡御願書事 ①437	足利殿着御篠村則国人馳参事 ①287
		高氏被籠願書於篠村八幡宮事 ①291
		六波羅攻事■ ①294
×	富永四郎左衛門尉の討死 ①448	×
×	大高重成とともに戦う尊氏方 ①450	×
六波羅落つる事 ②70	両六波羅都落事 ①456	主上・々皇御沈落事 ①300
四面楚歌 ②73	×	○ ①302
梶井二品親王のこと ②81	□ ①465	
番馬自害の事 ②82		越後守仲時已下自害事 ①307
×	北条仲時の道行 ①466	×

西源院本	天正本	流布本
	於番馬切腹事 ①470	主上・々皇為五宮被囚給事付資名卿出家事 ①313
千剣破城寄手南都に引く事（5・10） ②94		千葉屋城寄手敗北事 ①315
【巻十】	【巻十】	【巻十】
長崎次郎禅師御房を殺す事（5・2） ②99	高氏於京都成敵事■ ①481	千寿王殿被落大蔵谷事■ ①319
義貞叛逆の事（5・8） ②101	新田殿挙義兵事■ ①482	新田義貞謀叛事付天狗催越後勢事■ ①320
天狗越後勢を催す事（5・9） ②105		
小手指原軍の事（5・11） ②107		
久米川合戦の事 ②111		
分陪軍の事（5・15） ②112		
大田和源氏に属する事（5・15） ②114	三浦大多和合戦意見事 ①492	三浦大多和合戦意見事 ①327
	分陪関戸小手指合戦事 ①494	
×	×	六波羅の敗報 ①330
鎌倉中合戦の事（5・18） ②120	新田義貞攻入鎌倉中事 ①497	鎌倉合戦事■ ①331
	関東氏族幷家僕等打死事■ ①498	赤橋相模守自害事付本間自害事 ①333
×	大仏貞直、本間山城の死を悼む ①504	○ ①335
		稲村崎成干潟事 ①336
		鎌倉兵火事付長崎父子武勇事 ①339
		大仏貞直幷金沢貞将討死事□ ①342
		信忍自害事 ①343
		塩田父子自害事■ ①344
		塩飽入道自害事■ ①345
		安東入道自害事付漢王陵事 ①347
	四郎左近大夫入道虚自害事■ ①523	亀寿殿令落信濃事付左近大夫偽落奥州事■ ①349
相模入道自害の事（5・22） ②152	長崎二郎翔事■ ①530	長崎高重最期合戦事■ ①353

	高時一門已下於東勝寺自害事 ①537	高時并一門以下於東勝寺自害事 ①358
【巻十一】	【巻十一】	【巻十一】
五大院右衛門并びに相模太郎の事（5・28） ②165	五大院右衛門謀出邦時事■ ①543	五大院右衛門宗繁賺相模太郎事 ①362
千種頭中将殿早馬を船上に進せらるる事（5・12） ②171	忠顕被進舟上早馬事 ①549	諸将被進早馬於船上事 ①365
書写山行幸の事（5・27） ②174	先帝還幸路次巡礼事 ①550	書写山行幸事付新田注進事 ①367
新田殿の注進到来の事（5・28） ②176	義貞自関東進羽書事 ①554	
正成兵庫に参る事（6・2） ②178	楠正成向兵庫供奉事 ①555	正成参兵庫事付還幸事 ①370
還幸の御事（6・6） ②179		
筑紫合戦九州探題の事（5・25） ②180	菊池入道寂阿打死事 ①558	筑紫合戦事 ①371
菊池寂阿、武重を故郷に返す ②184	■ ①561	
×	菊池武重、小弐妙恵の使者を斬る ①563	×
長門探題の事 ②188	上野介時直長門探題降参事 ①565	長門探題降参事 ①376
越前牛原地頭自害の事（5・12） ②191	北国探題淡河殿自害事 ①568	越前牛原地頭自害事 ①378
越中守護自害の事（5・17） ②195		越中守護自害事付怨霊事 ①380
金剛山の寄手ども誅せらるる事（7・9） ②201	金剛山寄手引退平城事 ①577	金剛山寄手等被誅事付佐介貞俊事 ①384
	佐介宣俊送形見事■ ①581	
×	工藤新左衛門のこと ①585	×
【巻十二】	【巻十二】	【巻十二】
公家一統政道の事（6・3） ②213	公家一統政務事 ②19	公家一統政道事 ①392
×	後醍醐、関白を置かず ②19	×
	大塔宮自信貴入洛事 ②22	
	大内造営并聖廟御事 ②27	大内裏造営事付聖廟御事 ①398
大内裏のこと ②224	■ ②29	■ ①399
菅丞相の事 ②229		
北野天神縁起 ②230	□ ②32	■ ①405

西源院本	
安鎮法の事（元弘三・春）	②248
千種頭中将の事	②250
文観僧正の事	②252
解脱上人の事	②254
広有怪鳥を射る事（元弘四7建武改元）	②260
神泉苑の事	②264
×	
兵部卿親王流刑の事（建武二5・5）	②271
驪姫の事	②279
【巻十三】	
天馬の事	②287
藤房卿遁世の事（建武二3・11）	②293
石清水行幸における藤房の行粧	②298
×	
北山殿御隠謀の事	②304
北山実俊のこと	②318
中先代の事（建武二7・26）	②321
第八宮を鎌倉へ派遣	②321

天正本	
忠顕朝臣遊覧事	②50
文観僧正行儀事	②52
広有射怪鳥事■（元弘四1・29建武改元）	②58
神泉苑来由事	②63
×	
兵部卿宮御消息事■	②68
驪姫申生讒死事■	②76
【巻十三】	
第八宮征夷将軍事	②83
佐々木塩冶判官進龍馬事	②84
法花二句之偈事	②86
石清水行幸事（建武二9・21）	②94
■	②94
藤房発心事■	②96
藤房の後日譚	②100
西園寺温室事	②102
主上御夢告事	②104
公宗卿弾琵琶秘曲事	②109
×	
■（→第八宮征夷将軍事）	②83
相模二郎謀反之事	②119

流布本	
安鎮国家法事付諸大将恩賞事	①411
千種殿并文観僧正奢侈事付解脱上人事	①413
広有射怪鳥事（元弘三7建武改元）	①417
神泉苑事	①420
神泉苑の来歴	①423
兵部卿親王流刑事付驪姫事	①424
【巻十三】	
龍馬進奏事	②12
藤房卿遁世事	②17
×	
北山殿謀叛事	②21
○	②28
中前代蜂起事（7・16）	②30

×	渋川義季の討死 ②119	×
兵部卿親王を害し奉る事 ②323	奉失兵部卿親王事 ②123	兵部卿宮薨御事付干将莫耶事 ②31
干将鏌鋣の事 ②326	眉間尺釬鏌剣事 ②126	
足利殿東国下向の事 ②332		足利殿東国下向事付時行滅亡事 ②36
×	淵辺義博の討死 ②132	×
相模次郎時行滅亡の事、付道誉抜懸け敵陣を破る并相模川を渡る事（8・3） ②335		
×	足利直義、渋川幸王丸へ手紙を送る ②136	×
×	相模川での佐々木道誉の活躍 ②139	×
【巻十四】	【巻十四】	【巻十四】
足利殿と新田殿と確執の事 ②345	新田足利霍執奏状事（建武二10） ②145	新田足利確執奏状事 ②42
×	二引両の旗のこと ②146	○ ②43
両家奏状の事（建武元10） ②347		
節刀使下向の事（建武二11・19） ②358	義貞朝臣節度使事（11・8） ②155	節度使下向事（11・8） ②48
旗文の月日地に堕つる事 ②359		
矢矧合戦の事（11・26） ②362	矢矧鷺手超河原闘事（11・25） ②161	矢矧・鷺坂・手超河原闘事（11・25） ②53
鷺坂軍の事 ②370		
手越軍の事（12・5） ②371		
箱根軍の事（12・11） ②373	箱根竹下合戦事 ②171	箱根竹下合戦事 ②58
十六騎党のこと ②380	×	×
村上信貞、恩賞を賜る ②382	×	×
竹下軍の事 ②382		
×	脇屋義治奮戦のこと ②177	○ ②62
×	山名時氏父子の奮戦 ②179	×
官軍箱根を引き退く事（12・14） ②387		官軍引退箱根事 ②63
諸国朝敵蜂起の事 ②396	諸国朝敵蜂起事 ②188	諸国朝敵蜂起事 ②68
藤房の諫言を振り返る ②402	×	×
将軍御進発の事（建武三1・7） ②403		将軍御進発大渡・山崎等合戦事 ②72

西源院本		天正本		流布本	
		大渡山崎合戦事	②195		
大渡軍の事※（1・9）	②407	■	②197	■	②74
山崎破るる事	②410				
×		赤松範資の文	②202	○	②78
大渡破るる事	②412				
都落ちの事	②414	主上山門臨幸事	②206	主上都落事付勅使河原自害事	②80
勅使河原自害の事	②415	勅使河原引返打死事■	②208		
長年京に帰る事、并内裏炎上の事（1・10）	②416	伯耆守自勢多帰都事■	②209	長年帰洛事付内裏炎上事	②82
将軍入洛の事（1・11）	②418	尊氏入洛親光打死事	②211	将軍入洛事付親光討死事	②83
尊氏、持明院統擁立を企てる	②419	×		○	②83
親光討死の事	②419	□	②211		
×※		日吉社頭御願書事	②212	坂本御皇居并御願書事	②85
【巻十五】		【巻十五】		【巻十五】	
三井寺戒壇の事	②425	東坂本可責評定事	②217	園城寺戒壇事	②88
奥州勢坂本に着く事（1・13）	②433			奥州勢着坂本事	②92
三井寺合戦の事	②435	三井寺合戦事	②225	三井寺合戦并当寺撞鐘事付俵藤太事	②93
畑時能・亘理新左衛門の戦いぶり	②442	□	②231		
弥勒御歌の事	②444	弥勒歌事	②232		
龍宮城の鐘の事	②445	竜宮城鐘事	②233		
新羅の森を切った山徒に神罰下る※	②450	×		×	
正月十六日京合戦の事	②451			建武二年正月十六日合戦事	②101
同じき二十七日京合戦の事	②461	二十七日京合戦事	②240	正月二十七日合戦事	②106
同じき三十日合戦の事	②471	正月晦日合戦事	②256	将軍都落事付薬師丸帰京事	②111
		大樹摂州打越給事	②257		
薬師丸の事	②475	薬師丸事	②258		

大樹摂津国に打ち越ゆる事（2・5）　②476
手島軍の事（2・6）　②477
湊川合戦の事（2・7）　②478
将軍筑紫落ちの事　②481
主上山門より還幸の事（2・2）（2・25延元改元）　②483
賀茂神主改補の事　②485

宗堅大宮司将軍を入れ奉る事（2・13）　②491
　尊氏、諸国へ武将を派遣　②491
少弐と菊池と合戦の事　②493
多々良浜合戦の事　②496
　大高重成のこと※　②499
　直義、仁木義長の奮戦　②501
高駿河守例を引く事　②504

【巻十六】
西国蜂起の事　③33
新田義貞進発の事　③34
船坂熊山等合戦の事（4・17）　③39
　熊山合戦のこと　③40
　新田勢、三石へ越える　③46
　備前一宮の在庁佐重の智謀　③47
尊氏卿持明院殿の院宣を申し下し上洛の事（5・4）　③49
　将軍に従う人名　③51
福山合戦の事（5・15）　③53
×
義貞船坂を退く事　③59
正成兵庫に下向し子息に遺訓の事　③61

主上自山門還幸事（2・4）（3・2延元改元）　②264
賀茂神主改補事　②265

【巻十六】
義貞朝臣西国進発事　②273
■　②273
□　②275
×
■　②280
赤松円心構白旗城事　②285
×
□　②291
×
尊氏自九州御上洛事　②293
×
×
楠正成兄弟兵庫下向事　②302

大樹摂津国豊島河原合戦事　②114
主上自山門還幸事　②117
賀茂神主改補事　②118

【巻十六】
将軍筑紫御開事　②125
■　②125
小弐与菊池合戦事付宗応蔵主事■　②126
多々良浜合戦事付高駿河守引例事　②128
○　②129
西国蜂起官軍進発事　②132
新田左中将被責赤松事　②134
児島三郎熊山挙旗事付船坂合戦事　②136
○　②137
将軍自筑紫御上洛事付瑞夢事　②140
○　②140
×
備中福山合戦事　②143
　和田範長の討死　②146
新田殿被引兵庫事　②149
正成下向兵庫事　②149

西源院本		天正本		流布本	
正成述懐のこと	③63	□	②304	□	②151
尊氏義貞兵庫湊川合戦の事（延元元5・25）	③65			兵庫海陸寄手事	②153
本間重氏鳥を射る事	③70	本間孫四郎射鶚事□	②309	本間孫四郎遠矢事■	②154
				経島合戦事	②157
正成討死の事	③76	楠正成兄弟以下於湊川自害事□	②314	正成兄弟討死事■	②158
義貞朝臣以下の敗軍等帰洛の事	③82			新田殿湊河合戦事□	②160
×		×		小山田太郎高家刈青麦事	②162
重ねて山門臨幸の事（5・25）	③87	主上重山門臨幸事（5・27）	②321	聖主又臨幸山門事（5・19）	②164
臨幸に伴う公家・武家	③90	□	②322	□	②164
持明院殿八幡東寺に御座の事（6・14）	③94			持明院本院潜幸東寺事	②165
持明院殿、京に留まる	③94	□	②324	□	②165
				日本朝敵事	②166
第六天魔王のこと※	③98	×		○	②166
平将門の首のこと※	③100	×		○	②168
正行父の首を見て悲哀の事	③103	楠正成首被送故郷事■	②327	正成首送故郷事■	②169
【巻十七】		**【巻十七】**		**【巻十七】**	
山攻めの事、并**千種宰相討死の事**（延元元5・27）	③109	尊氏山門攻事（建武二5・27）	②333	山攻事付日吉神託事	②174
熊野勢軍の事（6・17）	③123				
金輪院少納言夜討の事（6・18）	③128				
般若院の童神託の事	③131	般若院童神託事	②351		
高豊前守虜らるる事（6・20）	③135	高豊前守被虜事	②354		
初度の京軍の事（6・晦日）	③137	京都初度軍并二度寄京事	②356	京都両度軍事	②188
二度の京軍の事（7・18）	③139				
山門の牒南都に送る事（延元元6）	③142	山門牒状并南都返牒事	②360	山門牒送南都事	②190
隆資卿八幡より寄する事（7・13）	③156	隆資自八幡被寄事	②372	隆資卿自八幡被寄事	②197

義貞合戦の事	③160	義貞京都軍事	②376	義貞軍事付長年討死事	②199
江州軍の事、并道誉を江州守護に任ずる事（9・17）	③167			江州軍事	②203
山門、江州の敵を打つ	③169	×		○	②204
道誉、江州を守る	③171	×		□	②205
山門より還幸の事	③173	堀口抑留還幸事	②383	自山門還幸事	②206
堀口還幸を押し留むる事	③175				
儲君を立て義貞に付けらるる事	③178	儲君被付義貞付師子丸被進日吉事	②388	立儲君被著于義貞事付鬼切被進日吉事	②209
鬼切日吉に進せらるる事	③180				
義貞北国落ちの事（10・10）	③182			義貞北国落事	②210
還幸供奉の人々禁獄せらるる事	③185	還幸供奉被禁殺事	②393	還幸供奉人々被禁殺事	②212
北国下向勢凍死の事（10・11）	③188	北国下向勢凍死事	②396	北国下向勢凍死事	②214
瓜生判官心替はりの事（10・14）	③191	苽生判官心替事	②398	瓜生判官心替事付義鑑房蔵義治事	②216
義鑑房義治を隠す事	③192	義鑑房蔵義治事	②400		
今庄入道浄慶の事	③196				
十六騎の勢金崎に入る事	③201	十六騎勢入金崎事	②406	十六騎勢入金崎事	②220
白魚船に入る事（10・20）	③204	白魚入船事	②409	金崎船遊事付白魚入船事	②222
金崎城詰むる事	③206	金崎城攻事■	②411	金崎城攻事付野中八郎事	②223
小笠原軍の事	③209				
野中八郎軍の事	③210				
【巻十八】		【巻十八】		【巻十八】	
先帝吉野潜幸の事（8・28）	③217	先帝芳野潜幸事	②419	先帝潜幸芳野事	②228
伝法院の事	③222	伝法院之事	②423	高野与根来不和事	②231
勅使海上を泳ぐ事（11・2）	③226	苽生挙旗事	②426	瓜生挙旗事	②233
義治旗を揚ぐる事、并杣山軍の事（11・8）	③227				
越前府軍の事（11・29）	③233	金崎後攻事	②432	越前府軍并金崎後攻事	②236
金崎後攻めの事（延元二・1・11）	③235				
瓜生老母の事	③238	苽生判官老母事	②436	瓜生判官老母事付程嬰杵臼事	②239

西源院本

程嬰杵臼の事 ③240
金崎城落つる事（3・6） ③244
東宮還御の事 ③254
一宮御息所の事 ③255
義顕の首を梟る事 ③287
比叡山開闢の事、并山門領安堵の事 ③288
×
大宮権現以下のこと※ ③297

【巻十九】
光厳院殿重祚の御事（建武四6・10） ③303
本朝将軍兄弟を補任するその例なき事（10・3暦応改元） ③304
義貞越前府城を攻め落とさるる事 ③306
金崎の東宮并びに将軍宮御隠れの事（4・13） ③315
諸国宮方蜂起の事 ③318
相模次郎時行勅免の事 ③320
奥州国司顕家卿上洛の事、付新田徳寿丸上洛の事（8・19） ③322
桃井坂東勢奥州勢の跡を追つて道々合戦の事（12・28） ③328
青野原軍の事（2・4） ③333
嚢砂背水の陣の事 ③340
×

天正本

程嬰杵臼事 ②438
金崎落城并一宮御自害其外官軍腹切事 ②442
春宮還御事 ②449
一宮御息所事 ②450
春宮還幸事 ②476
○ ②451
比叡山開闢事 ②478
「波母山や」の歌 ②484
□ ②485

【巻十九】
豊仁王登極事■（建武三8・15） ②489
（建武五8・28暦応改元） ②490
北国蜂起被下討手事 ②492
春宮柳営宮禁殺事■ ②499
相模次郎時行参南朝事 ②504
顕家卿再起大軍攻上事（8・18） ②506
義詮退鎌倉事（12・25）■ ②512
上杉桃井上下於長途合戦事 ②514
国司経伊勢国参芳野殿事 ②523
北畠顕家の最期 ②523

流布本

金崎城落事 ②242
春宮還御事付一宮御息所事 ②247
○ ②248
比叡山開闢事 ②264
○ ②268

【巻十九】
光厳院殿重祚御事（建武三6・10） ②274
本朝将軍補任兄弟無其例事 ②274
新田義貞落越前府城事 ②276
金崎東宮并将軍宮御隠事 ②280
諸国宮方蜂起事 ②283
相模次郎時行勅免事 ②284
奥州国司顕家卿并新田徳寿丸上洛事 ②285
追奥勢跡道々合戦事 ②288
青野原軍事付嚢沙背水事 ②291
○ ②296

【巻二十】		【巻二十】		【巻二十】	
黒丸城初度の合戦の事（5・2）	③347	越前黒丸城合戦事（建武五）	②531	黒丸城初度軍事付足羽度々軍事	②302
越後勢越前に打ち越ゆる事（7・3）	③349			越後勢越々前事	②303
御宸翰勅書の事	③351	被下勅筆於義貞事	②534	宸筆勅書被下於義貞事	②304
義貞朝臣山門へ牒状を送る事（延元三・7）	③353	義貞送牒状於山門事（延元三・7）	②535	義貞牒山門同返牒事	②305
八幡宮炎上の事（6・27）	③361	八幡宮炎上之事（7・27）	②542	八幡炎上事	②309
義貞黒丸に於て合戦の事	③365	高経構城墎事	②545	義貞重黒丸合戦事付平泉寺調伏法事	②312
平泉寺衆徒調伏の法の事	③366	平泉寺衆徒調伏法事	②546		
斎藤七郎入道道献義貞の夢を占ふ事、付孔明仲達の事	③368	義貞朝臣妖夢之事	②547	義貞夢想事付諸葛孔明事	②313
		孔明臥竜之事	②548		
×		×		諸葛孔明の詩	②314
水練栗毛付けずまひの事（閏7・2）	③374	水練栗毛属強事	②553	義貞馬属強事	②317
義貞朝臣自殺の事	③376	足羽合戦義貞自害事	②555	義貞自害事	②318
義貞朝臣の頸を洗ひ見る事	③380				
義助朝臣敗軍を集め城を守る事（7・5）	③383			義助重集敗軍事	②322
左中将の首を梟る事	③384	義貞寵妾勾当内侍事	②562	義貞首懸獄門事付勾当内侍事	②323
「わが袖の」の歌	③386	×		○	②324
×		「誰故に」の歌	②564	×	
奥勢難風に逢ふ事（8・15）	③392	奥州下向勢逢難風事（9・12）	②569	奥州下向勢逢難風事（9・12）	②328
結城入道堕地獄の事	③396	結城入道病死事	②572	結城入道堕地獄事	②330
×		×		導師、法華経の徳を称える	②334
【巻二十一】		【巻二十一】		【巻二十一】	
蛮夷階上の事（暦応元）	③407	蛮夷僭上無礼事	③19	天下時勢粧事	②336
天下時勢粧の事、道誉妙法院御所を焼く事	③409	道誉炒妙法院御所事	③21	佐渡判官入道流刑事	②337

西源院本

神輿動座の事（4・12） ③412
法勝寺の塔炎上の事（康永元3・22） ③415
先帝崩御の事（康永三8・16） ③418
吉野新帝受禅の事、同御即位の事（12・3） ③421
義助黒丸城を攻め落とす事（12・17） ③426
塩冶判官讒死の事※ ③432
× 宮中の美人を花に比喩する ③437
×
師直、塩冶高貞を讒言 ③446
高貞夫妻の枕上の物語 ③447
塩冶四郎の密告 ③448
①尊氏、高貞追撃に山名時氏・桃井直常を命ず ③448
②桃井直常の追撃。北の方最期 ③450
③八幡六郎、高貞の子を僧に託す ③453
④山名時氏、高貞を追う ③456
⑤山名師義、高貞を急追し、塩冶と戦う ③457
⑥山名・高貞の戦い。高貞、出雲へ落ち延びる ③459
⑦高貞敗死 ③460

天正本

○ →巻二十三へ ③144
後醍醐天皇崩御事（暦応二8・16） ③27
■**諸卿分散事** ③31
第七宮御職位事（10・3） ③34
御禊大嘗会事■ ③34
塩冶判官讒死事 ③40
覚一真性連平家事 ③41
■ ③46
高師直、手紙を誤読 ③56
侍従、師直を北の方のもとへ誘う ③58
■ ③61
■ ③62
×
① ③64
④ ③65
⑥ ③66
② ③67
③ ③73
高貞の子の後日譚 ③75
⑦ ③76

流布本

法勝寺塔炎上事（康永元3・20） ②340
先帝崩御事（延元三8・9） ②342
南帝受禅事（10・3） ②345
任遺勅被成綸旨事付義助攻落黒丸城事 ②346
塩冶判官讒死事 ②349
×
×
□ ②357
×
○ ②358
① ②358
③ ②359
② ②360
④ ②361
⑤ ②362
⑥ ②363
⑦ ②363

【巻二十二】欠巻
【巻二十三】
畑六郎左衛門時能の事 ④35
戎王の事 ④38
鷹巣城合戦の事（2・27） ④39
脇屋刑部卿吉野に参らるる事 ④46
孫武の事 ④48
将を立つる兵法の事 ④51
穆公の自省 ④54
①上皇御願文の事（暦応五2・5） ④54
②土岐御幸に参向し狼藉を致す事（暦応五8） ④58
③高土佐守傾城を盗まるる事 ④65

【巻二十四】
④義助朝臣予州下向の事、付道の間高野参詣の事（暦応三4・3） ④73
⑤正成天狗と為り剣を乞ふ事（5・3） ④76
⑥河江合戦の事、同日比海上軍の事 ④95
⑦備後鞆軍の事 ④98
⑧千町原合戦の事 ④101
⑨世田城落ち大館左馬助討死の事（9・3） ④106
⑩篠塚落つる事 ④107

【巻二十二】
畑六郎左衛門事 ③83
義助参芳野殿事 ③92
孫氏事 ③95
立将兵法事 ③96
×
③佐々木信胤成敵事 ③100
④義助西国下向事（暦応三4・1） ③105
⑥義助朝臣病死事 ③107
大館左馬助討死事 ③116
⑩篠塚伊賀守振舞事 ③117

【巻二十三】
⑤自伊与国霊剣註進事（暦応五） ③123
①直義朝臣病悩事（2・5） ③140
①上皇八幡宮御願書事（暦応元2） ③142
⑨法勝寺炎上事（3・20）（4・27康永改元） ③144
②伏見院御追貢御幸事 ③146
②土岐頼遠御幸参合事 ③147

【巻二十二】
畑六郎左衛門事 ②366
義助被参芳野事并隆資卿物語事 ②372
○ ②375
③作々木信胤成宮方事 ②376
④義助予州下向事（暦応三4・1） ②379
⑥義助朝臣病死事付鞆軍事 ②381
⑨⑩大館左馬助討死事付篠塚勇力事 ②386

【巻二十三】
⑤大森彦七事（暦応五） ②390
①就直義病悩上皇御願書事（2・5） ②400
②土岐頼遠参合御幸致狼籍事付雲客下車事 ②402

西源院本

項目	巻・頁
【巻二十五】	
朝儀の事	④115
天龍寺の事（康永四7）	④119
武家への批判	④119
×	
×	
×※	
大仏供養の事	④154
三宅荻野謀叛の事	④157
地蔵命に替はる事	④159
【巻二十六】	
①持明院殿御即位の事（貞和四10・27）	④165
院の御所の怪異	④165
②大塔宮の亡霊胎内に宿る事	④167
×	
③藤井寺合戦の事（8・14）	④173
×	
×	
×	
④伊勢国より宝剣を進す事（8・18）	④177

天正本

項目	巻・頁
【巻二十四】	
儀廃絶事	③157
天竜寺建立事	③161
×	
夢窓疎石の夢	③161
山門嗷訴事	③163
日野勧修寺意見事	③169
×	
和漢宗論事	③173
祇園精舎のこと	③173
二条関白意見事	③186
天竜寺供養事■	③193
大佛供養事	③203
三宅荻野謀叛事	③205
地蔵替命事	③207
【巻二十五】	
○　↓巻二十七へ	③369
②天狗化生直義室家事■（貞和二7・19）	③213
着帯の儀	③218
③師直楠正行東条合戦事（貞和三8・16）	③220
楠木正行の計略	③221
佐々木氏頼らの奮戦	③223
目賀田信良・阿保直実のこと	③224

流布本

項目	巻・頁
【巻二十四】	
朝儀年中行事	②410
天龍寺建立事	②413
○	②413
×	
依山門嗷訴公卿僉議事	②415
摩羯陀国の僧のこと	②420
○	②421
天龍寺供養事付大仏供養事■	②433
三宅荻野謀叛事付壬生地蔵事	②440
【巻二十五】	
①持明院殿御即位事付仙洞妖怪事	②446
②宮方怨霊会六本杉事付医師評定事	②447
×	
③藤井寺合戦事	②451
×	
×	
×	
④⑤自伊勢進宝剣事付黄粱夢事	②453

記事	巻・頁
⑤黄粱の夢の事	④196
⑥住吉合戦の事（11・25）	④200
⑦四条合戦の事（1・5）	④207
×	
⑧秦の穆公の事	④226
⑨和田楠討死の事	④228
⑩吉野炎上の事	④237
×	
【巻二十七】	
賀名生皇居の事	④245
師直驕りを究むる事	④246
×	
師泰奢侈の事	④248
高師泰、菅在登を殺害する	④250
廉頗藺相如の事	④254
妙吉侍者の事	④267
始皇蓬莱を求むる事	④270
秦の趙高の事	④276
王を侮る師泰の暴言	④279
足利直冬の下向	④281

記事	巻・頁
⑥⑦山名時氏住吉合戦事	③226
■	③241
道誉の智謀	③241
⑧⑨秦繆公出敵之囲事	③247
■	③250
⑩芳野炎滅蔵王霊験事	③251
光厳院と直義の会合	③257
皇太子興仁王践祚事	③258
④宝剣進奏両卿意見事	③259
④三種神器来由事■	③264
⑤黄粱午炊夢事	③281
【巻二十六】	
賀名生皇居事（貞和四1・5）	③289
師直師泰奢侈事	③290
師直、大炊御門邸を焼く	③292
■　↓巻二十七へ	③369
直冬西国下向事	③298
廉頗藺相如事	③301
妙吉侍者行跡事	③311
趙高大臣奢事	③314
○	③297
○	③298

記事	巻・頁
⑥住吉合戦事	②464
【巻二十六】	
⑦正行参吉野事	③14
⑦⑧四条縄手合戦事付上山討死事	③17
×	
⑨楠正行最期事	③26
■	③26
⑩芳野炎上事	③29
×	
賀名生皇居事	③32
執事兄弟奢侈事	③33
×	
上杉畠山讒高家事付廉頗藺相如事	③36
妙吉侍者事付秦始皇帝事	③43
直冬西国下向事	③50

西源院本	天正本	流布本
清水寺炎上の事（貞和五2・27） ④283	洛中変違并田楽桟敷崩事■ ③322	【巻二十七】天下妖怪事付清水寺炎上事■ ③54
田楽の事 ④284		田楽事付長講見物事 ③55
×	高時、田楽愛好のこと ③323	□ ③55
×	四条川原の落書、不吉な予兆 ③328	×
長講のこと ④286	×	○ ③57
	④⑤①大稲妻天狗未来記事■ ③328	④雲景未来記事■ ③59
①左兵衛督師直を誅せんと欲せらるる事（8・11） ④289		①左兵衛督欲誅師直事 ③66
②師直将軍の屋形を打ち囲む事（8・14） ④294	②御所囲事■ ③345	②御所囲事■ ③69
		②右兵衛佐直冬鎮西没落事 ③73
×	義詮朝臣上洛事 ③355	左馬頭義詮上洛事 ③74
	②直義朝臣出家事■ ③357	②直義朝臣隠遁事付玄慧法印末期事 ③75
③上杉畠山死罪の事（8・24） ④303	③上杉畠山刑戮事 ③359	③上杉畠山流罪死刑事 ③77
上杉重能・畠山直宗らの最期 ④306	×	○ ③78
④雲景未来記の事（6・26）※2 ④310		
⑤天下怪異の事（6・3） ④325		
天文の異変 ④325	○ ③328	○ ③54
×	御即位事 ③362	大嘗会事 ③80
【巻二十八】	【巻二十七】	【巻二十八】
八座羽林政務の事（貞和六2・27） ④329	○ ③379	義詮朝臣御政務事 ③84
	仙洞妖怪法家勘進事（貞和五12・28） ③367	

太宰少弐直冬を婿君にし奉る事 ④330
×
三角入道謀叛の事（6・20） ④331
鼓崎城熊ゆゑ落つる事（8・25） ④336
×
直冬蜂起の事（9・29） ④339
恵源禅閤没落の事 ④341
恵源禅閤南方合体の事、并持明院殿より院宣を成さるる事（観応元10・25） ④343
×
□ ④344
吉野殿へ恵源書状奏達の事（12・9） ④345
漢楚戦ひの事、付吉野殿綸旨を成さるる事（12・13） ④348

【巻二十九】
吉野殿と恵源禅閤と合体の事（観応二1・7） ④383
×
桃井四条河原合戦の事（1・15） ④384
×
×
道誉後攻めの事 ④394
井原の石龕の事 ④397
金鼠の事 ④398

在登卿被逢夭死事（観応元5・17） ③369
九州蜂起直冬振威事 ③370
九州探題一色氏のこと ③371
石見国佐和三角依成敵師泰下向事 ③372
土岐周靖房謀叛事（7・5） ③378
周済房の謀叛 ③378
将軍師直西国進発事 ③380
直義禅閤逐電事 ③382
内待原法眼好専のこと ③384
直義のもとに軍勢集まる ③385
恵源被参南朝事 ③386
諸卿意見被下綸旨事□ ③388

【巻二十八】
将軍師直自福岡帰洛事 ③399
左兵衛恵源八幡山陣事 ③400
内待原法眼好専誅殺 ③400
桃井兄弟自北国攻上事 ③401
×
阿保秋山四条川原合戦事 ③403
安保直実の独戦 ③403
将軍并義詮丹州没落事 ③411

太宰少弐奉聟直冬事 ③84
×
三角入道謀叛事 ③85
×
直冬朝臣蜂起事付将軍御進発事 ③89
錦小路殿落南方事 ③90
自持明院殿被成院宣事 ③91
×
×
慧源禅巷南方合体事付漢楚合戦事 ③92

【巻二十九】
宮方京攻事 ③112
×
桃井直常の入洛を評価 ③114
×
将軍上洛事付阿保秋山河原軍事 ③114
将軍親子御退失事付井原石窟事 ③119

西源院本	
越後守師泰石見国より引つ返す事、付美作国の事（1・13）	④401
光明寺合戦の事（2・4）	④407
武蔵守師直の陣に旗飛び降る事	④411
小清水合戦の事（2・17）	④413
松岡城周章の事	④423
×	
×	
高播磨守自害の事（2・25）	④432
師直以下討たるる事（2・26）	④436
仁義血気勇者の事	④444
【巻三十】	
将軍御兄弟和睦の事（2・26）	⑤35
下火仏事の事	⑤36
怨霊人を驚かす事	⑤37
大塔若宮赤松へ御下りの事	⑤39
高倉殿京都退去の事（観応二7・晦日）	⑤40
殷の紂王の事、并太公望の事	⑤42
賀茂社鳴動の事、同江州八相山合戦の事（8・18）	⑤49
×	
恵源禅閤関東下向の事（10・8）	⑤51
那和軍の事（11・晦日）	⑤52
薩埵山合戦の事	⑤59
×	
恵源禅門逝去の事（2・26）	⑤62

天正本	
播州自光明寺摂州打出合戦事	③419
両殿御和睦事	③435
×	
「高野山」の歌	③438
師直師泰等誅伐事	③441
【巻二十九】	
両殿和睦上洛事（観応二2・28）	③451
諸大名逃下都事	③453
武衛禅閤逐電事	③455
殷紂王事	③458
将軍発向江州事	③463
八重山蒲生野合戦事（9・8）	③464
薩多山合戦事■	③474
石塔頼房の奮戦	③481

流布本	
越後守自石見引返事	③122
光明寺合戦事付師直怪異事	③124
小清水合戦事付瑞夢事	③128
松岡城周章事	③133
師直師泰出家事付薬師寺遁世事	③135
「取バウシ」の歌	③137
○	③138
師冬自害事付諏方五郎事	③138
師直以下被誅事付仁義血気勇者事	③140
【巻三十】	
将軍御兄弟和睦事付天狗勢汰事	③148
高倉殿京都退去事付殷紂王事	③150
直義追罰宣旨御使事付鴨社鳴動事	③155
×	
薩多山合戦事	③156
×	
慧源禅門逝去事	③161

× 吉野殿と義詮朝臣と御和睦の事 ⑤63
諸卿参らるる事 ⑤64
准后禅門の事 ⑤66
貢馬の事（正平六2・26） ⑤68
住吉の松折るる事（閏2・15） ⑤70
和田楠京都軍の事（閏2・20） ⑤72
細川讃岐守討死の事 ⑤74
□ ⑤75
義詮朝臣江州没落の事 ⑤76
×
曾我左衛門の水練 ⑤77
三種神器閣かるる事（閏2・23） ⑤78
主上上皇吉野遷幸の事（閏2・27） ⑤79
梶井宮南山幽閉の御事 ⑤83

【巻三十二】
武蔵小手指原軍の事（閏2・20） ⑤87
乱世の様子 ⑤87
小手指原合戦のありさま ⑤97
義興義治鎌倉軍の事（2・23） ⑤107
新田軍、鎌倉での一戦を決意 ⑤108
笛吹崇軍の事（2・28） ⑤112
甲斐源氏の加勢 ⑤114
荒坂山合戦の事、并土岐悪五郎討死の事（3・11） ⑤121
足利義詮、東寺に陣を取る ⑤123

× 羽林八座与南朝御合体事 ③485
南方官軍京攻并再勅使具忠入洛事付頼春討死事（閏2・22） ③493
細川頼春の奮戦 ③495
道誉、足利義詮とともに近江に落ちる ③496
×
主上仙院梶井宮奉渡南山事 ③499

【巻三十】
新田義興義宗東国劫略事 ③507
○ ③552
武蔵野合戦事 ③514
■ ③516
■ ③523
×
主上八幡鎮座事 ③534
羽林相公帰入洛事 ③535
□ ③536

直義に対する批評 ③162
吉野殿与相公羽林御和睦事付住吉松折事 ③162
□ ③168
相公江州落事 ③168
×
○ ③169
持明院殿吉野遷幸事付梶井宮事 ③169

【巻三十一】
新田起義兵事 ③174
武蔵野合戦事 ③179
鎌倉合戦事 ③185
笛吹峠軍事 ③187
○ ③188
八幡合戦事付官軍夜討事 ③192

西源院本

×

×

八幡攻めの事（4・25） ⑤128

細川の人々夜討せらるる事（5・3） ⑤131

八幡落つる事、并宮御討死の事、同公家達討たれ給ふ事（5・11） ⑤133

諸国後攻めの勢引つ返す事（4・27） ⑤137

児島高徳の挙兵 ⑤137

【巻三十二】

芝宮御位の事（観応三8・27） ⑤143

神璽宝剣無くして御即位例無き事（9・27） ⑤145

山名右衛門佐敵と為る事（文和二6・9） ⑤148

武蔵将監自害の事 ⑤158

堅田合戦の事、并佐々木近江守秀綱討死の事（6・13） ⑤159

山名時氏京落ちの事 ⑤163

直冬と吉野殿と合体の事 ⑤165

獅子国の事 ⑤167

許由巣父の事、同虞舜孝行の事 ⑤173

天正本

斯波勢、義詮方へ参る ③536

斯波勢の活躍 ③538

土岐三河守討死事 ③540

□ ③542

官軍落八幡山事（3・15） ③545

芳野主上還幸事 ③546

三種神器無恙事□ ③548

□ ③550

諸国扶兵引帰事 ③550

【巻三十二】

茨宮御即位事（観応三8・17） ④19

無剣璽御即位無例事 ④21

山名右衛門佐為敵事 ④24

赤松氏範与土岐長山勇力事并神楽岡合戦事■ ④27

佐々木秀綱討死事 ④33

山名師義没落事（7・10） ④37

直冬与吉野殿合体事（9・17） ④38

獅子国事 ④39

虞舜孝高事 ④45

流布本

×

×

南帝八幡御退失事 ③198

【巻三十二】

茨宮御位事 ③204

無剣璽御即位無例事付院御所炎上事 ③205

山名右衛門佐為敵事付武蔵将監自害事 ③207

主上義詮没落事付佐々木秀綱討死事 ③213

山名伊豆守時氏京落事 ③215

直冬与吉野殿合体事付天竺震旦物語事 ③216

直冬上洛の事（文和三12・13）	⑤179
×	
鬼丸鬼切の事	⑤182
鬼丸のこと※	⑤185
鬼切のこと※	⑤189
神南合戦の事（文和四2・4）	⑤190
河村頼秀の討死	⑤207
×	
×	
東寺合戦の事（2・4）	⑤209
二月四日合戦	⑤210
×	
×	
八幡御託宣の事（2・12）	⑤220
東寺の落首	⑤223
【巻三十三】	
三上皇吉野より御出の事（延文二2）	⑤227
飢人身を投ぐる事	⑤229
武家の人富貴の事	⑤234
武家の奢侈に対する批判	⑤236
×	
将軍御逝去の事（延文三4・20）	⑤237
新待賢門院御隠れの事、付梶井宮御隠れの事（4・18）	⑤239

【巻三十二】	
山名伊豆守立将事	④55
直冬の入洛に京童嘲笑	④56
鬼丸鬼切事	④57
×	
×	
右兵衛佐直冬上洛事	④63
神南山合戦事■	④66
□	④78
井田・波多野の討死	④78
佐藤次信の先例	④80
東寺合戦事（2・8）	④82
三月十二日合戦■（二月十五日合戦記事の後へ）	④85
朝倉高景父子の奮戦	④88
佐々木崇永・細川清氏の活躍	④91
八幡宮託宣神歌事	④93
×	
【巻三十三】	
三上皇自吉野御出事	④99
飢人投身事	④101
武家富貴事	④105
×	
直義贈爵	④107
将軍御薨逝事	④107
新待賢門院幷梶井宮御隠事■	④109

直冬上洛事付鬼丸鬼切事	③223
×	
○	③226
○	③227
神南合戦事■	③229
□	③237
×	
×	
【巻三十三】	
京軍事	③240
×	
○	③245
八幡御託宣事	③246
○	③247
三上皇自芳野御出事	③248
飢人投身事	③249
公家武家栄枯易地事	③252
○	③253
○	③253
将軍御逝去事	③254
新待賢門院幷梶井宮御隠事■	③255

西源院本		天正本		流布本	
細川式部大輔霊死の事（延文四6・2）	⑤240	細川式部大輔霊死事	④110	崇徳院御事	③256
菊池軍の事（3・10）	⑤243	菊池与少弐合戦事	④115	菊池合戦事（11・10）	③257
新田左兵衛佐義興自害の事（10・10）	⑤255	新田義興自害事	④122	新田左兵衛佐義興自害事	③263
江戸遠江守の事	⑤272				
因果歴然の道理	⑤274	×		○	③273
【巻三十四】		【巻三十四】		【巻三十四】	
宰相中将殿将軍宣旨を賜る事（延文三4・29）	⑤279	八座羽林給将軍宣旨事	④143	宰相中将殿賜将軍宣旨事	③276
佐々木道誉・秀綱の功※	⑤280	×		○	③276
畠山道誓禅門上洛の事（11・28）	⑤282			畠山道誓上洛事	③277
和田楠軍評定の事	⑤285	楠正儀和田軍意見事	④147	和田楠軍評定事付諸卿分散事	③279
諸卿分散の事	⑤288				
新将軍南方進発の事（延文四12・23）	⑤290	新将軍義詮朝臣南方進発事	④150	新将軍南方進発事付軍勢狼籍事	③282
軍勢狼藉の事（2・13）	⑤294	京勢東軍津々山攻之事	④154		
紀州龍門山軍の事（4・3）	⑤296			紀州龍門山軍事	③285
塩谷の討死	⑤300	□	④158		
根津小次郎の敗徒	⑤300	×		○	③287
紀州二度目合戦の事（4・11）	⑤301			二度紀伊国軍事付住吉楠折事	③287
住吉の楠折る事（4・12）	⑤305	住吉神木倒折事	④161		
銀嵩合戦の事（4・25）	⑤309	南朝諸卿分散事	④165	銀嵩軍事付曹娥精衛事	③291
		銀嵩合戦敗事	④167		
興良親王の謀叛を批判	⑤313	□	④169		
曹娥の事	⑤314	曹娥精衛等事	④169		
精衛の事	⑤317				
龍泉寺軍の事（閏4・29）	⑤319	龍泉平石城落事	④173	龍泉寺軍事	③296
清氏・赤松範実の先陣争い	⑤321	□	④174		

平石城合戦の事 ⑤323		平石城軍事付和田夜討事 ③298
和田夜討の事（5・8） ⑤324	結城陣夜討事 ④176	
吉野御廟神霊の事 ⑤329	諸軍勢退散事 ④181	吉野御廟神霊事付諸国軍勢還京都事 ③301
諸国軍勢京都へ還る事（5・21） ⑤334		
【巻三十五】	【巻三十五】	【巻三十五】
南軍退治の将軍已下上洛の事 ⑤339	羽林将軍帰洛事 ④189	新将軍帰洛事付擬討仁木義長事 ③306
諸大名仁木を討たんと擬する事 ⑤339	諸大名擬誅義長事 ④189	
諸大名の仁木を憎む理由 ⑤341	×	○ ③307
京勢重ねて天王寺に下向の事 ⑤343	京勢重発向天王寺事 ④191	京勢重南方発向事付仁木没落事 ③308
	仁木義長行跡事 ④193	
大樹逐電し仁木没落の事（7・18） ⑤347	羽林八座逐電事 ④195	
和泉河内等の城落つる事（7・19） ⑤353	南方蜂起并狂歌等事 ④201	南方蜂起事付畠山関東下向事 ③313
畠山関東下向の事（8・4） ⑤356	畠山入道道誓関東下向事（8・24） ④203	
山名作州発向の事 ⑤358	山名伊豆守落美作城事 ④204	
北野参詣人政道雑談の事※3 ⑤359	↓巻三十八へ ④343	北野通夜物語事付青砥左衛門事 ③316
民苦問使のこと ⑤361	×	○ ③317
日蔵上人のこと ⑤362	×	○ ③318
北条泰時善政のこと ⑤366	×	○ ③319
北条時頼廻国のこと ⑤371	○ ④346	○ ③322
×	北条貞時廻国のこと ④348	○ ③323
青砥左衛門のこと ⑤374	○ ④350	○ ③324
尾張小河土岐東池田等の事 ⑤397	三川国西郷合戦事 ④205	尾張小河東池田事 ③336
仁木三郎江州合戦の事（9・28） ⑤398	仁木三郎弾正川原軍事 ④206	
【巻三十六】	【巻三十六】	【巻三十六】
仁木京兆南方に参る事 ⑤407	年号改元仁木義長参南帝事 ④213	仁木京兆参南方事付大神宮御託宣事 ③342
大神宮御託宣の事 ⑤409		

西源院本	天正本	流布本
大地震并びに所々の怪異、四天王寺金堂顚倒の事（康安元6・18） ⑤414	大地震并諸国怪異并四天王寺金堂倒事 ④219	大地震并夏雪事 ③346
円海上人天王寺造営の事 ⑤418		天王寺造営事付京都御祈禱事 ③348
京都御祈禱の事（8・13） ⑤421		
大熾盛光法時の違乱 ⑤422	×	×
山名豆州美作の城を落とす事（11・4） ⑤423	宮方蜂起同山名伊豆守父子三人美作発向事 ④225	山名伊豆守落美作城事付菊池軍事 ③350
菊池合戦の事 ⑤427	九州菊池出張事并於摂州楠和田与佐々木合戦事 ④228	
佐々木秀詮兄弟討死の事（9・28） ⑤430		秀詮兄弟討死事 ③353
細川清氏隠謀企つる事、并子息首服の事 ⑤435	細川相州子息石清水八幡宮元服事 ④235	
志一上人上洛の事 ⑤439	志一上人叱祇尼天法行事 ④237	清氏叛逆事付相模守子息元服事 ③356
志一上人上洛の理由 ⑤439	×	×
細川清氏叛逆露顕即ち没落の事（9・21） ⑤441	新将軍不例細川相模守京都没落南方降参事 ④241	
将軍、願書を披見する ⑤444	×	○ ③360
頓宮四郎心替はりの事（10・29） ⑤451		頓宮心替事付畠山道誓事 ③364
朝倉の逃走 ⑤452	×	○ ③364
清氏南方に参る事 ⑤453		
畠山道誓没落の事（11・13） ⑤456	畠山入道々誓舎弟尾張守謀叛之事 ④250	
畠山道誓人望を失い、謀叛 ⑤456	×	○ ③366
		【巻三十七】
細川清氏以下南方勢京入りの事（12・3） ⑤459	細川相州京都攻被給合戦事 ④251	清氏正儀寄京事 ③370
公家武家没落の事（12・8） ⑤464		新将軍京落事 ③371
佐々木高秀・今川貞世の退却 ⑤464	×	○ ③373
×	主上・親王、長光寺へ臨幸 ④255	×

南方勢即ち没落、越前匠作禅門上洛の事（12・26）⑤467	南方宮方国々敗北并持明院主上自江州武作寺還幸 ④258	南方官軍落都事 ③374
【巻三十七】		
当今江州より還幸の事（12・27）⑥31		持明院新帝自江州還幸事付相州渡四国事 ③376
×	後光厳天皇還幸の様子 ④261	×
細川清氏四国へ渡る事（康安二1・14）⑥33	細川相州清氏渡四国事 ④262	
大将を立つべき法の事 ⑥34	可立大将事 ④263	可立大将事付漢楚立義帝事 ③378
漢楚義帝を立つる事 ⑥36	漢楚立義帝事 ④264	
尾張左衛門佐遁世の事 ⑥38	尾張左衛門遁世事 ④266	尾張左衛門佐遁世事 ③380
身子声聞の事 ⑥40	身子声聞事 ④268	身子声聞、一角仙人、志賀寺上人事 ③381
一角仙人の事 ⑥42	一角仙人事 ④270	
志賀寺上人の事 ⑥45	志賀寺上人事 ④272	
畠山道誓謀叛の事（3・27）⑥48	畠山入道々誓謀叛事 ④275	畠山入道々誓謀叛事付楊国忠事 ③385
楊貴妃の事 ⑥50	楊貴妃事付楊国忠事 ④277	
【巻三十八】	【巻三十七】	【巻三十八】
悪星出現の事（康安二2）⑥73	犯星客星出現潮水旱事 ④297	彗星客星事付湖水乾事 ③398
湖水乾く事 ⑥74		
諸国宮方蜂起の事（6・27）⑥76	中国西国蜂起事■ ④299	諸国宮方蜂起事付越中軍事（6・3）③399
越中軍の事 ⑥84		
桃井直常敗北の経緯 ⑥85	×	○ ③404
九州探題下向の事 ⑥88	九州新探題合戦事 ④305	九州探題下向事付李将軍陣中禁女事 ③405
漢の李将軍女を斬る事 ⑥90	李将軍陣中女禁制事 ④307	
筑紫合戦の事（9・23）⑥91		菊池大友軍事 ③407
畠山入道道誓没落の事、并遊佐入道の事（11・21）⑥94	畠山道誓関東没落事■（11・25）④310	畠山兄弟修禅寺城楯籠事付遊佐入道事（9・10）③408

西源院本	天正本	流布本
×	畠山道誓降参の様子 ④311	○ ③409
畠山義深、箱根に残る ⑥96	×	○ ③409
×	誉田性意父子のこと ④313	×
細川清氏討死の事（7・23） ⑥100	**讃州白山合戦清氏討死事** ④315	**細川相模守討死事付西長尾軍事** ③411
細川頼之、四国を平定 ⑥108	×	○ ③416
和田楠と箕浦と軍の事（8・16） ⑥110	**和田楠等打出摂州事** ④323	**和田楠与箕浦次郎左衛門軍事** ③417
箕浦敗北の経緯 ⑥113	□ ④325	
兵庫の在家を焼く事（9・16） ⑥117		
太元軍の事 ⑥119	**太元與宋朝合戦事** ④326	**太元軍事** ③421
	【巻三十八】 諸本の巻三十五「北野参詣人政道雑談の事」が当てられる ④343	
【巻三十九】	**【巻三十九】**	**【巻三十九】**
大内介降参の事（貞治三・春） ⑥137	**諸大名降参上洛事** ④373	**大内介降参事** ③430
×	将軍方になった武将 ④375	×
山名御方に参る事 ⑥140	×	**山名京兆被参御方事** ③432
仁木京兆降参の事 ⑥142	×	**仁木京兆降参事** ③432
芳賀兵衛入道軍の事（6・17） ⑥143	**鎌倉基氏与宇都宮合戦事■**（6・24） ④376	**芳賀兵衛入道軍事** ③433
×	芳賀八郎の後日譚 ④385	□ ③438
神木入洛の事、付鹿都に入る事（5・17） ⑥155	**神木入洛長講堂御座事** ④387	**神木入洛事付洛中変異事** ③440
諸大名道朝を讒する事、付道誉大原野花会の事（3・4） ⑥160	**大夫入道道朝讒言没落事** ④391	**諸大名讒道朝事付道誉大原野花会事** ③442
道朝没落の事（8・4） ⑥166		
斯波道朝、自害を覚悟 ⑥168	■ ④398	

記事	巻・頁
斯波道朝の病死	⑥170
神木御帰座の事（貞治五8・12）	⑥171
高麗人来朝の事（9・26）	⑥176
×	
太元より日本を攻むる事、同神軍の事	⑥179
×	
神功皇后新羅を攻めらるる事	⑥187
光厳院禅定法皇崩御の事	⑥192
院を川へ落した武士達の出家	⑥197
【巻四十】	
中殿御会の事（貞治六3・18）	⑥209
将軍御参内の事	⑥212
貞治六年三月二十八日天変の事、同二十九日天龍寺炎上の事（3・28）	⑥222
鎌倉左馬頭基氏逝去の事（4・26）	⑥223
南禅寺と三井寺と確執の事（6・18）	⑥224
最勝八講会闘諍に及ぶ事（8・18）	⑥225
征夷将軍義詮朝臣薨逝の事（12・7）	⑥228
細川右馬頭西国より上洛の事	⑥230

記事	巻・頁
○（→修理大夫入道々朝杣山城楯籠事）	④432
光厳院法皇於山国崩御事	④401
【巻四十】	
神木御帰座諸卿供奉事	④415
高麗幷太元使節至事	④417
武威盛んになった世の中	④417
蒙古攻日本事付神戦事	④420
十二神官の起請文	④424
神功皇后攻高麗給事	④428
○（→光厳院法皇於山国崩御事）	
×	
修理大夫入道々朝杣山城楯籠事	④432
中殿御会再興事	④434
鎌倉殿病死事	④445
園城寺衆徒訴詔事	④446
㝡勝講時南都北嶺戦事	④447
将軍義詮捐館事	④450
細川右馬頭頼之補佐新将軍事	④451

記事	巻・頁
神木御帰座事	③448
高麗人来朝事	③450
×	
自太元攻日本事	③451
○	③454
神功皇后攻新羅給事	③456
光厳院禅定法皇行脚事	③458
○	③461
法皇御葬礼事	③464
【巻四十】	
中殿御会事	③468
左馬頭基氏逝去事	③475
南禅寺与三井寺確執事	③476
最勝講之時及闘諍事	③476
将軍薨逝事	③478
細河右馬頭自西国上洛事	③479

【注】

※1西源院本の記事構成は独自のものとなっている。玄玖本・神宮徴古館本では、②〔重範斬首決定〕①⑨⑩⑪⑫⑬⑦⑧⑥④⑤③となる。なお、西源院本の「呉越闘ひの事」は、他本より簡略である。

※2玄玖本・神宮徴古館本は以下の二章段を持たず、古態を示す。

※3神田本は「北条時頼廻国のこと」「青砥左衛門のこと」の二話から成り、古態を示すか。

あとがき

人文学の学際化が叫ばれ、大学の組織もそれに合わせて激変したこの三十年、その効果と弊害は覿面に現れてきたというべきであろうか。軍記物語研究の間口は大きく拡がり、多彩になった。その一方で、各分野での基礎的な問題についてのたゆまざる懐疑と更新、という人文学に不可欠の基本動作が疎かになってきたことも否めない。つねに仮説でしかない「通説」「定説」をそのまま継承して、そのさきに自らの主張を継ぎ足していこうとする姿勢、文学が文学として成り立つ条件を自らの中に保持せず、現存するテキストを絶対視する習慣―その結果、各作品の面白さ、現代の我々を魅了する（もしくは攻撃する）由縁を説き明かすという、文学研究の根底が曖昧になってきた感がある。

本講座は、かような状況下で、文学史へ向けて進展できる作品研究をめざして企画したものである。ジャンルに閉ざされず、和歌・連歌、芸能、絵画資料、歴史等々、多分野との連繫を意識しながらも、あくまで軍記物語の今日的課題を照射し、今後二十年の研究の頭出しを心がけた。いささか無理筋も含まれた依頼を引き受けて、ご執筆下さった方々に御礼を申し上げたい。また本書の企画・編集に当たっては、『太平記』研究の第一線にある小秋元段・和田琢磨・北村昌幸氏らの知恵を借り、協力を得て実現することができた。

ここ二十年の研究史は、本書のまえがきで小秋元氏が述べている。さきの大戦で、『太平記』は悪しく利用された。戦前・戦中は、『太平記』中の多くの逸話が人々に共有され、道徳や唱歌や子供たちの遊戯にも浸透していたのであるが、戦後はそれらの記憶は封ぜられ、芸能などにアレンジされたものが残るだけ、という時代が続いた。読者として『太平記』を楽しむことは稀になってしまったし、学校教材としては全く姿を消した。研究者として『太平記』に向かう人々はいたが、主として諸本や政治的背景、史料としての信憑性などに関心が集中し、殊に諸本の問題が強調されたあまり、一般読者にはますます障壁が大きくなった感がある。

そもそも江戸時代以来、『平家物語』と比較されて、本作の文芸的評価は芳しくなかった。しかしその中でも、永積安明氏らいわゆる歴史社会学派の人たちが指摘したのは、『太平記』は争乱とほぼ同時進行で成立した、ルポルタージュの文学である、ということだった。内乱終結後約半世紀経って、事件を鳥瞰できる視点を獲得していた『平家物語』とは違い、しかも争乱は全国的規模になり、人間関係も多岐に亘っている。その複雑怪奇な情勢の推移を、同時代にいながら把握し、表現していった作者とは、どんな人物だったのだろうか。その営為は、『平家物語』とはおのずから異なるものだったと思う。何かの情緒や思想で一貫しているわけではない、必ずしも美的ではなく倫理的でもない、まさしく、これもまた人間かと言わざるを得ないような群像がひしめく世界。作者はその混沌をどうやって言葉によって再現するか、葛藤しながら作業を進めたのである。答えの出ていない歴史の奔流がぶつかり、なだれ落ちて行く先の、ふかい闇—それをもとらえて言葉で描き出すにはどうするか。悪戦苦闘、書き継がれた結果がこの巨編となった。

それゆえ『太平記』の真骨頂は、『平家物語』とは別のところにある。個人的な実感で言えば、『太平記』の魅力はその表現、修辞であり、また長々しく本筋から脱線しているように見える、故事説話の語り口にもある。そして天皇から無名の庶民まで、自らの意志に徹して、現実からは肩すかしを食い、ときには本来の目的を喪ってもなお、愚かなまでに行動を貫く人間群像にある。史料には使えない、情緒的な感動が得られない、といった現代人のないものねだりは、『太平記』作者にとってはお門違いでしかないだろう。

『平家物語』研究者の眼から見ると、『太平記』諸本の異同は、さほどの難関ではない。通読に向く本文の紹介や、諸本記事対照表を収載したので、活用して頂きたい。本書が次世代の研究の先導役のみならず、読書家たちの道しるべともなって、峻烈と沈黙、執着と虚無の張りつめたこの物語へ、多くの人を誘うことができればと希う。

本書の書名は、『太平記』末尾の「中夏無為の代」を翻案した。『太平記』は、平和の世が来てめでたしめでたし、と結ばれているが、果たして作者は本気でそう言ったのか。そのこと自体が、この作品が読者に仕掛けた、壮大な問いである。

令和元年九月　秋爽の午後に

松尾葦江

吉田　永弘（よしだ ながひろ）　国学院大学教授
著書・論文：『転換する日本語文法』（和泉書院、2019年）、『日本語文法史研究　4』（共編、ひつじ書房、2018年）、「文法が分かると何が分かるか」（松尾葦江編『ともに読む古典　中世文学編』笠間書院、2017年）など。

小助川　元太（こすけがわ がんた）　愛媛大学教授
著書・論文：『行誉編『壒嚢鈔』の研究』（三弥井書店、2006年）、『源平盛衰記年表』（共著、三弥井書店、2015年）、「乱世における百科事典と文学　中世後期の武士の教養」（日下力監修、鈴木彰・三澤裕子編『いくさと物語の中世』、汲古書院、2015年）など。

山田　尚子（やまだ なおこ）　成城大学准教授
著書・論文：『中国故事受容論考　古代中世日本における継承と展開』（勉誠出版、2009年）、『重層と連関　続中国故事受容論考』（勉誠出版、2016年）、「西王母譚の展開　『唐物語』第十六話をめぐって」（『慶應義塾中国文学会報』2号、2018年3月）など。

今井　正之助（いまい しょうのすけ）　愛知教育大学名誉教授
著書・論文：「永和本『太平記』の復権」（『國學院雑誌』114巻11号、2013年11月）、「永和本『太平記』考」（愛知教育大学『日本文化論叢』22号、2014年3月）、「〝やりきれない〟話　高師泰の悪行とその被害者」（松尾葦江編『ともに読む古典　中世文学編』笠間書院、2017年）など。

黒石　陽子（くろいし ようこ）　東京学芸大学教授
著書・論文：『近松以後の人形浄瑠璃』（岩田書院、2007年）、『十七世紀の文学』近世文学史研究一（共著、ぺりかん社、2017年）、「『菅原伝授手習鑑』三段目「車曳」考　松王丸人物解釈の変容」（『国語と国文学』94巻8号、2017年8月）など。

呉座　勇一（ござ ゆういち）　国際日本文化研究センター助教
著書・論文：『応仁の乱　戦国時代を生んだ大乱』（中央公論新社、2016年）、「永享九年の『大乱』　関東永享の乱の始期をめぐって」（植田真平編『足利持氏』シリーズ・中世関東武士の研究第二〇巻、戎光祥出版、2016年、初出2013年）、「足利安王・春王の日光山逃避伝説の生成過程」（倉本一宏編『説話研究を拓く　説話文学と歴史史料の間に』思文閣出版、2019年）など。

李　章姫（い じゃんひ）　法政大学大学院院生（博士後期課程）
著書・論文：「天正本『太平記』巻二十六「大稲妻天狗未来記事」の視点」（『軍記と語り物』52号、2016年6月）、「天正本『太平記』巻二十七「諸卿意見被下綸旨事」における漢楚合戦記事をめぐって」（『日本文學誌要』95号、2017年3月）、「天正本『太平記』記事構成と霊剣」（『法政大学大学院紀要』82号、2019年6月）など。

執筆者紹介（論考収録順）

井上 泰至（いのうえ やすし） 防衛大学校教授
著書・論文：『秀吉の虚像と実像』（共編著、笠間書院、2016 年）、『武家義理物語』（共著、三弥井書店、2018 年）、『関ケ原合戦を読む：慶長軍記翻刻・解説』（共編著、勉誠出版、2018 年）など。

長坂 成行（ながさか しげゆき） 奈良大学名誉教授
著書・論文：『伝存太平記写本総覧』（和泉書院、2008 年）、『穂久邇文庫蔵 太平記〔竹中本〕と研究（下）』（未刊国文資料刊行会、2010 年）、『篠屋宗礀とその周縁 近世初頭・京洛の儒生』（汲古書院、2017 年）など。

和田 琢磨（わだ たくま） 早稲田大学教授
著書・論文：『太平記 生成と表現世界』（新典社、2015 年）、「乱世を彩る独断 『太平記』の天皇たち」（『東洋通信』53 巻 6 号、2017 年 2 月）、「『大館持房行状』に見る五山僧の『太平記』受容 『太平記』を利用した家伝の作成」（『季刊 悠久』151 号、2017 年 11 月）など。

小秋元 段（こあきもと だん） 法政大学教授
著書・論文：「『源平盛衰記』と『太平記』 説話引用のあり方をめぐって」（松尾葦江編『文化現象としての源平盛衰記』笠間書院、2015 年）、「神田本『太平記』の表記に関する覚書 片仮名・平仮名混用と濁点使用を中心に」（『太平記』国際研究集会編『『太平記』をとらえる』第三巻、笠間書院、2016 年）、『増補太平記と古活字版の時代』（新典社、2018 年）など。

森田 貴之（もりた たかゆき） 南山大学准教授
著書・論文：『日本人と中国故事 変奏する知の世界』（共編、勉誠出版、2018 年）、「『太平記』と元詩 成立環境の一隅」（『国語国文』76 巻 2 号、2007 年 2 月）、「『八幡愚童訓』甲本漢籍利用法粗描 武内宿禰と北条氏に触れつつ」（『国語国文』86 巻 4 号、2017 年 4 月）など。

北村 昌幸（きたむら まさゆき） 関西学院大学教授
著書・論文：『太平記世界の形象』（塙書房、2010 年）、「『太平記』の引歌表現とその出典」（『太平記』国際研究集会編『『太平記』をとらえる』第一巻、笠間書院、2014 年）、「いくさの舞台と叙景歌表現」（『中世文学』63 号、2018 年 6 月）など。

君嶋 亜紀（きみしま あき） 大妻女子大学准教授
著書・論文：『新葉和歌集』（和歌文学大系 44、共著、明治書院、2014 年）、「後醍醐天皇と雲居の桜 『新葉集』の撰集意図を探る」（『国語と国文学』84 巻 7 号、2007 年 7 月）、「『新葉集』の住吉歌群」（『国語と国文学』95 巻 1 号、2018 年 1 月）など。

伊藤 伸江（いとう のぶえ） 愛知県立大学教授
著書・論文：『中世和歌連歌の研究』（笠間書院、2002 年）、『心敬連歌 訳注と研究』（共著、笠間書院、2015 年）、「心敬と慈円和歌 その受容と変奏」（『文学・語学』207 号、2013 年）など。

【編者紹介】

松尾 葦江（まつお あしえ）

1943（昭和18）年神奈川県生まれ。博士（文学）。

専門は日本中世文学、特に軍記物語。

主な著書：『平家物語論究』（明治書院、1985年）、『軍記物語論究』（若草書房、1996年）、『軍記物語原論』（笠間書院、2008年）、『太平記　下』（日本の文学古典編、ほるぷ出版、1986年）など。

平和の世は来るか——太平記

二〇一九年十月三十日　初版第一刷発行

編者……松尾葦江
装幀……山元伸子
発行者……橋本 孝
発行所……株式会社 花鳥社
〒一五三-〇〇六四　東京都目黒区下目黒四-十一-十八-四一〇
電話　〇三-六三〇三-二五〇五
ファクス　〇三-三七九二-二三二三
ISBN978-4-909832-23-8
組版……ステラ
印刷・製本……太平印刷社